Linguistische
Arbeiten 287

Herausgegeben von Hans Altmann, Peter Blumenthal, Herbert E. Brekle,
Gerhard Helbig, Hans Jürgen Heringer, Heinz Vater und Richard Wiese

Horst Lohnstein

Projektion und Linking

Ein prinzipienbasierter Parser fürs Deutsche

Max Niemeyer Verlag
Tübingen 1993

Die Deutsche Bibliothek – CIP-Einheitsaufnahme

Lohnstein, Horst: Projektion und Linking : ein prinzipienbasierter Parser fürs Deutsche / Horst Lohnstein. – Tübingen : Niemeyer, 1993
(Linguistische Arbeiten ; 287)
NE: GT

ISBN 3-484-30287-9 ISSN 0344-6727

Printed in Germany.
Druck: Weihert-Druck GmbH, Darmstadt
Einband: Hugo Nädele, Nehren

Inhaltsverzeichnis

Vorwort

Die vorliegende Arbeit ist eine leicht modifizierte Variante meiner Dissertation, die ich während der Zeit als wissenschaftlicher Mitarbeiter am Institut für Deutsche Sprache und Literatur der Universität zu Köln angefertigt habe (Tag des Rigorosums: 8.2.1992, 1. Referent: Prof. Dr. Jürgen Lenerz, 2. Referent: Prof. Dr. Jürgen Rolshoven).

Bedanken möchte ich mich zunächst bei Jürgen Lenerz, der die Arbeit betreut hat und meine Ideen stets kritisch kommentierte, der mir aber auch viel Freiraum ließ, um daraus ein zusammenhängendes Konzept zu entwickeln.

Meinen Kolleg(inn)en Priya Bondre-Beil, Daniel Büring, Katharina Hartmann, Robert Kemp, Anne Rivet und Susann Siebert danke ich für anregende Diskussionen und die zum Teil heftigen Debatten. Besonders danken möchte ich Ulf Brosziewski, der mich bei schwierigen Implementationsproblemen immer mit sicherem Engagement aus der Rekursion zurückgeholt hat.

Vor allem aber gilt mein Dank Jutta Mollidor und Ulrich Klein, die die schwierige Aufgabe gelöst haben, mich während langer Phasen der Unausgeglichenheit zu ertragen und mich mit den Dingen zu versorgen, die wichtiger sind als Parsing.

Meinem Vater und Ursel Steck danke ich für die sorgfältige Korrektur des Manuskripts. Auftretende Fehler müssen darauf zurückgeführt werden, daß ich nachträglich Veränderungen vorgenommen habe.

Schließlich gilt mein Dank den Herausgebern von *Linguistische Arbeiten*, insbesondere Herrn Prof. Dr. Heinz Vater und Herrn Prof. Dr. Richard Wiese, die die Publikation möglich gemacht haben, und den Lektor(inn)en vom Max Niemeyer Verlag.

Meinen Eltern danke ich für alles, was sie für mich getan haben.
Ihnen widme ich dieses Buch.

Rita danke ich dafür, daß sie da ist.

Köln, im Oktober 1992 — Horst Lohnstein

Verzeichnis der Abkürzungen

AB	Arbeitsband
ALT	algorithmic level theory
AcI	Akkusativ mit Infinitiv
ANS	active node stack
AS	Argumentstruktur
ATN	augmented transition network
CC	Connectedness Condition
CLT	computational level theory
CS	Konzeptuelles System
DPDA	deterministic push down automat
DR	Derivationsregel
ECM	exceptional case marking
ECP	empty category principle
EPP	extended projection principle
E-Frage	Entscheidungsfrage
H	head
HSPM	human sentence parsing mechanism
ILT	implementational level theory
IMP	Imperativ
IND	Indikativ
IR	Flexionsregel
K	Komplement
KE	Kontrolleinheit
KONJ	Konjunktiv
KS	kategoriales System
lastLGL	oberste Projektion von LGL
LC	late closure
LE	Lexikoneintrag
LGL	linear geordnete Liste
LIFO	last-in-first-out
LF	Logische Form
LFG	Lexikalisch Funktionale Grammatik
LK	linker Kontext
LM	Linking-Modul
LR	links-rechts
lS	linke Satzklammer
LSK	Lese-Schreib-Kopf
M	Modifikator

MA	minimal attachment
ME	missing elements
MF	Mittelfeld
MP	Modusphrase
NDC	nested dependency constraint
P	Phrase
PEL	projektiv erweiterbare Liste
PF	Phonetische Form
PLT	physical level theory
PMP	Prämittelfeldposition
PO	principle ordering
PPP	preliminary phrase packager
PRA	principle of right association
PS	Phrasenstruktur
PZP	Prozeßzeitpunkt
RK	rechter Kontext
RR	Rektionsrichtung
rS	rechte Satzklammmer
SF	Semantische Form
SM	sausage machine
SR	strukturelle Repräsentation
ST	Satztyp
SSS	sentence structure supervisor
TM	Turingmaschine
topPEL	oberster Knoten in PEL
VF	Vorfeld
WB	window buffer
Z	Zustand
ZS	Zustandsspeicher

1. Einleitende Bemerkungen

Sprache und ihre Verwendung sind forschungsgeschichtlich aus unterschiedlichen Perspektiven untersucht worden. Im Rahmen der generativen Grammatik wird die Hypothese vertreten, daß das grammatische System einen spezifischen Teil der genetischen Ausstattung des Menschen bildet. Ausgehend von einem Anfangszustand S_0 reift dieses System datenabhängig zu einem Endzustand S_s, der die grammatische Kompetenz eines nativen Sprechers darstellt. Dieses derart spezifizierte Wissen verwenden Sprecher in Sprachverarbeitungsprozessen. Im folgenden wird uns interessieren, über welche Kenntnisse ein Hörer während der zeitlinearen Wahrnehmung eines Sprachsignals verfügen muß, um die strukturellen Repräsentationen aufzubauen, die in dieser Grammatiktheorie als notwendig für adäquate Beschreibungen angesehen werden. Wir werden also nach den Verwendungsmöglichkeiten theoretisch formulierter grammatischer Kenntnis fragen.

Konkret wird dabei der Fragenkomplex thematisiert, wie das menschliche Sprachverarbeitungssystem unter Berücksichtigung neuerer grammatischer Theorien einerseits und psycholinguistischer Theorien andererseits zu modellieren ist, und welche Bedingungen sich daraus für die Implementation eines solchen Ansatzes der Sprachverarbeitung als Computermodell ergeben. Insofern kann dieser Beitrag dem Bereich der computer- und psycholinguistisch motivierten kognitiven Linguistik zugeordnet werden.

Für die menschliche Sprachverarbeitung sind zunächst zwei Prozeßarten zu unterscheiden:

(1) (i) Sprachproduktion (Generierung)
(ii) Sprachrezeption (Parsing)

Der Unterschied zwischen Modellen für beide Performanzformen liegt u.a. darin, daß ein Produktionsmodell auf linear nicht geordneten Strukturen des konzeptuellen Systems operiert, die lexikalisch zu belegen, syntaktisch zu strukturieren und phonologisch/phonetisch zu linearisieren sind. Ein Sprachproduktionsmodell hat daher die Bedingungen zu spezifizieren, unter denen konzeptuelle Strukturen in lineare Lautketten zu übersetzen sind. Zu einem hohen Grad müssen dabei die lexikalisch zu belegenden Konzepte vor der Berechnung bekannt sein (etwa bei Verbend-Sätzen). Ein Rezeptionsmodell hingegen hat die Bedingungen anzugeben, unter denen eine linear strukturierte Lautkette zeitsequentiell in konzeptuelle Strukturen übersetzt werden kann. Die zwischen phonologisch/phonetischer Ebene und konzeptuellem System intervenierende syntaktische Ebene legt dabei fest, in welcher Reihenfolge die jeweiligen Konzepte bekannt werden können. Der Übergang von syntaktischer zu konzeptueller Struktur ist daher hinsichtlich der Serialisierungsmöglichkeiten in einem Rezeptionsmodell grundsätzlich anders strukturiert als der Übergang von konzeptueller zu syntaktischer Struktur in einem Produktionsmodell. Das Verhältnis von Produktion zu Rezeption kann daher nicht in der Weise aufgefaßt werden, daß der Sprachgenerator ein in umgekehrter Richtung laufender Parser ist (s. dazu auch Fodor, Bever, Garrett 1974). In dieser Arbeit werden wir ausschließlich die Bedingungen des Parsings behandeln.[1]

Da dem Parser aufgrund der zeitlinearen Signalstruktur zuerst nur die Anfangsfragmente der zu strukturierenden Terminalkette bekannt sind, interessiert insbesondere die Frage, in welcher Weise die **sukzessiv** bekannt werdenden Informationen des Signals verwendet werden können, um linguistisch angemessene Teilstrukturen bereits **während** des Satzverstehens zu berechnen. Diese Fragestellung ist allerdings nicht Gegenstand einer Grammatiktheorie, die Wohlgeformtheitsbedingungen vollständiger linguistischer Strukturen formuliert, sondern unterliegt den Bedingungen einer Sprachverarbeitungstheorie.

Die grammatische Kompetenz nativer Sprecher wird in der Rektions- und Bindungstheorie (Chomsky 1981, 1986a, 1986b, 1989) auf abstrakte Prinzipien bezogen, die für alle natürlichen Sprachen gelten. Insbesondere werden dabei die strukturellen Eigenschaften vollständig vorliegender Sätze auf verschiedenen Ebenen betrachtet, und es wird von den zeitsequentiellen Aspekten der Wahrnehmung und der simultanen Berechnung der Repräsentationen auf diesen Ebenen abstrahiert. Das Erkenntnisinteresse richtet sich demnach auf die Formulierung erklärungsadäquater Prinzipien, denen die strukturellen Repräsentationen sprachlicher Äußerungen unterliegen (s. Lenerz 1985b). Die Struktur dieser Theorie ist modular und aufgabenspezifisch organisiert, so daß aufgrund der Interaktion der einzelnen Module aus der Menge der möglichen Kombinationen linguistischer Einheiten die Menge der wohlgeformten grammatischen Konstruktionen separierbar ist. Diese Menge ist von Chomsky (1986a) als I-Sprache bezeichnet worden, die auf einem internalisierten grammatischen System (I-Grammatik) basiert. Die Aufdeckung der diesem System zugrundeliegenden Prinzipien und Repräsentationen ist das Forschungsziel der generativen Grammatiktheorie.

Diese Theorie erklärt nun die Kompetenz eines nativen Sprechers aus der Gültigkeit von Wohlgeformtheitsbedingungen für grammatische Strukturen in Form von deklarativen Klauseln. Sie spezifiziert m.a.W. die Frage nach dem *knowing that* des kompetenten Sprechers. Eine Theorie der Sprachverarbeitung hingegen hat die prozeduralen Mechanismen der Verwendung dieser abstrakten Kenntnis zum Thema, d.h. sie hat die Frage nach dem *knowing how* zu beantworten. Obwohl die erste Frage im Rahmen der Rektions- und Bindungstheorie bereits vergleichsweise gut verstanden zu sein scheint, ist die zweite Frage bislang ein offenes Problem. Ich möchte dies an verschiedenen Beispielen exemplifizieren.

(2) Otto weiß

(i) daß der Richter dem Angeklagten die Strafe zu erlassen ▸ ...
(ii) daß dem Richter dem Angeklagten die Strafe zu erlassen ▸ ...

[1] Das Problem der phonologischen Segmentierung akustischer Signale wird dabei ebenso ausgeklammert wie die Behandlung der Intonation.

Die beiden Satzfragmente unterscheiden sich in der Kasusrealisierung einer NP. In (2)(i) steht die NP *der Richter* im Nominativ, in (2)(ii) im Dativ. Bis zu dem durch '▸' markierten Prozeßzeitpunkt ist keine Aussage über die Grammatikalität der jeweiligen Gesamtstruktur möglich, obwohl das Fragment durchaus wohlgeformt ist. Beide Teilstrukturen lassen grammatische Fortsetzungen zu:

(3) (i) ▸ ... hat.
(ii) ▸ ... erlaubt ist.

aber auch ungrammatische:

(4) (i) * ▸ ... ist/sein usw.
(ii) * ▸ ... hat/haben usw.

Offensichtlich haben native Sprecher in normalen Kontexten keine außergewöhnlichen Schwierigkeiten, um diese Sätze zu prozessieren. Da die für die Entscheidung der (Un-) Grammatikalität relevanten Einheiten erst folgen, wenn das vorangegangene Wortmaterial fast vollständig vorhanden ist, könnte die Vermutung naheliegen, daß mit der Integration des letzten Verbs die Wohlgeformtheit der Gesamtstruktur überprüft wird. Daß diese Entscheidungen und die damit verbundenen Grammatikalitätsurteile aber nicht nur für vollständig bekannte Ketten, sondern bereits während des Verarbeitungsprozesses getroffen werden können, illustrieren die folgenden Beispiele:

(5) (i) *Wen schläft ▸ ...
(ii) *Wem fragt Karl ob ▸ ...

(5)(i) hat keine grammatisch mögliche Fortsetzung. Da einerseits *schlafen* aufgrund seiner lexikalischen Struktur weder ein Akkusativargument noch ein Satzkomplement regiert, ist keine Lizenzierung von *wen* in dieser ansonsten für wh-Elemente typischen Position im Deutschen möglich. Einer Bedingung für Extraktionsdomänen (Huang 1981) zufolge kann *wen* nur aus einer ordentlich regierten Domäne extrahiert sein. Da das Verb *schlafen* aber keine weiteren Argumente regiert, existiert in diesem Satz eine solche Domäne nicht.

(6) (i) Peter schläft [bevor er den Papst trifft]
(ii) *Wen$_i$ schläft Peter [bevor er t_i trifft]

Der entscheidende Punkt ist dabei, daß der Parser, nachdem er *schläft* prozessiert hat, keine weitere Evidenz benötigt, um Ungrammatikalität zu diagnostizieren. Er kann bereits aufgrund der lexikalischen Eigenschaften des Verbs *schlafen* ohne Kenntnis des weiteren Satzverlaufs feststellen, daß für das bewegte w-Element keine Basisposition existieren kann; d.h. daß t_i in (6)(ii) nicht antezedensregiert ist.

In (5)(ii) liegt aufgrund der lexikalischen Spezifikation des Matrixverbs *fragen* eine i.S. der L-Markierungstheorie (Chomsky 1986b) ordentlich regierte Domäne vor, die aber aufgrund ihrer [+wh]-Spezifikation einen Barriereneffekt zeigt, der Extraktion ebenfalls nicht zuläßt, so daß auch in diesem Fall bereits lokal entschieden werden kann, daß die Kette nicht wohlgeformt ist.

Andererseits erlauben Konstruktionen wie (7), temporär Beziehungen zwischen bestimmten Elementen im Satz herzustellen, die aber -abhängig von der Fortsetzung der Kette- reanalysiert werden müssen, sog. *garden path*-Konstruktionen (s. Lenerz & Lohnstein 1988).

(7) (i) Wem verspricht Peter ▸ ...

(ii) ▸ ... daß er kommt?
(iii) ▸ ... dem Mädchen, daß er t das Buch gibt?

Da *versprechen* ein Dativkomplement regiert, wird das wh-Element *wem* direkt als Argument von *versprechen* interpretiert. Diese Analyse ist für (7)(ii) zutreffend, nicht aber für (7)(iii), da dort die wh-Phrase *wem* aus der zunächst angenommenen Struktur wieder gelöst und auf die Spur im eingebetteten Satz bezogen werden muß. Trotz zulässiger syntaktischer Bewegung kann die Struktur dieser Kette nur mit Schwierigkeiten berechnet werden.

Offensichtlich ist der menschliche Parser einerseits in der Lage, Ungrammatikalität zu diagnostizieren, wenn noch keine vollständige Struktur vorliegt, andererseits führt er aufgrund lokaler Entscheidungen Integrationsprozesse aus, die sich als falsch erweisen können, obwohl der Aufbau einer adäquaten Repräsentation lokal möglich ist. Dies wird anhand der folgenden Holzweg-Sätze deutlicher:

(8) (i) Das Kind schenkt das Buch der Mutter die Geburtstag hat dem Vater.
(ii) Peter hörte den Schrei der Frau auf dem Bahnhof entgleitet die Tasche und die Geige aus der Hand eines berühmten Geigenbauers zerbricht.
(iii) Peter fing den Ball in sicherer Manier zu organisieren an.
(iv) Hans spielt mit Clara und Paul mit dem Ball bleibt zurück.

In (8)(i) resultiert dieser Effekt aus der Ambiguität zwischen der Attribut- vs. Komplement-Lesart der NP *der Mutter*, wobei die Komplement-Lesart offensichtlich favorisiert wird. (8)(ii) ist nur als Koordination von drei Sätzen adäquat zu strukturieren und (8)(iii) muß nach der ersten Analyse derart restrukturiert werden, daß *Ball* nicht auf das Spielzeug, sondern auf das Konzept *Tanzveranstaltung* bezogen wird. In (8)(iv) koordiniert der Parser offensichtlich zunächst die zwei NPn *Clara* und *Paul*. Diese Analyse muß jedoch mit dem Auftreten der VP *bleibt zurück* zugunsten einer Satzkoordination reanalysiert werden.

Sieht man von Intonationsstrukturen ab, so verläuft die Verarbeitung in allen vier Fällen entlang einer Analysemöglichkeit, die im weiteren Verlauf des Signals als nicht adäquat aufgegeben werden muß. Angesichts dieser Effekte stellt sich die Frage, nach welchen Prinzipien und Strategien der Parser die lokal vorhandene Information zum Aufbau syntaktischer Strukturen benutzt. Dabei sind die folgenden Fälle zu unterscheiden:

(9) (i) Satzkonstituenten werden 'locker' behandelt und abhängig vom weiteren Verlauf des Satzes in die Struktur integriert (s. (2)).
(ii) Lokal berechnete Teilstrukturen können als ungrammatisch ausgeschlossen werden, wenn noch keine vollständige Struktur vorliegt (s. (5)).
(iii) Konstituenten werden aufgrund gewisser Evidenz verfrüht in eine Konfiguration integriert und sind in Abhängigkeit von der Fortsetzung des Satzes zu restrukturieren (s. (8)).

Aus (9)(i) ergibt sich zunächst, daß Konstituenten, deren Status in einer Gesamtstruktur ungeklärt ist, strukturell nicht integrierbar sind. In einem Verarbeitungsmodell bietet die Unterscheidung zwischen strukturell integrierten vs. isoliert gespeicherten Einheiten eine mögliche Interpretation für diesen Status. Konstituenten, deren Lizenzierung zu einem gewissen Zeitpunkt nicht feststeht, sind daher als isolierte, zwischengespeicherte Einheiten aufzufassen.

Andererseits führt (9)(iii) zu der Annahme, daß der Parser so schnell wie möglich Teilkonstituenten zu Komplexen zusammenfaßt. Dies erfordert jedoch stets Evidenz im Signal, die eine entsprechende Komplexbildung nahelegt. So ist z.B. der in (7)(iii) zu beobachtende Effekt nur mit satzeinbettenden Verben möglich, die zugleich ein Dativargument selegieren und nicht etwa mit *meinen*, das keinen Dativ lizenziert.

(10) Wem meint Karl, daß das Buch gehört

(9)(ii) bedeutet eine Einschränkung für (9)(i). Einerseits müssen Konstituenten zwischengespeichert werden, andererseits kann Ungrammatikalität bei den durch (9)(ii) erfaßten Fällen nicht ohne weitere Evidenz diagnostiziert werden. Der Speicher, der nicht integrierte Konstituenten enthält, kann daher nicht unabhängig von den aktuellen Prozeßschritten sein, sondern muß während der Berechnung stets konsultiert werden, um zu prüfen, ob eine Integration der darin enthaltenen Konstituenten möglich ist. Die drei in (9) genannten Fälle beziehen sich damit auf die Art der Verwaltung der im Signal auftretenden Einheiten und der Möglichkeit zur Bildung von Komplexen aufgrund morphosyntaktischer Markierungen und lexikalischer Eigenschaften der beteiligten Einheiten, sowie der lokalen Anwendung grammatischer Prinzipien. Für die Strukturbildung durch den Parser ist es offensichtlich nicht erforderlich, daß die Terminalkette vollständig bekannt ist.

Um diese Situation zu erfassen, wollen wir eine Zerlegung des Signals in drei Partitionen vornehmen. Die Gesamtheit der während der Verarbeitung bekannten Einheiten soll dabei *linker Kontext* (LK), die Gesamtheit der zur vollständigen Repräsentation gehörenden, aber noch unbekannten Einheiten *rechter Kontext* (RK) und der Ort zwischen LK und RK

Prozeßzeitpunkt (PZP) genannt werden. Die Bezeichnung 'Prozeßzeitpunkt' ist motiviert durch den zeitlinearen Strukturaspekt des Signals.

(11) |——————▸——————|

LK PZP RK

Der mit (9) verbundene Fragenkomplex ist auf die Verwaltung und Verwendung des menschlichen Arbeitsgedächtnisses zu beziehen, denn offensichtlich verwendet auch der menschliche Parser einen Zwischenspeicher, in dem Teilkonstituenten während des Prozessierens sprachlicher Äußerungen abgelegt werden. Diesen Punkt explizieren die folgenden Beispiele etwas deutlicher:

(12) (i) weil der Wagen von dem Chef der Firma Klaunix in Köln mit einem Transporter aus Hamburg von Berlin nach Frankfurt gefahren wurde.

(ii) Die Katze, die die Maus, die den Käse, der auf dem Tisch, der nur drei Beine, von denen eins gebrochen ist, hat, lag, klaute, fing, liegt in ihrem Korb.

Die in (12)(i) auftretenden Nominal- und Präpositionalphrasen sind größtenteils während der Bewegung von PZP von links nach rechts zu komplexeren Einheiten zusammenfaßbar. Im Gegensatz dazu ist dies bei den zentraleingebetteten Relativsätzen in (12)(ii) nicht möglich, da die Verben, die zur Komplexbildung erforderlich sind, durch eine zu große Anzahl intervenierender Einheiten getrennt sind. Diese Einheiten muß der Parser so lange im Gedächtnis behalten, bis ihre Integration in eine Struktur möglich ist. Offensichtlich überschreitet die Anzahl der in (12)(ii) auftretenden Teilkonstituenten aber die Kapazität des Arbeitsgedächtnisses, was in (12)(i) durch die relativ unmittelbare Möglichkeit zur Komplexbildung und der damit verbundenen sukzessiven Reduktion des Arbeitsspeichers nicht eintritt.

Das bisher Gesagte sollte illustrieren, daß die mit der Verarbeitung sprachlicher Signale verbundenen Fragen in einer **separaten Theorie der Sprachverarbeitung** zu formulieren sind. Die Applizierbarkeit von Wohlgeformtheitsbedingungen, die per Definition für separate Strukturebenen und damit auf vollständigen Repräsentationen gelten, werfen das Problem auf, wie diese **lokal** und über **Satzfragmenten** anwendbar sein können. Die Sprachverarbeitung findet i.d.R. ja stets über unvollständig vorliegenden Ketten statt, während die in der Grammatiktheorie betrachtete Situation genau einen Spezialfall betrachtet, nämlich, daß der rechte Kontext leer und die Kette somit vollständig bekannt ist. Während die Grammatiktheorie die abstrakten Bedingungen der Wohlgeformtheit sprachlicher Ketten zu formulieren hat, muß eine Theorie der Performanz die Bedingungen klären, in welcher Weise diese abstrakte Kenntnis in Verarbeitungsprozessen Anwendung findet.

Diese Kenntnis ist durch unterschiedliche mentale Zustände gekennzeichnet: Ein Anfangszustand S_0 wird durch das sukzessive Auftreten neuer sprachlicher Einheiten über eine Sequenz von Zuständen S_i auf einen Endzustand S_n abgebildet. S_n entspricht der grammatischen Repräsentation einer vollständigen Äußerung. Die Spezifikation der Zustände und der Übergang von S_i zu S_{i+1} bilden den Inhalt eines Modells der sprachlichen Performanz.

Performanz- und Kompetenztheorie sind in kontrollierter Weise aufeinander zu beziehen und im Hinblick auf ihre gegenseitige Beschränkung und eine mögliche wechselseitige Ableitbarkeit einzelner Komponenten zu überprüfen. Die globalen Wohlgeformtheitsbedingungen sind daher so umzuinterpretieren, daß der zeitlineare Aspekt des Prozessierens prinzipiell erfaßt und auf lokale Prozesse bezogen werden kann. Zielt man unter dieser Fragestellung auf die Modellierung des menschlichen Sprachverarbeitungssystems, so sind die durch die Grammatik festgelegten Repräsentationen unter den soeben erörterten Performanzbeschränkungen und -bedingungen herzuleiten. Eine adäquate Modellierung hat somit nicht nur die grammatischen Repräsentationen zu berechnen, sondern darüber hinaus auch die Phänomene zu simulieren, die in der aktuellen Sprachverarbeitung auftreten (vgl. (5), (8), (12)).

Die Information, die der Parser während der Analyse konsultiert, verdeutlicht das folgende Diagramm in vereinfachter Weise:

(13)

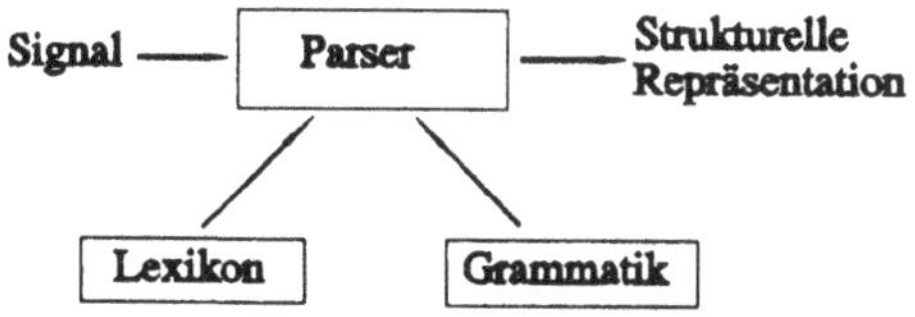

Die dem Parser zur Verfügung stehende Kenntnis ist in zwei Komponenten gegliedert: Lexikon und Grammatik. Aus der Konsultation beider Informationsdomänen hat der Parser aus einer flachen (linearen) Signalstruktur eine strukturelle Repräsentation aufzubauen, die sich aus einer Informationszunahme durch lexikalischen Zugriff sowie Anwendung grammatischer Prinzipien und Regeln ergibt.

Da die syntaktischen Repräsentationen in den neueren Versionen der generativen Grammatiktheorie wesentlich als Projektionen lexikalischer Einheiten im Sinne der X-bar-Theorie aufgefaßt werden (Jackendoff 1977), spielt die Struktur dieser Einheiten eine zentrale Rolle für den Aufbau der syntaktischen Konfiguration, in die selbst wieder andere lexikalische Elemente eingesetzt werden. Dabei sollten die Linearisierungssequenzen der syntaktischen Einheiten durch die gegenseitige Beschränkung der mit den Lexikoneinheiten verbundenen syntaktisch relevanten Eigenschaften ableitbar sein.[2] Die Arbeitsweise des Parsers kann damit auf fünf elementare Grund-Operationen beschränkt werden:

---

[2] In ähnlicher Weise gilt dies natürlich auch für phonologische, morphologische und semantische Strukturkomplexe.

(14) (i) Lexikalischer Zugriff
(ii) Projektion lexikalisch spezifizierter Information
(iii) Speicherzuweisung
(iv) Speicherreduktion
(v) strukturelle Integration

In welcher Weise und in welcher Sequenzierung diese Operationen von der zum PZP lokal zur Verfügung stehenden Information ausgeführt werden können, soll im folgenden anhand der Entwicklung eines Computermodells, das sich gezielt auf die in LK zur Verfügung stehenden Informationen bezieht, behandelt werden.

Dazu wollen wir in einem knappen Überblick die Struktur der 'Prinzipien und Parameter'-Theorie vorstellen, ohne technische Details und Einzelheiten zu erörtern. Die relevanten Subtheorien werden wir in den jeweiligen Kapiteln zu den Verarbeitungsstrategien näher betrachten. Nach dieser Darstellung wird ein Überblick über den weiteren Verlauf gegeben.

2. Die Struktur der 'Prinzipien und Parameter'-Theorie

Die in Chomsky (1981, 1986a, 1986b, 1989) vorgestellte Rektions- und Bindungstheorie ist modular in verschiedene Teiltheorien gegliedert, die ihrerseits als autonome Systeme aufzufassen sind. In ihrer Interaktion stellen diese modular organisierten Systeme ein Instrumentarium zur Spezifikation universalgrammatischer Kenntnis zur Verfügung.

Die durch diese Systeme definierte Universalgrammatik ist in vier Komponenten gegliedert:

(1) (i) Lexikon
(ii) Syntax
(iii) Phonologische Form
(iv) Logische Form

Das Lexikon spezifiziert die phonologischen, morphologischen und syntaktischen Merkmale der lexikalischen Einheiten. In der syntaktischen Komponente werden vier Ebenen unterschieden, deren zugehörige Repräsentationen durch spezifische Bedingungen beschränkt sind. Die durch X-bar- und Θ-Theorie definierte Ebene der D-Struktur wird mittels *move α* auf die Ebene der S-Struktur abgebildet. Ein analoges Abbildungsverhältnis besteht zwischen S-Struktur und Logischer Form (LF). Auch diese beiden Ebenen können mittels *move α* aufeinander bezogen werden (s. May 1985, Chomsky 1986b). Die Ebene der Phonologischen Form (PF) bezieht die S-strukturelle Repräsentation auf die auditiven und artikulatorischen Muster, soll im folgenden jedoch nicht weiter betrachtet werden.

Die vier Strukturebenen sind durch die Interaktion der in den folgenden Subsystemen verankerten Prinzipien beschränkt:

(2) (i) X-bar Theorie
(ii) Θ-Theorie
(iii) Bounding-Theorie
(iv) Rektionstheorie
(v) Kasustheorie
(vi) Bindungstheorie
(vii) Kontrolltheorie

Die X-bar Theorie legt die Struktur von Phrasen via Projektion der Strukturkomponenten lexikalischer Einheiten fest. Die Θ-Theorie bezieht sich auf das Verhältnis von Argumenten zu ihrer semantischen Interpretation. 'Bounding'- und Rektionstheorie spezifizieren Lokalitätsbedingungen für die Positionierung maximaler Projektionen in einer Struktur. Die Kasustheorie beschränkt die möglichen Realisierungen von NPs und die Kontrolltheorie reguliert die Interpretation phonologisch leerer Subjekte in Infinitivsätzen. Die Bindungstheorie spezifiziert lokale Domänen, innerhalb derer Beziehungen zwischen den referentiellen

Eigenschaften von Pronomina und Anaphern zu Antezedenten hergestellt werden können. Die Prinzipiensysteme operieren auf den in dem wohlbekannten T-Modell dargestellten Ebenen:

(3)

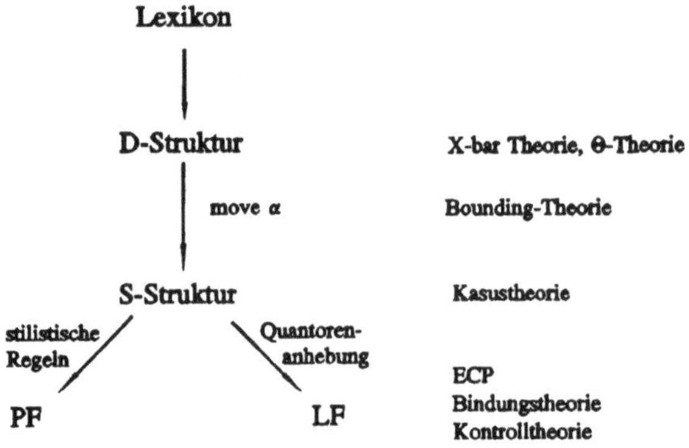

Wir werden im weiteren wesentlich auf X-bar- und Θ-Theorie Bezug nehmen, um zu klären, inwieweit die syntaktischen Strukturen aus den Eigenschaften und Merkmalen lexikalischer Einheiten projizierbar sind und in welcher Weise daraus syntaktische Komplexbildung stattfinden kann. Die Kasustheorie wird dabei im Zusammenhang mit der Θ-Theorie auf die in der Argumentstruktur lexikalischer Einheiten zu spezifizierenden Merkmale bezogen. Wh-Bewegung auf S-Struktur erhält eine Interpretation im Rahmen einer Satzmodusanalyse. Die s-strukturelle Bewegung einer wh-Phrase im Deutschen wird bezogen auf ein zu CP analoges Modussystem MP in der linken Peripherie des deutschen Satzes. Unter diese Sichtweise kann sowohl lange wie kurze wh-Bewegung subsumiert werden. Wh-Bewegung auf LF in multiplen Fragen wird erfaßt durch die Anhebung der Frageoperatoren in die zugehörige Skopusposition. Daraus ergibt sich unmittelbar, daß Rekonstruktionsprozesse nicht stattfinden müssen, da alle zu rekonstruierenden Phrasenteile in situ verbleiben. Die Kontrolltheorie wird durch die Komplexbildung der verbalen Θ-Raster in anderer als der üblichen Sichtweise behandelt. Dabei entstehen die Kontrollbeziehungen erst auf der Ebene der semantischen Form. Insbesondere wird NP-Bewegung sowohl im Passiv als auch bei Anhebungsverben auf eine Fusion der Θ-Raster der beteiligten Verben zurückgeführt. Nicht behandelt wird die Bindungstheorie und die Berechnung bindungstheoretisch relevanter Beziehungen zwischen verschiedenen Satzgliedern.

Bevor wir uns aber diesen grammatiktheoretischen Betrachtungen und ihrer performanzorientierten Interpretation zuwenden, wollen wir einige für menschliche Sprachverarbeitung grundlegende Eigenschaften erörtern[1]. Dazu diskutieren wir zunächst aus der Sichtweise der Künstlichen Intelligenz den Unterschied zwischen Kompetenz und Repräsentation einerseits und Performanz und Prozeß andererseits . Daran anschließend wollen wir verschiedene Modalitäten des Prozessierens sprachlicher Äußerungen erörtern, um daraus erste Prinzipien für die Struktur eines Parsers abzuleiten, der als Modell für menschliches Sprachverstehen dienen kann. Diese Prinzipien beziehen wir sodann auf psycho- und computerlinguistisch motivierte Modelle des Satzverstehens, die im Zuge der neueren Forschung vorgeschlagen wurden. Die psycholinguistisch motivierten Modelle und Parsingstrategien werden daraufhin auf die Struktur und Arbeitsweise sog. LR(k)-Parser bezogen. Da diese Klasse von Erkennungsautomaten Terminalketten von links nach rechts verarbeiten, sind sie -prima facie- geeignete Modellkandidaten für menschliche Sprachverarbeitung. Es wird sich im folgenden aber auch zeigen, daß diese Automaten eine viel weiterreichende Interpretation als Verstehensmodell zulassen als die Verarbeitungsrichtung. Insbesondere lassen sich d-strukturelle Repräsentationen aufgrund der Rektionsrichtung der Köpfe i.S. der X-bar Theorie ohne weitere Zusatzannahmen während der Strukturberechnung lokal repräsentieren. Damit sind funktionale Erklärungen für scheinbar unmotivierte grammatische Eigenschaften der Kategorienklassen zu formulieren: Rektionsrichtungen können aufgefaßt werden als Berechnungsanweisung über den Ort, an dem zugehörige Komplemente in der linearen Terminalkette zu erwarten sind. Mit Hilfe syntaktischer Merkmale läßt sich daraus eine Linkingtheorie formulieren, die das durch X-bar- und Θ-Theorie determinierte 'Phrasenskelett', das die jeweiligen Köpfe projizieren, mit syntaktischen Argumenten füllen, bzw. einzelne Projektionen zusammenbinden. Die fürs Deutsche relevanten Merkmale, die Linkingprozesse auslösen, sind {Kasus, Status, wh}. Da die Lexikoneinheiten diese Merkmale als Spezifikation in der Argumentstruktur aufweisen, sind die aufgespannten 'Phrasenskelette' an den Argumentpositionen mit diesen Merkmalen annotiert. Für den Parser ist daher zu entscheiden, wann syntaktische Argumente in eine Projektion einzubinden sind, und wo sich diese jeweils befinden. Die Projektion und Repräsentation einzelner Phrasen und die Prozesse des syntaktischen Linkings sind sodann auf die Arbeitsweise eines LR(k)-Parsers zu beziehen. Insbesondere ist die Serialisierung dieser Prozesse zu spezifizieren.

---

[1] Dabei werden wir uns auf Hypothesen über die Struktur möglicher Parser beschränken. Insbesondere werden wir nicht auf die Interaktion grammatischer Kenntnis mit kontextuellem Wissen eingehen (s. die Diskussion in Steedman & Altmann (1988), Steedman & Altmann (1989), Clifton & Ferreira (1989)). Auch werden wir nicht auf die zahlreichen Experimente zur Rekonstruktion von Antezedens-Spur-Rekonstruktionen (filler-gap dependencies) eingehen. Ein Überblick dazu findet sich etwa in Tanenhaus (1988) oder Frazier (1988).

3. Parsingtheorien

Bereits um 1970 entwickelte Woods (1970) die Theorie der erweiterten Übergangsnetzwerke (Augmented Transion Network, ATN). Dieser Formalismus implementiert eine Phrasenstrukturgrammatik als Netzwerk zwischen verschiedenen grammatischen Kategoriensymbolen. Ein Satz ist genau dann grammatisch, wenn der Parser in der Lage ist, das zugrundegelegte Netz zu passieren. Der Ansatz basiert wesentlich auf Phrasenstruktur-Regeln, kann also nicht als geeignete Realisierung einer prinzipienorientierten Theorie gelten. Dennoch spielte er bei der Entwicklung von Sprachverarbeitungsmodellen eine nicht unbedeutende Rolle. Hinsichtlich der psycholinguistischen Adäquatheit zeigte sich Anfang der 80er Jahre auch, daß ATNs keinen relevanten Beitrag zur Erfassung der Eigenschaften des menschlichen Parsers leisten (s. Kaplan 1972, Wanner & Maratsos 1978, Wanner 1980, Frazier & Fodor 1978). Die Diskussion um den Status von ATNs entfachte sich an einer Konzeption des menschlichen Parsers (human sentence parsing mechanism: HSPM) von Fodor & Frazier (1978), die ihrerseits auf sieben in Kimball (1973) entwickelte Prinzipien eines oberflächenorientierten Parsers bezogen sind. Die daraus entstandenen Parsingprinzipien bestimmen die derzeitige Forschungssituation der Psycholinguistik (s. Frazier & Rayner 1988:263). Diese Entwicklung soll im folgenden kurz skizziert werden.

3.1. Parsing als heuristischer Prozeß

Kimball (1973) (in diesem Kapitel abgekürzt als K.) operationalisiert den Unterschied zwischen Akzeptabilität als Performanzphänomen und Grammatikalität als Kompetenzphänomen, indem er für Computersprachen spezifische Parsingstrategien verwendet und auf die Prinzipien der Verarbeitung natürlicher Sprache und den menschlichen Parser überträgt. Unterscheidungskriterium zwischen natürlichen und formalen Sprachen ist zum einen die Eindeutigkeit formaler Sprachen (genau eine Struktur pro terminale Kette), zum anderen erlaubt Computer-Parsing einen beliebig großen Speicher als 'Gedächtnis'. K. formuliert nun anhand der Analogie zum Parsing einer formalen Sprache sieben Prinzipien, die die Eigenschaften des menschlichen Parsers erfassen können sollen.

(1) (i) Parsing in natural language proceeds according to a top-down algorithm.
(ii) Terminal symbols optimally associate to the lowest nonterminal node. (Right Association)
(iii) The construction of a new node is signalled by the occurence of a grammatical function word. (New Nodes)
(iv) The constituents of no more than two sentences can be parsed at the same time. (Two sentences)

(v) A phrase is closed as soon as possible, i.e., unless the next node parsed is an immediate constituent of that phrase (Closure).

(vi) When the last immediate constituent of a phrase has been formed, and the phrase is closed, it is costly in terms of perceptual complexity ever to have to go back to reorganize the constituents of that phrase (Fixed structure).

(vii) When a phrase is closed, it is pushed down into a syntactic (possibly semantic) processing stage and cleared from short-term memory (Processing)

Diese Prinzipien sind durch die folgenden Beobachtungen motiviert. (1)(i) leitet K. aus der effizienten Analyse von Computersprachen ab. (1)(ii) bezieht sich auf die Verarbeitungskomplexität von links- bzw. rechtsverzweigenden Strukturen und Zentraleinbettungen. Als für den menschlichen Parser problematisch werden daher die Sätze:

(2) Joe figured that Susan wanted to take the train to New York out .

(3) The girl took the job that was attractive.

und zugleich die Strategie des *low attachment* als richtig vorhergesagt. (1)(iii) besagt, daß funktionale Kategorien dem Parser Entscheidungshilfe bei der Diagnose neu einzusetzender Kategorien liefert. Mit (1)(iv) versucht K. das Phänomen der Zentraleinbettungen durch den Grad der Einbettung zu erfassen. Jedoch kann (1)(iv) im eigentlichen Sinne nicht als Prinzip aufgefaßt werden, da es lediglich eine empirische Generalisierung ausdrückt. Die Schwierigkeit beim Prozessieren von:

(4) (i) That that Joe left bothered Susan surprised Max.
(ii) That for Joe to leave bothers Susan surprised Max.

ist wesentlich plausibler durch eine adäquate Analyse der Speicherstruktur des linken Kontexts zu begründen. (1)(v) erfaßt Prinzipien des Konstituentenabschlusses während der Analyse.

(5) (i) They knew that the girl was in the closet.
(ii) They knew the girl was in the closet.

Die Beispiele verwenden die Ambiguität von *knew* zwischen *wissen* und *kennen*. Für (5)(ii) wird angenommen, daß die VP nach Auftreten des direkten Objekts geschlossen wird. Offensichtlich beruht dieser Effekt auf der möglichen Kasuszuweisung, die in (5)(i) durch die Intervention des C^0-Elements *that* blockiert ist. (1)(vi) erfaßt den erhöhten Berechnungsaufwand bei Holzweg-Analysen, während mit (1)(vii) verschiedene Ebenen der Berechnung etabliert werden. Unter dieser Mehrebenen-Konzeption wird angenommen, daß unvollständige syntaktische Komplexe noch nicht semantisch interpretiert werden, sondern daß erst abgeschlossene Phrasen auf eine nächsthöhere Prozeßebene weitergereicht werden. Wir werden jedoch sehen, daß syntaktische und semantische Repräsentationen auch für unvollständige Ketten simultan berechnet werden können. Die Annahme eines Zwei-Stufen-Modells ist daher keineswegs zwingend. Auch Frazier & Fodor (1978) (im folgenden mit F&F abgekürzt) verwenden ein Zwei-Stufen-Modell[1] zur Charakterisierung des menschlichen Parsers, der sog. *sausage machine* (SM). Derzufolge werden Satzstrukturen auf zwei verschiedenen Prozeßebenen aufgebaut:

(6) (i) Der *preliminary phrase packager* (PPP) faßt bis zu sechs Wörtern zu Teilketten zusammen.

(ii) Der *sentence structure supervisor* (SSS) baut aus diesen Ketten den eigentlichen Strukturbaum.

PPP ist auf maximal sechs Wörter beschränkt und einem Kurzzeit-Arbeitsspeicher vergleichbar, dessen Kapazität durch die *magische Zahl 7 ± 2* (s. Miller 1956) approximiert wird. Sein Informationszugriff ist beschränkt auf die syntaktische Umgebung, die aus sechs Wörtern besteht. SSS hat die Kontrolle über weite Abhängigkeiten (etwa lange wh-Bewegung). Die Übergabe von Konstituenten von PPP nach SSS ist dabei unabhängig von der syntaktischen Kategorie der zu verschiebenden Konstituente. Die Motivation für einen Zwei-Stufen-Parser begründet sich aus der Realisierung einer Beschränkung des Arbeitsspeichers auf sechs Elemente. Hiermit soll einem Gedächtnismodell Rechnung getragen werden, das ein einheitenbeschränktes Kurzzeitmodul enthält, Informationen relativ 'blind' verarbeitet, keine Kenntnis über weite syntaktische Beziehungen hat und ohne sichere Evidenz Entscheidungen trifft. Die zweite Stufe verarbeitet bereits strukturierte Konstituenten, die als Teilstrukturen aufgefaßt werden können und daher als Einheiten zu behandeln sind, denn -so F&F- strukturiertes Material läßt sich leichter im Gedächtnis behalten als unstrukturiertes. Das folgende Beispiel soll die Arbeitsweise von SM illustrieren:

(7) Tom said that Bill had taken the cleaning out yesterday.

Für *yesterday* gibt es zwei mögliche Adjunktionspositionen. Erstens kann an den Matrixsatz adjungiert werden, sog. *high attachment*, was zur Lesart *Tom said yesterday* führt oder an den eingebetteten Satz sog. *low attachment*, was zur präferierten Lesart *Bill had taken the cleaning out yesterday* führt (s. Kimballs (1973) *principle of right association*). Wenn *yesterday* im PPP verarbeitet wird, ist der Matrixsatz bereits im SSS. Für PPP ist damit die Adjunktionsposition im Matrixsatz nicht mehr sichtbar, da sich diese bereits auf Stufe 2 befindet, so daß nur Adjunktion an den eingebetteten Satz möglich ist. Die höhere Kom-

---

[1] Zu anderen Zwei-Stufen-Modellen des Satzverstehens s. Kimball (1973), Fodor, Bever & Garrett (1974), Berwick & Weinberg (1984).

plexität der Berechnung der Adjunktion an den Matrixsatz ist daher gegenüber der Adjunktion an den eingebetteten Satz aus den verschiedenen Ebenen, auf denen sich Konstituenten befinden, herleitbar. Generell -so F&F- läßt sich dieser Komplexitätsunterschied auf zwei Weisen erklären:

(8) (i) Stufe 1 kann die hohe Adjunktion nicht berechnen und die Komplexität resultiert aus der Übergabe der ersten Konstituenten an Stufe 2.
(ii) Alle Konstituenten und insbesondere beide Adjunktionspositionen sind bis zur Entscheidung über *yesterday* im Speicher (ein-stufiges Modell).

(8)(ii) erklärt den Komplexitätsunterschied zwischen den Präferenzen in (7) nicht. Die gesamte Struktur muß gespeichert bleiben, bis das Satzende erreicht ist, so daß eigentlich kein Unterschied in der Komplexität feststellbar sein sollte. Damit, so argumentieren F&F, scheidet ein Einstufen-Modell als adäquate Modellierung von HSPM von vornherein aus. F&F zeigen nun anhand der zwei-stufigen Konzeption von SM, daß die meisten der in Kimball (1973) genannten Parsing-Prinzipien unter den universellen Prinzipien *minimal attachment* (MA) (s. Frazier & Fodor 1978:320) und *late closure* (LC) (s. auch Frazier & Rayner 1988:263) subsumiert werden können:

(9) minimal attachment:
Each lexical item (or other node) is to be attached into the phrase marker with the fewest possible number of nonterminal nodes linking it with the nodes which are already present.

(10) late closure:
Incorporate a new item into the phrase or clause currently being processed, rather than to an earlier (or subsequent) phrase or clause.

MA besagt, daß jeder neue Knoten an die Phrase mit der geringstmöglichen Anzahl nichtterminaler Knoten adjungiert wird, die ihn mit bereits vorhandenen Knoten verbindet. LC verlangt, daß der Parser stets versucht, an den gerade prozessierten Knoten zu adjungieren.

In diesem Zusammenhang diskutiert Wanner (1980) (im folgenden mit W. abgekürzt) die Realisierung von MA und Kimballs (1973) *principle of right association* (PRA) in einem ATN. Die vernetzte Struktur eines ATNs besteht aus Knoten und diese verbindende Kanten, die üblicherweise (s. etwa Winograd 1983) wie folgt spezifiziert sind:

(11) (i) WORD arc: analysiert grammatische Morpheme
(ii) CAT arc: analysiert grammatische Kategorien
(iii) SEEK arc: analysiert Phrasen
(iv) SEND arc: beendet ein Netzwerk
(v) JUMP arc: ist ein freier Übergang von einem Zustand zu einem anderen

W. zeigt an einer Folge von 'langen' Sätzen, die er schrittweise verkürzt, daß auch im 'kurzen' Fall keine hohe Adjunktion (sog. *high attachment*) stattfindet, wie von F&F vorausgesagt wird:

(12) (i) Tom said that Bill had taken the cleaning out yesterday.
(ii) Tom said that Bill had taken it out yesterday.
(iii) Tom said that Bill had taken it yesterday.
(iv) Tom said that Bill took it yesterday.
(v) Tom said that Bill died yesterday.
(vi) Tom said Bill died yesterday.

(12)(iv), (12)(v) und (12)(vi) sind im relevanten Bereich sechs Wörter lang, so daß PPP beide Adjunktionspositionen sehen kann. Dennoch stellt sich eine präferierte *low attachment*-Lesart ein. W. führt diesen Effekt auf eine spezifische Organisation des ATNs zurück. Dazu formuliert er MA und PRA als Organisationsprinzipien eines ATN in der folgenden Weise:

(13) (i) MA: Alle CAT-Kanten und alle WORD-Kanten werden vor allen SEEK-Kanten passiert.
(ii) PRA: Alle SEND-Kanten und alle JUMP-Kanten werden nach jeder anderen Kante passiert.

In der Tat realisiert diese Organisation sowohl MA als auch PRA und erfaßt die Daten in (12). So garantiert etwa die durch (13)(i) angegebene Anordnung, daß Adjunktion mit einer minimalen Anzahl neuer Knoten zuerst gewählt wird, während (13)(ii) bewirkt, daß der Parser so lange wie möglich versucht, eingelesene Elemente unter dem Knoten der gerade prozessierten Kategorie zu integrieren.

Während die Organisation eines speziellen ATNs diese Realisierung erlaubt, ist jedoch zu fragen, ob ATNs generell geeignet sind, Aussagen über HSPM zu machen. Die Theorie der ATNs definiert eine unendliche Klasse einzelner ATNs. Will man den Status klären, den ATNs zum Verständnis von HSPM beitragen, so gelingt dies nicht über die Betrachtung eines einzeln spezifizierten ATNs. Vielmehr muß untersucht werden, ob gewisse Eigenschaften, die einer ganzen Klasse von ATNs eigen sind, auch von HSPM geteilt werden. Wie F&F darlegen, ist dies jedoch nicht der Fall. Da ATNs in ihrer Berechnungskapazität der universellen Turingmaschine äquivalent sind, das Ziel der Psycholinguistik aber darin besteht, innerhalb der Klasse aller Parsing-Algorithmen denjenigen zu identifizieren, der das menschliche Gehirn simuliert, gilt es, diejenigen ATNs zu untersuchen, die HSPM simulieren. Wenn aber HSPM nur durch ein arbiträr gewähltes ATN simuliert werden kann, dann ist es unplausibel, daß HSPM ein ATN ist. Da die Anordnung der Übergangskanten nach den empirisch beobachtbaren Parsing-Präferenzen festgelegt ist, wäre MA nichts anderes als eine externe Generalisierung über das Netzwerk selbst. Es würde in keiner Weise aus einem generellen Prinzip folgen, welches die Arbeitsweise des Parsers steuert. Eine weitere Schwierigkeit besteht darin, die Anordnung der Übergangskanten im Netzwerk nicht so festzulegen, daß sie konsistent für alle Konstruktionen gilt. Bei hinreichend großer Zahl sprachspezifischer Netzstrukturen dürfte dieses Unterfangen hoffnungslos scheitern.

Die experimentelle Psycholinguistik nimmt daher Strategien zur Erklärung von Adjunktionspräferenzen und der Behandlung lokaler Ambiguitäten an, die aber ausnahmslos Heuristiken darstellen, die unabhängig vom grammatischen Vokabular formuliert sind und die stets mehr oder weniger explizit voraussetzen, daß der Parser einer PS-Grammatik folgt (s. etwa Frazier & Rayner 1988:266). Wenn der Parser aber keine PS-Grammatik zum Strukturaufbau benutzt, wie zu vermuten ist, so werden alle diese Strategien interpretationsbedürftig. Die in Frazier & Rayner (1988:263ff) angegebenen Operationsbeschränkungen, wollen wir näher betrachten:

(14) (i) Left-to-right Constraint: Each item is incorporated into a constituent structure representation of a sentence as the item is encountered.
(ii) First Analysis Constraint: At choice points the processor adopts the first syntactic analysis available (specifically the analysis that follows from Minimal Attachment, Late Closure and the Most Recent Filler Strategy) rather than pursuing multiple syntactic analysis or delaying analysis of the input.
(iii) Minimal Attachment: Postulate the fewest nodes consistent with the grammar.
(iv) Late Closure: Incorporate a new item into the phrase or clause currently being processed, rather than to an earlier (or subsequent) phrase or clause.
(v) Most Recent Filler: When a gap is detected, assign the most recent potential filler to that gap.
(vi) Partial Top Down Constraint: The first word of a sentence must be (minimally) attached to the topmost 'S'; each subsequent item must be attached into the CPPM (Current Partial Phrase Marker).
(vii) Maximal Chunk Constraint: During processing the human language processor forms the largest CPPMs possible given the inherent restrictions on its immediate memory and computational capacity and the grammar of the language being processed.
(viii) Bounded Complexity Constraint: There is a (universally fixed) bound on the number of syntactic nodes that can be postulated over a few adjacent words in the input; if this upward bound is exceeded normal sentence processing routines will be disrupted or break down altogether.

Ohne PS-Regeln ist (14)(i) unplausibel. Nach einem Satzanfang wie:

(15) weil Maria in ▸ ... (... die Schule geht)
(... der Schule schläft)

muß entschieden werden, wie die Präposition *in* in einen Strukturkomplex integriert werden kann. Da erst ein [± direktional] spezifiziertes Verb die PP-Position lizenziert und damit die Kasusverhältnisse innerhalb der PP festlegt, kann dies auch erst nach Auftreten eines entsprechenden Verbs geschehen. Ist das Verb [+ direktional] spezifiziert, so weist *in* Akkusativ zu, ist es [- direktional] spezifiziert, so weist *in* Dativ zu. Wenn die in Frage stehende Präposition direkt in eine PS-Struktur eingebunden werden könnte, würde das voraussetzen, daß das Fragment:

(16) weil Maria ▸ ...

eine VP mit PP lizenziert, von der *in* der Kopf ist. Die relevanten Kasusverhältnisse innerhalb der PP sind zu diesem Prozeßzeitpunkt aber nicht klar, so daß auch nicht entschieden werden kann, wie die internen Eigenschaften dieser PP beschaffen sind. Es kann ebenfalls noch nicht entschieden werden, daß (16) mit einer PP fortgesetzt wird, da andere Fortsetzungsvarianten, insbesondere mit Verben, die gar keine PP fordern, durchaus möglich sind. Der Parser müßte also, wenn (14)(i) richtig ist, aus der Teilkette *weil Maria* bereits diagnostizieren können, wie die Struktur der VP beschaffen ist, was aber ganz offensichtlich unplausibel ist. (14)(i) würde unter dieser Annahme Prozeßschwierigkeiten voraussagen, die de facto nicht zu beobachten sind.

Daß (14)(ii) nicht adäquat sein kann, läßt sich leicht zeigen. Betrachten wir etwa die Sätze:

(17) weil die Königin von ▸ ... (... England schläft)
(... der Leiter steigt)

(14)(ii) macht für die erste Fortsetzung die richtige Voraussage, daß nämlich die PP in die VP zu integrieren ist, und kein Präpositionalattribut sein kann. Für die zweite Fortsetzung ist diese Diagnose jedoch falsch, so daß MA bzw. die möglichen grammatischen Beschränkungen den Konflikt lösen müßten. Der relevante Punkt liegt darin, daß nach *von* überhaupt nicht entschieden werden kann, welche Struktur aufgebaut werden muß. Der Parser ist an diesem Punkt außerstande, die Bedingungen für MA zu berechnen. Die Fortsetzung liegt im rechten Kontext, und damit ist die konkurrierende Struktur schlichtweg nicht bekannt. Diese Situation tritt in solchen Fällen für (14)(iii) stets auf. Immer wenn ein neu auftretendes Element in den linken Kontext als Adjunkt integriert werden kann, zugleich aber im rechten Kontext ein nach links regierender Kopf auftreten könnte, der die Projektion dieses Elements als Komplement lizenzieren kann, ist MA anzuwenden. Wegen der Unkenntnis des rechten Kontexts zu diesem Anwendungszeitpunkt kann aber lokal die Bedingung für MA nicht berechnet werden, da der Parser nicht weiß, ob ein solches Komplement auftritt. MA kann zu diesem Prozeßzeitpunkt daher prinzipiell nicht angewendet werden. Die Möglichkeit zur Berechnung dieser Bedingungen erfordert somit stets einen Verstoß gegen (14)(ii); nämlich derart, daß die Entscheidung über Komplexbildung verzögert werden muß, oder daß mehrere

Strukturen parallel aufgebaut werden müssen. Betrachten wir nun (14)(iv). Dieses Prinzip sagt voraus, daß neues Lexikonmaterial in die aktuell prozessierte Projektion integriert wird, wenn dies grammatisch möglich ist. Wenn der Parser generell nach dieser Strategie verfährt, so dürften verschiedene andere Faktoren nicht zu anderen Prozeßstrategien führen. Es läßt sich nun zeigen, daß der Parser nicht immer LC anwendet. Die globale Ambiguität bezüglich des temporalen Adverbs wird in den folgenden Beispielen stets durch Rechtsadjunktion aufgelöst, im Gegensatz zur Voraussage von LC:

(18) (i) Der General befiehlt vor Sonnenuntergang auszurücken.
(ii) Peter verspricht sofort zu kommen.

Auch LC kann somit nicht als universelle Heuristik zur Steuerung des Parsers aufgefaßt werden.

(14)(v) ist eine als Parsingstrategie formulierte grammatische Eigenschaft, die aus der Bedingung der Pfadinklusion zwischen Antezedens und Spur (s. Fodor 1978, Pesetsky 1982) abgeleitet werden kann. Wie Frazier, Clifton & Randall (1983:194ff) experimentell zeigen, sucht der Parser diejenigen Antezedenten am schnellsten, die aufgrund unterschiedlicher Faktoren (Betonung, grammatische Markierungen, Diskursfaktoren usw.) am salientesten sind. Der Parser verfolgt dabei eine Strategie, die ein Antezedens aktiv auf eine Lückenposition (active filler strategy) bezieht (s. Frazier & Clifton 1989), d.h. der Parser versucht nicht, von einer Lücke aus ein Antezedens zu suchen, sondern transferiert dieses direkt nach seiner Identifikation sukzessiv zyklisch in die Basisposition. Offen bleibt allerdings in welcher Weise das Antezedens (etwa eine bewegte wh-Phrase) während der weiteren Verarbeitungsschritte bis zur Lückenposition behandelt wird und nach welchen Prinzipien der Transfer stattfindet. Wir werden in den Kapiteln 10.3. und 10.4. eine Möglichkeit zur Realisierung dieser Strategie genauer erörtern.

(14)(vi) ist eine Stipulation, die lediglich festlegt, daß satzinitiale Phrasen beliebigen Typs unter den obersten Satzknoten linksadjungiert werden. (14)(vi) wird daher nur benötigt, um die Varianz der linksperipher auftretenden Phrasentypen bei top-down-Analysen zu erfassen und folgt aus keinem experimentell gefundenen Datum. Wie Frazier & Rayner (1988:263ff) argumentieren, läßt sich (14)(vi) auch unter (14)(vii) subsumieren.

(14)(vii) fällt aber seinerseits unter die Betrachtung von (14)(iv) und ist einer ganz analogen Kritik zu unterziehen. Welche Komplexe (Chunks) unter welchen Bedingungen aufgebaut werden können, wird dabei stets von PS-Regeln determiniert. Der Variationsbreite möglicher Fortsetzungen von unvollständigen Teilketten wird mit PS-Regeln aber keine Rechnung getragen. Es hängt ganz wesentlich von den Rektionsrichtungen und möglichen Lizenzierungsbedingungen nachfolgender Projektionen ab, ob und inwieweit diese Prinzipien generell Gültigkeit haben. Somit wären also zunächst diese Bedingungen zu untersuchen. Wenn sich dann zeigt, daß grammatisch encodierte Information zu den gleichen Prozeßschritten führt, die die Heuristiken voraussagen, so werden letztere natürlich obsolet, da sie aus den unabhängig motivierten syntaktischen Prinzipien abgeleitet werden können. Einen solchen Versuch unternehmen wir in Kapitel 7.

Wenn es sich bei (14) tatsächlich um invariante universelle Verarbeitungsstrategien handelt -wie Frazier & Rayner (1988) behaupten- dann ist jedenfalls nicht ersichtlich, wie diese Prinzipien ohne PS-Regeln arbeiten. Die Frage, welche grammatische Kenntnis lokal zur Verfügung stehen kann, wird bei fast allen Verarbeitungsstrategien ausgeklammert. Betrachtet man nun noch (14)(viii) so wird deutlich, daß vor dem Hintergrund einer PS-Grammatik keine plausible Beschränkung für die Kapazität des Arbeitsspeichers angegeben werden kann. Für top-down-Analysen mit PS-Regeln liegt stets eine vollständige Struktur vor, in die weitere lexikalische Einheiten integriert werden können. Jede Komplexitätsmetrik für derartige Strukturen ist daher darauf angewiesen, Knoten zu zählen und gegebenenfalls unterschiedlich zu gewichten (s. dazu etwa Frazier 1985). Daraus läßt sich aber nur sehr artifiziell eine Zuordnung zwischen prozessierter Satzstruktur und psychologisch motivierter Gedächtniskapazität treffen. De facto bietet eine bereits zusammenhängende Teilstruktur keine Möglichkeit, einzelne Bestandteile unterschiedlichen Speicherzellen i.S. von Miller (1956) zuzuordnen. Die Gedächtnisüberlastung, die bei zentraleingebetteten Strukturen auftritt, kann daher nicht plausibel sichtbar gemacht werden. Wir werden in Kapitel 5.2 und 10.4. auf diesen Punkt zurückkommen und zeigen, daß eine klare Beschränkung auf ca. sieben nicht-integrierte Teilkomplexe zu einer Überschreitung der Gedächtniskapazität führt.

Die erörterten heuristischen Prinzipien können daher nicht als prozeßsteuernde Anweisungen in die Kontrollstruktur des Parsers aufgenommen werden, sondern müssen sich aus dessen Struktur und Arbeitsweise ableiten lassen. Eine zu bevorzugende Strategie zur Klärung der Prozeßweisen von HSPM besteht daher m. E. zunächst darin, die grammatischen Faktoren zu untersuchen, aufgrund derer die syntaktische Struktur festgelegt werden kann. Die damit gegebene Information ist sodann auf ein Sprachverarbeitungsmodell zu beziehen, welches erlaubt, diese heuristischen Prinzipien aus der Repräsentation der bereits prozessierten Information und weiterer grammatischer Eigenschaften vor dem Hintergrund eines expliziten Parser-Modells zu deduzieren.

3.2. Parsing als regel- und prinzipiengesteuerter Prozeß

Die Beschränkung von Parsingmodellen durch Heuristiken gibt nur in eingeschränktem Maße Auskunft über die mögliche Verwendung linguistischer Kenntnis während sprachlicher Analyseprozesse. Der Parser wird dabei aufgefaßt als Berechnungssystem, das aus einer Menge von Regeln die jeweils anzuwendende auswählen muß. Sind zu einem gewissen Prozeß-Zeitpunkt mehrere Regeln anwendbar, so benutzt er allgemeine, fixierte Strategien, nach denen er Entscheidungen trifft. Für einen prinzipienorientierten Parser, dem keine einheitlichen Regeln zur Verfügung stehen, stellt sich somit das Problem, auf welche Weise und zu welchem Zeitpunkt welche Prinzipien anzuwenden sind.

Eine Richtung des prinzipienorientierten Parsings fragt nach der Axiomatisierung der Grammatiktheorie selbst (s. etwa Stabler 1990, Johnson 1991, Kolb & Thiersch 1990). Dieses Verfahren ist im wesentlichen so zu charakterisieren, daß die grammatischen Prinzipien in prädikatenlogische Klauseln übersetzt werden, die ihrerseits von einem Theorembeweiser hinsichtlich ihrer Wahrheitsbedingungen überprüft werden. Vereinfacht gesprochen ist der Rückgabewert der Berechnungsfunktion entweder -im Falle eines grammatischen Satzes- *wahr* oder -im Falle eines ungrammatischen Satzes- *falsch*. Diese Verfahren prüfen die theorieinterne Konsistenz der grammatischen Prinzipien und können nicht als Modelle des Satzverstehens interpretiert werden.

Fongs (1991) PO-Parser (principle ordering) reduziert die Überprüfung grammatischer Prinzipien, indem diese in spezifischer Weise angeordnet werden. Der damit einhergehende Effekt besteht darin, daß ungrammatische Konstruktionen so früh wie möglich ausgeschlossen werden können, ohne daß der Parser weitere Prinzipien hinsichtlich ihrer adäquaten Realisierung überprüft. Prinzipienanordnung hat daher den Effekt, den Parsingprozeß effizienter zu gestalten. Die Anordnung der Prinzipien legt aber nur fest, in welcher Reihenfolge sie von dem Theorembeweiser geprüft werden. Daß auch Prinzipien, die garnicht angewendet werden müssen, häufig einem Verifizierungsversuch unterzogen werden, kann wegen der Struktur der zugrundeliegenden Algorithmen nicht verhindert werden; obwohl dieser Parser gerade auf Reduktion überflüssiger Prinzipien-Anwendung ausgelegt ist.

Während dieser Forschungszweig zwar ein gutes Werkzeug zur Entwicklung und zum Test grammatischer Theorien liefert, gibt er -intendierterweise- keine Auskünfte über die Struktur und Arbeitsweise des menschlichen Parsers.

Ein auf den letzteren Aspekt bezogener Ansatz liegt mit dem von Marcus (1980) entwickelten Parser (Parsifal) vor. Dort wird ein deterministischer Kellerautomat (deterministic push down automata (DPDA)) zur Analyse sprachlicher Äußerungen bei gleichzeitiger Vorhersage von *garden path*-Effekten entwickelt und hinsichtlich der Fehlleistungen des menschlichen Parsers modelliert. In leicht modifizierter Weise wird ein ähnlicher Automat in Berwick & Weinberg (1984) zur direkten Realisierung grammatischer Prinzipien verwendet. Beiden gemeinsam ist eine Menge konstruktionsspezifischer grammatischer Regeln (pattern action rules), die die Aktionen des Parsers steuern. Ein prinzipienorientierter Parser sollte jedoch unabhängig von konstruktionsspezifischen Regeln die zugehörigen Repräsentationen berechnen können. Es ist jedoch zu beobachten, daß verschiedene der derzeit existierenden prinzipienorientierten Parser auf dem Konzept der PS-Regeln basieren.

So verwendet der in Berwick & Weinberg (1984, 1985b:19) diskutierte deterministische Parser X-bar-restringierte PS-Regeln. Abneys (1991) *Chunking*-Parser wird von PS-Regeln gesteuert, die z.T. flexionale Markierungen aufweisen (s. Abney 1991:265). Correas (1991) *attribute grammar* basiert auf einer kontextfreien Grammatik, die um endliche Mengen von Attributen, Attributionsregeln und Attributionsbedingungen erweitert ist (s. Correa 1991:90). Leere NP-Kategorien werden durch PS-Regeln in die Struktur integriert (s. Correa 1991:88), während eine Kettenregel den funktionalen Typ der leeren Kategorie identifiziert.

Der Parsingprozeß wird bei den genannten Parsern durch verschiedene Varianten von PS-Regeln gesteuert, wobei die Anzahl der vorhandenen Regeln für eine hinreichend große Anzahl von Konstruktionen nicht unerheblich ist. Auch Berwick (1991) weist darauf hin, daß ältere Parsing-Modelle wie etwa PARSIFAL (s. Marcus 1980) oder ATNs (s. etwa Wanner & Maratsos 1978) auf große Mengen konstruktionsspezifischer Regeln angewiesen und damit gerade nicht prinzipienorientiert sind. Die Effizienz regelbasierter Algorithmen nimmt drastisch ab, wenn die Regelmenge vergrößert wird. Zugleich muß der gesamte Regelapparat ausgetauscht werden, wenn der Parser Terminalketten anderer Sprachen strukturieren soll. Für einen wirklich prinzipienorientierten Parser reicht hingegen das Umsetzen einiger Parameter und ein Austausch des Lexikons, um auch anderssprachige Ketten behandeln zu können.

Gorrell (1991) verwendet ein Parsingmodell, das direkt von Subkategorisierungseigenschaften Gebrauch macht. Damit argumentiert er gegen die von Mitchell (1987) experimentell gewonnene Hypothese, daß Subkategorisierungsinformation erst 'spät' im Verarbeitungsprozeß konsultiert wird, d.h. nachdem die syntaktische Struktur feststeht. Nun ist aus konzeptuellen Gründen eine solche Prozeßabfolge nur vorstellbar, wenn die Phrasenstruktur unabhängig von der lexikalischen Spezifikation der beteiligten Phrasenköpfe festgelegt wird, d.h. ebenfalls unter Voraussetzung einer Variante von PS-Regeln. Gorrell argumentiert in Übereinstimmung mit Fodor (1978), Clifton, Frazier & Connine (1984) u.a. dafür, daß Subkategorisierungsinformation sehr 'früh' während der Verarbeitung verwendet wird. Er diskutiert drei zu unterscheidende Parsing-Modelle (s. Gorrell 1991:279ff):

(19) (i) Serial Models:
A single 'preferred' structure is computed for an ambiguous string. If this structure is incompatible with subsequent material, reanalysis is required.

(ii) Parallel Models:
Multiple structures are computed for an ambiguous string. At points of disambiguation in the parse, incompatible strucutres are abandoned.

(iii) Minimal Commitment Models:
Commitment to a particular analysis is postponed until the appearance of disambiguating information.

Serielle Modelle benötigen verschiedene Berechnungsprozeduren, um Ambiguitäten aufzulösen. Wenn eine Analysemöglichkeit nicht weiter verfolgt werden kann, so wird reanalysiert.

Parallele Parser bauen für ambige Ketten alle möglichen Strukturen auf, und verwerfen die nicht adäquaten Optionen dann, wenn klar ist, daß diese nicht weiter verfolgt werden können. Holzweg-Effekte sind daher in parallelen Modellen nicht ohne Zusatzannahmen zu simulieren, da stets alle strukturellen Möglichkeiten berechnet werden, so daß prinzipiell keine Reanalyse stattfinden muß.

Minimal Commitment Parser verzögern Ambiguitätspunkten einen Strukturaufbau und 'warten' bis weiteres lexikalisches Material die Ambiguität möglicherweise auflöst. Dies kann dadurch realisiert werden, daß der Parser eine Vorausschau (look ahead) auf das folgende Wort-Material verwendet, und aus diesem erkennt, welche Entscheidung zu treffen ist. Restriktionen über die Länge der Vorausschau ermöglichen die Simulation von Holzweg-Effekten (s. Marcus 1980), d.h. wenn die Vorausschau auf etwa drei Lexeme beschränkt ist, resultiert dann ein Holzweg-Effekt, wenn erst nach mehr als drei Lexemen die Ambiguität aufgelöst wird, anderenfalls kann direkt richtig strukturiert werden. Der Parser, den wir hier entwickeln, ist dem Typ (19)(iii) zuzuordnen. Die Strukturbildung wird solange verzögert, bis sie durch das Auftreten grammatischer Information festgelegt wird. Die Auflösung von Ambiguitäten wird zunächst vernachlässigt.

Beim Auftreten globaler Ambiguitäten tendieren Hörer dazu, bestimmte Lesarten einer anderen vorzuziehen. Die Phänomene, die bei syntaktisch ambigen Sätzen zur Präferenz einer Lesart führen, geben sehr direkt Aufschluß über die operationalen Prinzipien des menschlichen Parsers. Ein serielles Modell schlagen Ford, Bresnan & Kaplan (1982) vor und argumentieren im Rahmen der Lexikalisch-Funktionalen-Grammatik (LFG) dafür, daß Präferenzphänomene aufzufassen sind als Funktion von:

(20) (i) linguistischen Regeln, die die Satzstruktur determinieren,
(ii) der Prädikat-Argument-Struktur und grammatischen Funktionen lexikalischer Elemente und
(iii) einer wohldefinierten Interaktion zwischen regel- und datengesteuerten Analyseprozessen.

Dazu nehmen sie an -analog zu Wanners (1980) ATN-Erklärung-, daß in natürlichen Sprachen lexikalische CAT-Kanten häufiger passiert werden als nicht-lexikalische SEEK-Kanten. Präferierte Lesarten werden somit daraus erklärt, daß häufig vorkommende Regeln vor weniger häufig vorkommenden Regeln angeordnet werden. Ihre Theorie des syntaktischen Abschlußes von Konstituenten basiert auf den folgenden Annahmen (s. Ford, Bresnan, Kaplan 1982:741ff):

(21) (i) Regeln der Kompetenzgrammatik determinieren die interne Repräsentation beim Satzverstehen.
(ii) Die Anordnung der Regelanwendung verursacht Abschlußeffekte von Konstituenten.
(iii) Diese Anordnung ist determiniert durch die 'Stärke' alternativer lexikalischer Formen, der 'Stärke' von alternativen Kategorien bei der Expansion syntaktischer Regeln und der Sequenz des Hypothesenbildens während des Analyseprozesses.

Die in (21)(i) angenommene Kompetenzgrammatik ist die LFG. Dieser Grammatiktyp verwendet zwei strukturelle Repräsentationen: Eine durch PS-Regeln determinierte Konstituentenstruktur (C-Struktur) und eine funktionale Struktur (F-Struktur), die die Prädikat-Argument-Verhältnisse ausdrückt. Lexikon und grammatische Regeln determinieren beide Strukturen. Die in (21)(ii) ausgedrückte Anordnung der grammatischen Regeln wird im Perzeptionsmodell durch drei grundlegende Merkmale festgelegt: (i) Grammatische Regeln werden seriell angewendet, so daß am Anfang nur eine Struktur vorhanden ist, die aber mit jeder angewendeten Regel die Konstituentenstruktur erweitert. Die funktionale Struktur wird gleichzeitig aufgebaut. (ii) Funktionale und lexikalische Information beeinflussen systematisch die syntaktischen Entscheidungen. (iii) Datenorientierte Analyseprozeduren interagieren mit regelgeleiteten Analyseprozeduren. Weiterhin existieren Prinzipien, die die Priorität in der Abfolge der Regelanwendung in Konkurrenzfällen bei Ambiguitäten steuern. Dazu stehen zwei mögliche Optionen zur Verfügung: Erstens, das Aufstellen von Hypothesen über mögliche Konstituentenstrukturen und zweitens, die Adjunktion einer vollständigen Konstituente in eine bereits vorhandene Struktur. Die Regelanordnung (21)(iii) in der perzeptuellen Theorie beruht nun auf zwei Prinzipien:

(22) (i) Prinzip der lexikalischen Präferenz (Principle of Lexical Preference)
(ii) Prinzip des letzten Arguments (Principle of Final Arguments)

Beide beziehen sich auf die 'Stärke' lexikalischer Formen und Wohlgeformtheitsbedingungen der funktionalen Struktur. Das lexikalische Präferenzprinzip bewertet die Stärke alternativer lexikalischer Formen im Hinblick auf die Expansion syntaktischer Regeln. Das Prinzip des letzten Arguments bezieht sich auf die Sequenzierung der gebildeten Hypothesen. Die Interaktion beider Prinzipien regelt die Auswahl unter verschiedenen Alternativen während der Analyse. Die Bewertung einer Konstituente als Komplement vs. Adjunkt geschieht wie folgt (s. Ford, Bresnan, Kaplan 1982:743):

(23) (i) The woman wanted the dress on the rack.
(ii) The woman positioned the dress on the rack.

Beide Sätze unterscheiden sich nur hinsichtlich des finiten Verbs. In (23)(i) wird die Adjunkt-Lesart präferiert, in (23)(ii) die Komplement-Lesart. Offensichtlich ist der Zeitpunkt des Konstituentenabschlusses der NP *the dress* abhängig von der lexikalischen Spezifikation des vorangehenden Verbs. Die unterschiedlichen Abschlußeigenschaften führen Ford et. al. auf die unterschiedliche Stärke oder Salienz der lexikalischen Elemente zurück. Eine Form wie *want*<(Subj),(Obj)> ist 'stärker' als eine Form *want*<(Subj),(Obj),(PComp)>, während eine Form wie *position*<(Subj),(Obj)> schwächer ist als eine Form *position* <(Subj),(Obj),(PComp)>.

Ford et. al. formulieren nun auf der Basis der Salienzhypothese verschiedene Wohlgeformtheitsbedingungen und Prinzipien, die Konstituentenabschlüsse regeln:

(24) (i) Coherence: Every governable grammatical function in the functional structure must be in the function assignment list of the lexical form of its local predicate. A governable grammatical function is one that can apppear as an argument to some predicate.

(ii) Lexical Preference: If a set of alternatives has been reached in the expansion of a phrase structure rule, give priority to the alternatives that are coherent with the strongest lexical form of the predicate.

(iii) Syntactic Preference: The (default) order of priority for alternative categories in the expansion of the phrase structure rule is the order of the strength of the alternative categories.

(iv) Final Arguments: Give low priority to attaching to a phrase the final argument of the strongest lexical form of that phrase and to attaching any elements subsequent to the final argument. Low priority is defined here with respect to other options that arise at the end position of the element whose attachment is to be delayed.

(v) Invoked Attachment: When there are alternative options for attaching a phrase into a structure, give (default) priority to the option for attaching the phrase to the partial constituent that caused the phrase to be hypothezised.

Die 'Stärke' oder 'Salienz' lexikalischer Formen wird dabei durch die Häufigkeit ihres Vorkommens charakterisiert. Eine Salienzmetrik müßte daher die Häufigkeit der Verwendung bestimmter lexikalischer Formen messen, und dieses Meßergebnis müßte dem Parser bei der Entscheidung über einen möglichen Konstituentenabschluß zur Verfügung stehen. Es ist aber schwierig zu sehen, in welcher Weise diese Information repräsentiert werden soll. Schließlich müßte ja zu jedem Lexem die Häufigkeit seines Auftretens in der sprachlichen Umgebung jedes Sprechers individuell gespeichert werden. Dann wären aber Varianten zu erwarten, so daß für einen Sprecher die eine Form und für einen anderen Sprecher die andere Form salienter wäre. Dies läßt sich aber nicht beobachten, so daß wohl andere Prinzipien anzusetzen sind, die Konstituentenabschlüsse festlegen.

Für Holzweg-Strukturen liefern Ford et.al. (1982:761ff) folgende Erklärung: Für die adäquate Analyse lokal ambiger Sätze ist es erforderlich, daß eine stärkere lexikalische Form ersetzt wird durch eine schwächere lexikalische Form. Ein Holzweg-Effekt stellt sich also ein, wenn eine schwächere lexikalische Form anstelle der korrespondierenden stärkeren lexikalischen Form eingesetzt werden muß. Das Holzweg-Phänomen in dem Satz:

(25) The boy got fat melted.

ergibt sich dann daraus, daß die Vollverbform *got* salienter ist als die Partizipform. Bevor *melted* auftritt, ist eine vollständige F-Struktur für den Satz aufgebaut, die dann aber restrukturiert werden muß. Für den Parser ist es somit notorisch schwierig, eine akzeptable Analyse für derartige Sätze zu finden. Ford et.al (1982:763) schlagen daher folgende

Hypothese zur Erfassung von Holzweg-Phänomenen vor: Wenn eine funktionale Struktur für eine vollständige Konstituente gebildet wurde, ist es schwierig, einer lexikalischen Einheit eine andere morphosyntaktische Struktur zuzuweisen. Damit wird die Salienzhypothese auch zur Erklärung von Holzweg-Effekten verwendet, zugleich werden diese aber auch auf eine Restrukturierung bereits aufgebauter F-Strukturen bezogen: Wenn eine Prädikat-Argument-Struktur festgelegt ist, so ist Reanalyse gegenüber nicht festgelegten Prädikat-Argument-Strukturen berechnungsintensiver.

Im Rahmen der Prinzipien-und-Parameter-Theorie entspricht dem Festlegen von Prädikat-Argument-Strukturen die Zuweisung von Θ-Rollen. Eine auf den Prinzipien der Θ-Theorie basierte Analyse von Holzweg-Phänomenen schlägt Pritchett (1988) (im folgenden mit P. abgekürzt) vor. Adjunktion und Reanalyse werden auf wenige Prinzipien zurückgeführt, die abhängig von einer Domäne operieren:

(26) (i) Θ-Attachment: The Θ-criterion attempts to apply at every point during processing given the maximal grid.

(ii) Theta Reanalysis Constraint (revised): Syntactic reanalysis which reinterprets a Θ-marked constituent as outside of its current Θ-domain and within an existing Θ-domain of which it is not a member is costly.

(iii) Θ-domain: α is in the γ Θ-domain of β iff α receives the γ Θ-role from β or α is dominated by a constituent that receives the γ Θ-role from β.

(Pritchett 1988:545-546)

Die Wirkungsweise dieser Prinzipien illustrieren die folgenden Beispiele aus P.:

(27) (i) We know her contributions failed to come in.

(ii) Without her contributions failed to come in.

Die Analyse verläuft von links nach rechts. In (27)(i) wird zunächst *We* erkannt, kann aber an dieser Stelle nicht lokal Θ-markiert werden. Sodann wird *know* erkannt und ein Θ-Raster <AGENT PATIENT PROPOSITION> steht zur Verfügung, so daß *we* mit der Agens-Θ-Rolle markiert werden kann. Im nächsten Schritt wird *her* prozessiert und mit der Patiens-Rolle markiert. Das folgende *contributions* ist zunächst ohne Θ-Markierung, wird aber innerhalb der Patiens-Θ-Domäne -unter Reanalyse von *her* als Spezifikator der NP- in die NP als Kopf integriert. Dies führt nicht zu Prozeßschwierigkeiten, da innerhalb der aktuell prozessierten Θ-Domäne reanalysiert wird (s. (26)(ii)). Wenn *failed* auftaucht, steht ein weiteres Θ-Raster zur Verfügung, welches erfordert, daß *[$_{NP}$ her contibutions]* nicht als Patiens von *know* interpretiert werden kann, sondern als Agens von *failed*. Aber auch hier ist die erforderliche Restrukturierung nicht problematisch, da sie wiederum in der Propositions-Θ-Domäne vorzunehmen ist. Anders verhält es sich mit (27)(ii). *Without* Θ-markiert zunächst *her*. *Contributions* wird analog zum vorhergehenden Beispiel unter Restrukturierung innerhalb der Θ-Domäne in die NP integriert. Wenn nun *failed* erkannt wird, muß reanalysiert werden wie oben. Der entscheidende Unterschied besteht nun darin, daß diese Reanalyse nicht in der Θ-Domäne von *without* stattfindet, sondern auf eine nicht in der aktuellen Domäne enthaltene andere Domäne Bezug nehmen muß. (26)(ii) sagt daher die Holzweg-Analyse voraus. Während diese Prinzipien eine nicht unbeträchtliche Anzahl von Holzweg-Analysen voraussagen, wird damit aber nicht erklärt, wie die strukturelle Konfiguration aufgebaut wird, in der Θ-Rollen-Zuweisung stattfinden kann. Dies mag für Sprachen wie das Englische aufgrund der relativ festen Wortstellung kein offensichtliches Problem darstellen, ist aber für das Deutsche deutlich problematisch. Es bleibt unklar, auf welche Weise die deutsche Vorfeld-Position, in der ja fast jede Konstituente auftreten kann, in einer links-rechts-Analyse Θ-markiert werden kann, bzw. wie Prädikate in dieser Position nachfolgende Argumente Θ-markieren.

(28) (i) Dem Kind hat Peter ein Buch geschenkt.
(ii) Geschenkt hat Peter dem Kind das Buch nicht.

Damit ist die Frage verbunden, aufgrund welcher Kriterien die auftretenden Argumente ihre Interpretation als Agens oder Patiens überhaupt erhalten. Eine Phrase wie etwa *das Pferd* hat in den folgenden beiden Sätzen die gleiche Θ-Rolle, weist aber unterschiedliche Kasus auf:

(29) (i) weil der Reiter das Pferd schlägt.
(ii) weil das Pferd geschlagen wird.

Offensichtlich setzt die thematische Interpretation eine syntaktische Identifikation der jeweiligen Kasusverhältnisse voraus. In einer Verarbeitungstheorie, die nur Bezug auf semantisch motivierte Begriffe wie Θ-*Rolle* nimmt, ist diese Frage nicht zu beantworten. Nun weist Pritchett (1988:571) allerdings darauf hin, daß alle grammatischen Prinzipien (Θ-Theorie, Bindungstheorie, *Bounding* Theorie, Kasustheorie usw.) an jedem Punkt der Analyse maximal erfüllt sein müssen. Wie diese Forderung jedoch zu realisieren ist, bleibt offen. (26)(ii) scheint darüber hinaus fürs Deutsche empirisch nicht adäquat zu sein. Wenn Reanalyse innerhalb einer Θ-Domäne vom Berechnungsaufwand nicht problematisch ist, dann werden die folgenden Beispiele deutscher Holzweg-Strukturen nicht erfaßt:

(30) (i) Fritz hört den Ratschlag des Freundes zu befolgen auf.
(ii) Hans fing den Ball in sicherer Manier zu organisieren an.

Die relevanten Restrukturierungen können innerhalb der Θ-Domäne von *aufhören* und *anfangen* vorgenommen werden, so daß keine Holzweg-Analysen zustandekommen sollten. Diese treten aber auf. Sie ergeben sich wesentlich aufgrund des lexikalischen Zugriffs und der relativen Distanz der Verbpartikel. Der lokale Strukturierungsprozeß in der Umgebung der finiten Verben scheint hier für eine präferierte Interpretation der akkusativ-markierten Argumente verantwortlich zu sein. Allerdings zeigen die Beispiele:

(31) (i) a. Wem verspricht Peter zu kommen.
b. Wem_i verspricht Peter dem Mädchen daß er t_i den Ball gibt.
(ii) a. Wem glaubt Nigger Jim jede Geschichte.
b. Wem glaubt Nigger Jim dem Südstaatler daß er t_i gehört.

daß lexikalischer Zugriff nicht die einzige Quelle für die Ursache der Holzweg-Analyse ist. Pritchetts Theorie sagt für (31)(i)b und (31)(ii)b ja keine Prozeßschwierigkeiten voraus, da die Reanalysen innerhalb der Θ-Domänen der Matrixverben stattfinden. Tatsächlich bereitet die Reanalyse der wh-Phrasen aber deutlich Schwierigkeiten. Die einschlägigen Effekte in (31) ergeben sich somit nicht aus semantisch motivierter Θ-Rollen-Zuweisung, sondern sind aus den möglichen Kasusrealisierungen herzuleiten. Zugleich muß der Parser aber auch die anderen grammatischen Subsysteme und ihre Parametrisierung zur Entscheidungsfindung verwenden. Da angesichts der derzeitigen Forschungssituation aber weder die genaue Anzahl noch die Belegung der universell geltenden Parameter hinreichend bekannt ist, ist die Entwicklung prinzipien- und parameterorientierter Parser zur Zeit zwangsläufig auf Zusatzannahmen angewiesen. Der universelle prinzipienorientierte Parser stellt somit erst das Ziel eines umfassenderen Forschungsprogramms dar.

Bevor wir nun versuchen, unter Berücksichtigung der diskutierten Modelle einen prinzipiengeleiteten und grammatikbasierten Parser zu entwickeln, wenden wir uns dem Verhältnis von Kompetenz vs. Performanz aus der Sicht der Künstlichen Intelligenz zu und wollen einige grundsätzliche Überlegungen zum Verhältnis von grammatischer Kenntnis und ihrer Verwendung anstellen.

4. Grammatik und Künstliche Intelligenz

Unter Künstlicher Intelligenz ist ein Forschungsprogramm zu verstehen, dessen Ziel in der Simulation intelligenten Verhaltens auf einer Rechenanlage liegt. Die generelle Vorgehensweise besteht darin, standardisierte Sequenzen von Lösungsschritten elementarer Probleme zu standardisierten Sequenzen von Lösungsschritten komplexer Probleme zusammenzufassen. Die Realisierung eines solchen Vorhabens basiert wesentlich auf der genauen Formulierung des Problems einerseits sowie der exakten Kenntnis der Lösungsfunktion andererseits. Daß damit nicht die Frage nach dem Wesen der Intelligenz beantwortet werden kann, ist offensichtlich. Jedoch führt die Explikation derjenigen Prozesse, von denen angenommen wird, daß sie intelligentem Verhalten zugrunde liegen, zu einer präziseren Vorstellung dessen, was Intelligenz sein kann.

Die Berechnung einer Lösung hängt ab von den theoretischen Vorgaben, unter denen sie erzielt werden soll. In der Mathematik etwa existiert eine formale Theorie, die es erlaubt, zu einer Funktion mit gewissen Eigenschaften das Integral über einem bestimmten Intervall zu berechnen, indem die zugehörige Stammfunktion bestimmt wird. Durch Einsetzung der Intervallgrenzen kann dann der Wert des Integrals ermittelt werden. Ein analoger Prozeß zur **numerischen** Bestimmung des Integralwertes ist generell nicht möglich, da die Bestimmung einer Stammfunktion einen infinitesimalen Grenzwertprozeß impliziert, der von einem Algorithmus -per Definition[1]- nicht vollzogen werden kann. Die beiden Verfahrensweisen unterscheiden sich in relevanten Punkten, obwohl das zu berechnende Objekt in beiden Fällen das gleiche ist. Eine analoge Situation findet sich auch im Verhältnis von Grammatik- und Sprachverabeitungstheorie. Letztere versucht Repräsentationen zu formulieren, die die formale Theorie vorgibt. Auch in diesem Fall kann nicht davon ausgegangen werden, daß die Berechnung einer Repräsentation in direkter Entsprechung zu ihrer Ableitung in der formalen Theorie steht. Die Berechnung von Satzstrukturen durch den Parser unterliegt anderen Bedingungen als der Überprüfung formaler Wohlgeformtheitsbedingungen. Wir kommen auf diesen Punkt zurück.

Für die Rektions- und Bindungstheorie kann nicht angenommen werden, daß Entsprechungen hinsichtlich der formalen Ableitung zwischen D-Struktur und LF analog zu Sprachverarbeitungsprozessen bestehen. Andererseits liefert diese Theorie adäquate Erklärungen und Beschreibungen der grammatischen Kompetenz, so daß die Frage auftritt, wie die Prinzipien der formalen Theorie prozedural so umgedeutet werden können, daß ein von links nach rechts arbeitender Parser über lokale Strukturierung zu den Repräsentationen gelangt, die die Theorie ableitet. Wir wollen daher das Verhältnis von Performanz und Kompetenz erörtern und diese Unterscheidung problematisieren.

---

[1] Ein Algorithmus muß nach endlich vielen Schritten mit einem Resultat anhalten.

4.1. Kompetenz- und Performanztheorie

Die wesentlich von Chomsky (1957-1989) entwickelte generative Sprachtheorie weist seit Chomsky (1981) eine Struktur auf, die nicht mehr auf einzelsprachspezifischen Regeln basiert, sondern von den früheren Theorievarianten dadurch abweicht, daß die relevanten Konzepte regelabstrahierte Prinzipien darstellen, die universell für alle Sprachen gelten und in einzelsprachlichen Grammatiken in parametrisierter Form vorliegen. Die ebenengebundene Applikation dieser Prinzipien setzt nun voraus, daß vor der Berechnung einer S-Struktur die D-Struktur vollständig bekannt sein muß und daß vor Berechnung von LF die S-Struktur vollständig bekannt sein muß. Die erst nach dieser syntaktischen Analyse stattfindenden semantischen Prozesse sowie die konzeptuelle Interpretation der semantischen Strukturen kann daher auch erst für vollständige Satzstrukturen berechnet werden. Sprachliche Verstehensprozesse sind aber zweifellos so organisiert, daß bereits Teilstrukturen konzeptuell interpretiert werden, so daß ein multistratales Grammatikmodell aus der Sicht der Verarbeitung von links nach rechts keine algorithmennahen Angaben zu ihrer effizienten Berechnung zur Verfügung stellt. Die 'globalen' Bedingungen, denen die grammatischen Strukturen unterliegen, bieten keine Möglichkeit, die lokal stattfindenden Prozesse zu serialisieren. "[...] in these respects, language design appears to be problematic from a parsing-theoretic perspective, though elegant regarded in isolation from considerations of use [...] The discrepancies between natural language design and the structure of formal systems constructed for computational efficiency [...] cannot easily motivate the conditions on economy of representations in terms of processing considerations." (Chomsky 1989:69). Dieser algorithmenferne Aspekt der 'Prinzipien- und Parameter'-Theorie führte Anfang der 80-Jahre zu einem Theorietyp anderer Art, der Unifikationsgrammatik.

Startpunkt dieser Entwicklung ist die sog. *Lexical Functional Grammar* (LFG) (s. Bresnan & Kaplan 1982). Diese Theorie entwickelt sich als Zweig der generativen Grammatik aufgrund unterschiedlicher Auffassungen über die *psychologische Realität* grammatischer Kenntnis. Von der Auffassung Chomskys, daß eine generative Grammatik die Kenntnis eines idealisierten Sprecher/Hörers determiniert und die psychologische Realität dieser Kenntnis in der gleichen Beziehung zur Anwendung dieser Kenntnis steht, wie eine physikalische Theorie zur Realität, divergiert die Auffassung von Bresnan & Kaplan (1982) in der Weise, daß eine idealisierte Kompetenztheorie zwar angeborene mental verankerte Kenntnis der Grammatik umfaßt, daß aber die Repräsentationen einer generativen Grammatik die aktuellen Performanzphänomene nicht adäquat mit einbezieht. In Analogie zum numerischen Kenntnissystem, welches in Begriffen der formalen Algebra beschrieben wird, stellt sich diese Divergenz so dar, daß zwar einerseits ein formaler Apparat konstruierbar ist, der die abstrakten Eigenschaften numerischer Systeme beschreibt, andererseits aber von Menschen nicht verwendet wird, um zu zählen. Zu fragen ist also nach dem Status grammatischer Prinzipien im Hinblick auf Verarbeitungsstrategien unter den oben genannten Bedingungen.

In diesem Zusammenhang hat Marr (1982) eine Sichtweise der Künstlichen Intelligenz vorgeschlagen, die grundsätzlich zwischen *Repräsentation*, *Prozeß*, *Realisierung* und der *physikalischen Struktur des Berechnungssystems* unterscheidet. Dieser Unterscheidung zufolge sind vier Ebenen der Theoriebildung anzusetzen:

(1) (i) computational level theory (CLT)
(ii) algorithmic level theory (ALT)
(iii) implementational level theory (ILT)
(iv) physical level theory (PLT)

Die CLT-Ebene formuliert Prinzipien und Regeln, die Repräsentationen sprachlicher Ausdrücke festlegen und stellt damit eine Theorie der Kompetenz dar. Regeln und Repräsentationen spezifizieren das *knowing that* des nativen Sprechers über seine Grammatik. ALT fragt nach dem *knowing how*, d.h. nach der Verwendung und dem Gebrauch der grammatischen Kenntnis. Die Berechnung der von CLT angegebenen Repräsentationen muß dabei einerseits auf Prinzipien und Regeln Bezug nehmen, unterliegt aber andererseits den spezifischen Bedingungen der Sprachverwendung.

Das Verhältnis zwischen CLT und ALT ist für eine linguistische Theorie nicht ohne weiteres klar. Ich will zwei mögliche Sichtweisen erörtern.

Erstens könnte die durch CLT spezifizierte Grammatik tatsächlich von dem durch ALT zu determinierenden Parser getrennt sein. Zweitens wäre aber auch denkbar, daß Grammatik und Parser in dem Sinn zusammenfallen, daß der Parser die parametrisierte Form der Grammatik selbst ist. Letztere Perspektive findet sich häufig in neueren prinzipienbasierten Parsern (etwa Fong 1991, Thiersch & Kolb 1991). Ich will im folgenden kurz anreißen, daß beide Positionen in ihrer strikten Lesart durchaus problematisch sind. Unter der ersten wäre der Parser ein Berechnungssystem, welches die externe grammatische Kenntnis abruft, um mit dieser Information Terminalketten zu strukturieren. Dabei behält der Parser eigene von der Grammatik separate Eigenschaften, so daß Prozeßschwierigkeiten von Ungrammatikalitäten getrennt beschreibbar sind. Unter der zweiten wären Grammatik und Parser ein einheitliches System. Eine Konsequenz dieser zweiten Annahme besteht dann darin, daß ähnliche grammatische Konstruktionen hinsichtlich ihrer Prozessierbarkeit keine Unterschiede aufweisen dürften. Die eingangs erwähnten Beispiele der Art (2) zeigen aber, daß dies nicht der Fall sein kann:

(2) (i) Wem verspricht Otto, daß er kommt?
(ii) Wem$_i$ verspricht Otto, daß er t_i hilft?
(iii) Wem$_i$ verspricht Otto seinem Freund, daß er t_i hilft?

Ganz offensichtlich sind die Unterschiede in (2) rein grammatisch nicht zu erklären, sondern auf die Strategie des Parsers zurückzuführen, schnellstmöglich Strukturkomplexe aufzubauen. Würde der Parser ausschließlich durch die Prinzipien der Grammatik gesteuert, so wäre zu erwarten, daß (2)(iii) genauso leicht prozessierbar ist wie (2)(ii). Zur Strukturierung von (2)(iii) sind aber deutlich andere suprasegmentale Signale notwendig als bei (2)(ii).

Unter Lernbarkeitsbetrachtungen ergibt sich eine weitere Konsequenz. Wenn Grammatik und Parser getrennt sind, so muß das spracherwerbende Kind zum einen die Prinzipien und Regeln des grammatischen Systems erwerben, und zum anderen muß es lernen, Sätze zu parsen. Zu letzterem findet es aber keine Evidenz, da die damit verbundenen Prozesse nur in mentalen Systemen stattfinden, so daß Architektur und Prozeßweise des Parsers angeboren sein müssen und somit universell einheitlich ausgebildet sind. Dann liegt der Unterschied im Prozessieren verschiedener Sprachen nur in der Parametrisierung des jeweiligen grammatischen Systems. Folgt man nun der Annahme, daß das Sprachverarbeitungssystem aufgabenspezifisch gegenüber anderen Berechnungssystemen ist (vgl. Fodor 1983), so muß der Parser, um das grammatische System zu interpretieren, bereits selbst über das grammatische Vokabular verfügen, um die jeweils relevanten Prinzipien und Regeln zu identifizieren. Da Parsing aber nicht lernbar ist, stellt sich die Frage, wie der Parser das grammatische Vokabular erwirbt, wenn die Grammatik ein separates System darstellt. Dies führt anscheinend zu einer paradoxen Situation: Einerseits kann Parsing nicht gelernt werden, andererseits muß der Parser aber das parametrisierte grammatische Vokabular kennen. Nimmt man nun doch an, daß beide Systeme identisch sind, so ergeben sich die Probleme, die mit der Abstufung von Prozeßschwierigkeiten für grammatisch ähnliche Konstruktionen verbunden sind. Man beachte dabei, daß es in dieser Situation nicht weiterhilft, wenn man annimmt, daß der Parser die Grammatik als Steuermodul verwendet, wie in den älteren Varianten der PS-Grammatiken. In einem tatsächlich prinzipienorientierten Parser kann eine sichere und redundanzfreie Applikation der Prinzipien nicht vom Prozeßbeginn bis zu dessen Ende determiniert sein, da der Parser nicht wissen kann, welche (Un-)Grammatikalitäten mögliche Fortsetzungen aufweisen.[2] Der einzige Ausweg, der sich vorläufig bietet, scheint mir in der Annahme zu liegen, daß verschiedene bislang der Grammatik zugeordnete Prinzipien auf die Arbeitsweise des Parsers zurückgeführt werden müssen. Betrachten wir dazu erneut eines der eingangs erwähnten Beispiele:

(3) (i) *Wen$_i$ wandert Peter [$_{CP}$ wenn Maria t$_i$ trifft]
(ii) Wen ahnt Peter [$_{CP}$ daß Maria t$_i$ trifft]

Würde der Parser beim Prozessieren von (3)(i) das ECP kennen, so könnte er, wenn er aus der Argumentstruktur des Verbs *trifft* ableitet, daß eine Spur einzusetzen ist, diagnostizieren,

---

[2] Zu einem anderen Parsertyp, der mögliche Fortsetzungen berechnet vgl. Hausser (1987) und Zaun (1991). Die dabei zugrundegelegten Parsingprozeduren basieren aber auf völlig anderen Strategien und sind, soweit ich sehe, auf die hier verfolgte Fragestellung in keiner Weise zu beziehen.

daß diese Spur nicht antezedensregiert ist. Dazu benötigt er die Kenntnis, daß der eingebettete CP-Knoten eine Barriere für Rektion darstellt, der eingebettete CP-Knoten in (3)(ii) jedoch nicht. Einerseits **muß** der Parser nach der Diagnose der Spur in (3)(ii) zum Antezedens zurückkehren, um zu koindizieren, und andererseits **kann** er auch zurückkehren, da keine Barriere interveniert. Der Parser als reiner Berechnungsmechanismus sollte aber auch in (3)(i) zurückkehren können, da die Komplexität der Berechnung dieser Struktur nicht wesentlich von der in (3)(ii) abweicht. Es bestehen nun zweierlei Weisen, auf die der Parser die Ungrammatikalität in (3)(i) feststellen kann. Die erste besteht darin, daß er ein Antezedens ohne leere Basisposition hat, und die zweite besteht darin, daß er eine leere Basisposition ohne Antezedens hat. Da mit dem Auftreten von *wenn* aber bereits klar ist, daß die Konstruktion nicht wohlgeformt sein kann, scheidet die zweite Möglichkeit aus. Für diese Diagnose ist die Existenz einer unregierten Spur daher völlig irrelevant. Daraus folgt, daß der Parser das ECP nicht verwendet; und weiterhin, daß er das Antezedens in (3)(ii) aus der linksperipheren Position in die Basisposition transferieren muß (und nicht etwa umgekehrt, daß er zu einer leeren Basisposition entscheiden muß, ob diese ordentlich regiert ist). Wenn er aber das Antezedens in (3)(ii) zur leeren Basisposition transferieren kann, dann stellt sich die Frage neu, warum er dies in (3)(i) nicht kann. Die grammatische Generalisierung lautet in diesem Fall, daß der Adjunktsatz eine Insel für wh-Extraktion darstellt, bzw. aus der Sicht des Parsers, daß er eine Insel für 'wh-Implantation' darstellt. Wenn der Parser nun so verfährt, daß er schnellstmöglich Strukturkomplexe zusammenfaßt, dann ist die Adjunkt-Komplement-Unterscheidung funktional so zu interpretieren, daß Adjunkte einen nicht unmittelbar integrierbaren Zwischenkomplex bilden, über den der Parser nicht transferieren kann, während lexikalisch selegierte Komplemente direkt in die Teilstruktur integriert werden können, so daß ein solcher Zwischenkomplex überhaupt nicht auftritt. Diese strukturelle Eigenschaft des Parsers spiegelt somit gerade die Basisidee der L-Markierungstheorie in Chomsky (1986a). L-markierte Knoten sind keine Barrieren, da sie aufgrund der lexikalischen Spezifikation des Phrasenkopfes direkt in dessen Projektion integriert werden können, und damit keine blockierenden Zwischenkomplexe für Suchprozesse entstehen lassen.

Der Parser verwendet also das ECP nicht, sondern transferiert das Antezedens zur leeren Basisposition. Dies stimmt mit der frühen Möglichkeit zur Ungrammatikalitäts-Diagnose mit dem Auftreten von *wenn* überein. Im Falle eines eingebetteten Adjunktsatzes entsteht im Gegensatz zu L-markierten Argumenten ein Zwischenkomplex, den der Parser nicht überwinden kann. Wenn der Parser nun ein reines Berechnungssystem wäre, sollte ihm die Überwindung dieses Zwischenkomplexes keine Schwierigkeiten bereiten. Tatsächlich sind ECP-Verletzungen aber nicht nur nicht leicht, sondern völlig unmöglich zu prozessieren, d.h. der Parser hat keine Chance, Spur und Antezedens aufeinander zu beziehen. Wir werden die technischen Details in einem späteren Kapitel, wenn die Struktur des Parsers bekannt ist, näher erörtern.

Die Diskussion hat bis hierher gezeigt, daß das Verhältnis zwischen CLT und ALT nicht ohne weiteres der suggestiven Unterscheidung zwischen gegenwärtig angenommenen grammatischen Prinzipien und davon getrennt zu betrachtenden Parsingstrategien entspricht, sondern daß die Grenzlinie zwischen beiden Theorien möglicherweise anders verläuft als bislang angenommen. Verschiedene als rein grammatisch angenommene Prinzipien scheinen funktionale Erklärungen aus den Eigenschaften des Parsers zuzulassen.

Die ILT-Ebene kann als Kontrollinstanz für ALT aufgefaßt werden und dient der Hypothesen-Überprüfung. Zugleich bildet ILT eine Schnittstelle zwischen der physikalischen Realisierung des Berechnungssystems einerseits und den davon abhängigen Prozessen andererseits. So legt etwa die physikalische Struktur eines Berechnungssystems die Realisierung der Implementation weitgehend fest. Man vergleiche dies etwa mit Programmen, die auf seriellen oder parallelen Maschinen oder auf der neuronalen Architektur des menschlichen Gehirns laufen. Die von ALT spezifizierten Algorithmen sind davon wesentlich unabhängig, so daß die Theoriebildung über die Struktur kognitiver Systeme getrennt von deren physikalischer Realisierung betrachtet werden kann. Aus der Perspektive der Sprachverarbeitung ist also insbesondere der Zusammenhang zwischen CLT und ALT einerseits und der Kontrolle von ALT, d.h. das Verhältnis von ALT zu ILT, zu klären.

4.2. Prozeßmodi

Wir wollen nun einige grundlegende Strategien der Prozeßweise von Parsern diskutieren und die damit verbundenen Annahmen und Konsequenzen bezüglich der Kontrollstruktur zur Steuerung der Aktionen des Parsers erörtern. Die wesentliche Zielsetzung ist dabei einerseits, Klarheit über die Verwendung und den Typ grammatischer Regeln und Prinzipien in der Sprachverarbeitung zu gewinnen. Andererseits spielen aber auch die Prozeßweise selbst und die zugrundegelegten Repräsentationen während der Berechnung eine Rolle bei der Frage, wie zeit- und speicherintensiv die Verarbeitung stattfindet. Zunächst ist daher zu fragen, in welcher Weise die grammatischen Prinzipien und Regeln appliziert werden können. Zugleich ist unter dieser Perspektive aber auch zu klären, wie die aufgrund der Anwendung der Prinzipien und der sukzessiv bekannt werdenden weiteren Information nichtlizenzierter Konstituenten in einem Zwischenspeicher verwaltet werden müssen. Aufgrund der online-Verarbeitung des Sprachprozessors soll dabei sichergestellt werden, daß der erforderliche Speicherplatz stets so gering wie möglich bleibt.

4.2.1. top-down vs. bottom-up

Durch den Wechsel von PS-Regeln zu den Prinzipien der X-bar-Theorie kann Parsing nicht mehr als regelbasierte Hypothesenbildung über mögliche Satzstrukturen aufgefaßt werden. Vielmehr muß die syntaktische Struktur aus den Eigenschaften der in der Terminalkette auftretenden Lexikoneinheiten ableitbar sein. Mit PS-Regeln können *top-down*-Analysen durchgeführt werden. Ein dafür konzipierter Algorithmus versucht, durch Anwendung dieser Regeln das Startsymbol solange zu expandieren, bis die Stufe der Terminalelemente erreicht ist. Auf dieser Ebene wird geprüft, ob die erwartungsgesteuerte Analyse zur Terminalkette paßt oder nicht. In der Regel müssen verschiedene Analysedurchläufe stattfinden, um eine der Eingabekette adäquate Struktur abzuleiten. Bei einem top-down-Verfahren wird damit u.U. eine Vielzahl von Hypothesen über mögliche Strukturierungen aufgestellt, die aber bei hinreichend umfangreicher Zahl der Regeln zunächst scheitern[3].

Eine Analyse-Strategie, die diesen Berechnungsaufwand reduziert, besteht darin, von den vorhandenen terminalen Elementen auszugehen und aufgrund der daraus gewonnenen Information Hypothesen über den weiteren Verlauf der Kette aufzustellen. Dabei wird eine kombinierte *top-down-bottom-up*-Strategie verfolgt, da die Hypothesen datenabhängig gewonnen werden. Hypothesenbildung ist jedoch gewöhnlich an das Vorhandensein einer Menge von Regeln gebunden, die Auskunft über den weiteren Verlauf der Kette geben. So liefert das Auftreten eines D^0-Elements, wenn eine Regel der Form NP → D N vorhanden ist, die Hypothese, daß als nächstes Terminalelement ein Nomen folgt. In den neueren Varianten der GB-Theorie (s. etwa Chomsky 1981) werden jedoch keine PS-Regeln zur Strukturgenerierung verwendet, sondern aus den Prinzipien der X-bar-Theoretie abgeleitet. Die Serialisierung von Konstituenten wird damit nicht mehr durch eine separate PS-Grammatik festgelegt, sondern nunmehr auf die Eigenschaften lexikalischer Elemente bezogen. Das verallgemeinerte X-bar Schema restringiert dabei mögliche Phrasenstrukturen:

(4) $X^n \rightarrow \ldots X^m \ldots , (0 \leq m \leq n)$

In dieser Formulierung besitzt (4) zwei Interpretationen. Einerseits kann (4) als Beschränkung über PS-Regeln aufgefaßt werden. Unter dieser Sichtweise wird festgelegt, daß PS-Regeln endozentrische Phrasen ableiten. Für die Erzeugung von D-Strukturen sind damit aber immer noch sprachspezifische PS-Regeln erforderlich, die sowohl die lineare Abfolge als auch die Konstituentenhierarchie festlegen. Eine derartige Konzeption ist jedoch im Hinblick auf sprachübergreifende Prinzipien, die die Linearisierung terminaler Elemente steuern, problematisch. Andererseits kann die X-bar Theorie aber auch so aufgefaßt werden, daß die mit den lexikalischen Einheiten verbundenen Informationen die syntaktische Struktur erst projizieren. Unter dieser Interpretation legen die Phrasenköpfe einzelne syntaktische 'Skelett-Konfigurationen' fest, in die andere Elemente eingesetzt werden.

---

[3] Dennoch kann eine effiziente syntaktische Analyse mit Hilfe einer PS-Grammatik erfolgen. Earley (1970) gibt einen Algorithmus an, der eine Eingabe nach einer PS-Grammatik in $|G|^2 * n^3$ Schritten strukturiert. Dabei bezeichnet $|G|$ die Anzahl der Regeln und *n* die Anzahl der in der Eingabekette auftretenden Wörter. Da die Anzahl der benötigten Berechnungsschritte durch ein Polynom dritten Grades (n^3) beschränkt ist, ist die Analyse -komplexitätstheoretisch gesehen- effizient.

Für den Parser ist damit das Problem verbunden, zu auftretenden Lexikoneinheiten die für die Projektion relevanten Informationen zu berechnen und die zugehörige Struktur aufzubauen. Zugleich erhalten die lexikalischen Einheiten einen zentralen Stellenwert für eine Parsingtheorie. "Parsing programs are typically rule-based; the parser, in effect, mirrors a rule system and asks how these rules can assign a structure to a string that is analyzed word-by-word. [...] Given a lexicon, structures can be projected from heads by virtue of the projection principle, X-bar theory, and other subsystems of UG that are involved in licensing elements, which are associated with one another by these principles in a manner already illustrated. Perhaps parsers should not be based on rules at all but should rather be based on lexical properties and principles of UG that determine structures from them. Rule-based parsers are in some respect implausible. [...] The entire question merits substantial rethinking, so it appears." (Chomsky 1986a:151). Somit ist zu klären, in welcher Weise sich syntaktische Konfigurationen aus Lexikoneinheiten herleiten lassen. Den entscheidenden Ansatzpunkt dazu liefert die X-bar-Theorie: Phrasale Köpfe projizieren syntaktische Teilstrukturen und legen damit ihre eigene Umgebung derart fest, daß nur spezifische andere Elemente in dieser Umgebung auftreten können. Die Umgebung einer lexikalischen Einheit ist ihre Projektion. Die Eigenschaften einer Projektion will ich als das Projektionspotential dieser lexikalischen Einheit bezeichnen. Unter dem Projektionspotential lexikalischer Einheiten fasse ich zwei Typen von Informationen:

(5) (i) Θ-Raster
(ii) morphosyntaktische Merkmale

Das Θ-Raster legt die unmittelbare Umgebung des Kopfes fest, also den Komplementbereich. Die am Kopf einer lexikalischen Kategorie realisierten morphosyntaktischen Merkmale etablieren funktionale Köpfe, die ihrerseits über den Komplementbereich hinaus projizieren. Letztlich wird damit die syntaktische Struktur, die ein Kopf projiziert, vollständig aus der Argumentstruktur und den morphosyntaktischen Merkmalen aufgebaut.

Derivations- und Flexionsmorpheme weisen nun unterschiedliche Eigenschaften hinsichtlich ihrer Operationsweise und Positionierung auf. Dabei unterscheiden sich Flexionsregeln (IR) in systematischer Weise von Derivationsregeln (DR). Folgende Unterschiede sind einschlägig (s. Scalise 1986:102ff):

(6) (i) IR's never change the syntactic category of a word, while DR's may change it.
(ii) Inflection is always peripheral with respect to derivation.
(iii) DR's and IR's are sensitive to different properties of their base.
(iv) DR's and IR's "do" different things.
(v) DR's change the conceptual meaning of the base, IR's change only the grammatical meaning of the base.
(vi) DR's may reapply, IR's may not.

(vii) DR's are not fully productive, while IR's are.
(viii) DR's are optional, while IR's are obligatory.

Insbesondere (6)(ii) und (6)(iv) sind in unserem Zusammenhang interessant (s. Scalise a.a.O zu einer ausführlichen Diskussion). Während die argumentstrukturbeeinflussenden Derivationsmorpheme stets innere Positionen von Worten einnehmen, sind Flexionsmorpheme stets wortperipher, d.h. an äußeren Positionen zu finden (s. auch Olsen 1986, Spencer 1991).

Baker (1985:375) hat nun zur Erklärung der analogen linearen Abfolgen verschiedener Morphemtypen und entsprechender syntaktischer Argumente das Spiegelprinzip (mirror principle) formuliert, welches eine Isomorphie zwischen morphologischer und syntaktischer Struktur ausdrückt.

(7) The Mirror Principle
Morphological derivations must directly reflect syntactic derivations (and vice versa).

Mit diesem Prinzip, so Baker (1985:382ff), ist die isomorphe Beziehung zwischen der Positionierung morphologischer Einheiten und syntaktischer Argumente erklärt, der Inhalt des Spiegelprinzips selbst ist jedoch stipuliert. Der damit ausgedrückte Zusammenhang zwischen Morphologie und Syntax setzt diese zwei Systeme als jeweils unabhängig motiviert voraus. Insbesondere erhält damit die syntaktische Struktur einen von der lexikalischen Struktur von Phrasenköpfen letztlich unabhängigen Status. Die Beziehung zwischen beiden Systemen wird durch das Spiegelprinzip erst hergestellt (s. Baker 1985:376):

(8)

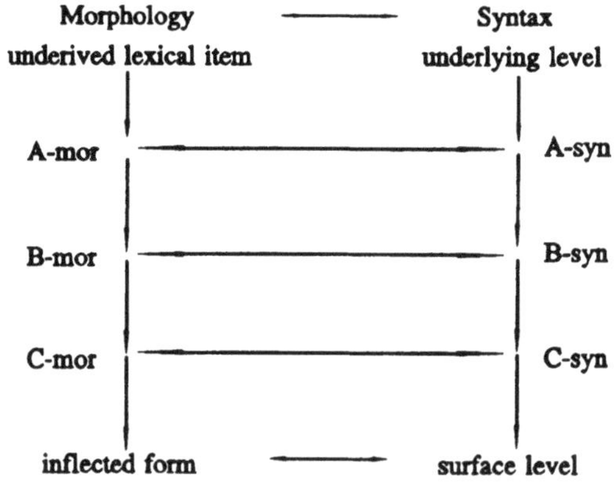

Faßt man die X-bar Theorie jedoch nicht als Restriktion über PS-Regeln auf, sondern als Berechnungskonzept für die Festlegung der syntaktischen Struktur, so wird das Spiegelprinzip, wenn es gilt, zugleich obsolet und die syntaktische *Struktur* zu einem reinen Reflex der Lexikoneinheiten und der Prinzipien der X-bar Theorie. Sie wird damit automatisch zum Spiegelbild der lexikalischen Information, die die jeweiligen Köpfe tragen, und ist damit aus der Struktur der lexikalischen Einheiten ableitbar. Die Projektion einzelner Köpfe führt dabei zunächst zu einer Sequenz von Projektionen, die noch keine zusammenhängende syntaktische Struktur bilden, d.h. die jeweiligen Projektionen sind linear in der Reihenfolge ihres Auftretens innerhalb eines Syntagmas angeordnet aber nicht hierarchisch aufeinander bezogen. Die durch Projektion entstandenen Umgebungen benachbarter lexikalischer Einheiten sind daher so zu einer Struktur zusammenzufassen, daß die Projektion eines Kopfes in die Umgebung eines benachbarten Kopfes integriert werden kann. Die syntaktische Strukturbildung basiert damit fundamental auf zwei Prozessen:

(9)	(i)	Projektion	(lexikalischer Information)
	(ii)	Linking	(von Projektionen)

Als Konsequenz für den Parser ergibt sich daraus, daß er die syntaktische Struktur aus den Eigenschaften der Lexikoneinheiten selbst rekonstruieren können muß, d.h. daß sich die Lexikoneinheiten hinsichtlich ihrer Kombinationsmöglichkeiten gegenseitig beschränken.

Eine Grammatik ohne PS-Regeln spezifiziert die Bedingungen zulässiger Wort- und Konstituentenabfolgen implizit. Mit der Entwicklung der X-bar-Theorie ist die Auffassung verbunden, daß syntaktische Strukturen aus dem Lexikon projiziert werden. Wenn die Grammatik nun keine expliziten Regeln zur syntaktischen Strukturbildung enthält, sondern diese abhängig von der Struktur der in einer Terminalkette auftretenden Lexikoneinheiten festgelegt wird, führt dies zu der Hypothese, daß *syntaktische Strukturen nie ohne Lexikoneinheiten existieren*, d.h. konkreter, daß die syntaktische Struktur nur das Bild der morphologischen Eigenschaften von Lexikoneinheiten unter der Projektion i.S. der X-bar-Theorie ist. Als Konsequenz für das Verhältnis zwischen Syntax und Lexikon ergibt sich unter dieser Konzeption, daß die Lexikoneinheiten bereits alle strukturellen Eigenschaften syntaktischer Konfigurationen aufweisen. Die Beziehung zwischen Lexikon und Syntax kann damit durch eine strukturerhaltende Abbildung (Homomorphismus) charakterisiert werden, die die Eigenschaften der Lexikoneinheiten auf X-bar-Strukturen abbildet. Die von der X-bar-Theorie formulierten Projektionsprinzipien und die Parametrisierung der Rektionsrichtung der jeweiligen syntaktischen Kategorien können als Definition dieses Homomorphismus aufgefaßt werden. Für den Parser bedeutet dies, daß er über einen Projektionshomomorphismus verfügt, der zu jeder Lexikoneinheit eine syntaktische Struktur projiziert, wobei die durch

(10) P: LE $\rightarrow$ SR

gegebene Abbildung in Übereinstimmung mit den Prinzipien der X-bar-Theorie formuliert ist. P steht für Projektionshomomorphismus, LE für Lexikoneinheit und SR für syntaktische Repräsentation.

Daraus ergeben sich verschiedene Probleme, die mit der Projektion phonetisch leerer Köpfe verbunden sind. Wenn einerseits keine Regel die Anwesenheit eines solchen Kopfes diagnostiziert, der Parser aber gewisse Evidenz benötigt, um diesen Kopf zu einer Struktur zu projizieren, so ist fraglich, unter welchen Bedingungen und zu welchem Prozeßzeitpunkt der Parser einen solchen Kopf anzunehmen hat. Die folgenden Beispiele von Infinitivkonstruktionen illustrieren das Problem:

(11) (i) Paul versucht [$_{CP}$ [$_{IP}$ PRO zu kommen]]
(ii) Paul scheint [$_{IP}$ t zu kommen]

Einerseits verlangt das PRO-Theorem, daß in (11)(i) ein leeres C^0-Element eine CP projiziert, um die Rektion von PRO zu verhindern. Andererseits darf in einer Anhebungskonstruktion wie (11)(ii) keine CP intervenieren, um direkte Bewegung der Phrase in die Matrixposition zu ermöglichen. Bei Anwesenheit einer CP bildet diese eine Barriere für Antezedensrektion. Im Falle von zyklischer Bewegung durch die SpC-Position entsteht eine uneigentliche Kette (sog. *improper movement*, d.h. Bewegung aus einer A-Position durch eine A-bar-Position in eine A-Position). Diesem Problem entgeht man üblicherweise in der Art, daß das Komplement von Kontrollverben auf CP und das von Anhebungsverben auf IP festgesetzt wird. Damit ist die Annahme verbunden, daß das Matrixverb die inhaltliche Füllung des C-Systems des eingebetteten Satzes festlegt und Merkmale an die jeweiligen Positionen zuweist. Andererseits muß, um die selektionalen Erfordernisse zu erfüllen, aus X-bar-theoretischer Sicht die selegierte Kategorie von einem anderen Element projiziert werden, damit sie überhaupt selegierbar ist. Dafür kommt in den Beispielen (11) nur das infinite Komplement in Frage. Dieses besitzt aber in beiden Fällen gleiche Merkmalspezifikationen, so daß unklar ist, warum in einem Fall *zu kommen* eine IP projiziert, im anderen Fall aber eine CP. Der Parser gewinnt zwar aus den selektionalen Eigenschaften der Matrixverben relevante Informationen über die syntaktische Kategorie des eingebetteten propositionalen Arguments. Das ursprüngliche Problem dabei bleibt jedoch bestehen: Welcher Kopf baut im Falle von (11)(i) die C-Projektion auf, und was verhindert diese Projektion im Falle von (11)(ii)? Insbesondere ist dann jedoch anzugeben, welcher Inhalt für das leer projizierende C^0-Element anzunehmen ist, und woher es diesen bezieht. Es ist nicht klar, aufgrund welcher Evidenz der Parser die Informationen gewinnen kann, um die jeweils unterschiedlichen Projektionen bei gleicher zugrundeliegender Terminalkette aufzubauen. Eine ähnliche Fragestellung tritt bei Passivkonstruktionen auf:

(12) (i) weil Peter den Hund sieht.
(ii) weil der Hund gesehen wird.

Was geschieht, wenn der Parser in (12)(ii) die nominativmarkierte Phrase *der Hund* prozessiert und das folgende Terminalelement *gesehen* trifft? Projiziert er eine Θ-markierte Position, die nicht kasusmarkiert ist? Wendet er sodann den Kasusfilter an und diagnostiziert, daß das Objekt in eine Kasusposition angehoben werden muß? Rekonstruiert er schließlich das zugrundeliegende Objekt als Subjekt des Satzes? Oder sind die repräsentationalen Prinzipien der Grammatiktheorie hinsichtlich ihres prozeßsteuernden Charakters anders zu interpretieren?

Da syntaktische Bewegungsprozesse meist in strukturell höhere Positionen gehen, führen sie bei rechtsverzweigenden Sprachen in temporal früher bekannt werdende Positionen. Diese Positionen können einerseits syntaktisch lizenziert sein (NP-Bewegung durch Kasus) andererseits aber auch nicht (etwa Topikalisierung im Deutschen), da fast jede Konstituente diese Position besetzen kann. Bei Topikalisierung kann der Parser in dem folgenden Beispiel mit dem Auftreten des Finitums und den damit bekannt werdenden verbalen Argumenten die topikalisierte Phrase direkt auf ihre Argumentposition beziehen.

(13) Dem Hund gab Peter gestern einen Knochen.

Er kann dies jedoch nicht in einer Struktur mit Auxiliarverb,

(14) Dem Hund hat Peter gestern einen Knochen gegeben.

da das Vollverb erst am Ende des Satzes auftritt. Es ist also zu fragen, wie der Parser die vorangestellte Phrase behandelt. In (13) kann er sie mit dem Auftreten des Finitums direkt auf seine D-Struktur-Position beziehen, während dies in (14) erst dann möglich ist, wenn das Vollverb auftritt. Oder projiziert er eine SpC-Position, integriert das vorangestellte Argument und wartet auf eine Lücke, auf die die Konstituente qua Spureneinsetzung bezogen wird? Die Antwort auf diese Fragen wird maßgeblich von der Beantwortung der Frage abhängen, wie schnell und aufgrund welcher Kenntnis der Parser syntaktische Strukturkomplexe bildet.

4.2.2. on-line vs. off-line

Insbesondere erwächst daraus die Fragestellung, wie (i) zulässige lineare Abfolgen und (ii) die hierarchische Struktur von Terminalketten festgelegt werden. Die lineare Abfolge der in einem Satz auftretenden Elemente korrespondiert mit der zeitlichen Sequenzierung in den auditiven bzw. artikulatorischen Phasen von Sprachverstehen und -produktion, die hierarchische Struktur drückt die Konstituenz aus. Ein Parser, der von links nach rechts arbeitet, hat im Falle grammatischer Terminalketten im wesentlichen den hierarchischen Strukturaspekt zu rekonstruieren; im Falle ungrammatischer Abfolgen muß er aber auch über Kriterien verfügen, um derartige Konstruktionen auszuschließen.

Der einfachste Fall besteht nun darin, daß zusammengehörende terminale Elemente zeitlich aufeinanderfolgen, so daß nur die Segmentierung und die Hierarchie berechnet werden müssen, also eine D-Struktur. Die davon abweichende S-Struktur unterliegt somit weiteren Berechnungsprozessen, wie wh-Bewegung deutlich macht:

(15) Was$_i$ glaubt Paul daß Peter dem Schneider t_i vorgeworfen hat.

Das wh-Element *was* ist strukturell auf die Position der Spur t_i zu beziehen, befindet sich in der linearen Abfolge aber nicht in dieser Position. Der Parser muß in diesen Fällen strukturelle Zusammenhänge rekonstruieren, die aus der temporal-linearen Abfolge nicht hervorgehen. Wh-Phrase und Spur sind zwar strukturell aufeinander zu beziehen, temporal aber nicht zusammenhängend[4]. Demgegenüber sind *glaubt* und *Peter* sowohl strukturell verbunden als auch temporal zusammenhängend. Im Falle weiter Abhängigkeiten besteht die Aufgabe des Parsers also darin, im Moment des Entdeckens einer Lücke das zugehörige Antezedens zu finden. Dies erfordert generell eine Zwischenspeicherung dieses Elements bis zum Auftreten der zugehörigen Lücke. Diese Situation findet sich jedoch nicht nur bei weiten Abhängigkeiten, sondern stets dann, wenn mehrere Konstituenten von einem temporal später auftretenden Element abhängig sind. Allgemein liegt dieser Fall in allen Konstruktionen mit rechtsperipherem Kopf vor und speziell in Sätzen mit Verbendstellung:

(16) weil der Schneider dem Gesellen die Nadel zuwirft.

Die drei Mittelfeldkonstituenten sind solange zu speichern, bis die Projektion des am Ende des Satzes auftretenden Verbs die jeweiligen Argumentpositionen projiziert und sie damit für Linkingprozesse erst zur Verfügung stellt. Sodann hat ein Prozeß einzusetzen, der diese Argumente auf die vom Verb projizierten Positionen bezieht. Dies kann etwa derart vorgenommen werden, daß der Parser zunächst zu jedem Terminalelement die zugehörige Projektion aufbaut, um daran anschließend die Zusammenbindung dieser partiellen Strukturen durchzuführen. Dieses Verfahren entspräche einem off-line-Prozeß. Dabei sind die einzelnen Projektionen separat zu speichern, und erst wenn die Terminalkette vollständig bekannt ist, findet der strukturelle Integrationsprozeß statt. Andererseits sind diese Prozesse jedoch auch so zu organisieren, daß nach der Projektion einer Argumentposition direkt der Versuch unternommen wird, das zugehörige Argument zu finden und zu integrieren. Die damit verbundene Komplexbildung zieht dann zugleich eine Reduktion der Belastung des Arbeitsgedächtnisses nach sich. Wenn die aufgebauten Teilstrukturen sobald wie möglich zu Komplexen zusammengezogen werden können, bleibt die Gedächtnisbelastung gering. Wird hingegen ein off-line-Verfahren gewählt, so ist zunächst eine größere Anzahl von Einheiten zu verwalten, welche angesichts des beschränkten Arbeitsgedächtnisses auch bei kurzen Sätzen die kritische Grenze schnell erreicht. Ein Verfahren, welches strukturelle Integra-

---

[4] Ich beziehe mich hier auf die in Bierwisch (1983c) getroffene Unterscheidung in *structural connectedness* und *temporal connectedness*.

tionsprozesse so direkt wie möglich durchführt, wird als on-line-Prozeß bezeichnet[5].

Mit der Unterscheidung *on-line vs. off-line* läßt sich nun erfassen, daß die Speicher-Komplexität der Berechnung von D-Strukturen minimal gegenüber allen durch *move* α abgeleiteten S-Strukturen ist. Dies resultiert aus der Definition der D-Struktur durch X-bar- und Θ-Theorie. Die mittels *move* α abgeleitete S-Struktur enthält -per Definition- temporal nicht zusammenhängende Elemente, die strukturell aufeinander zu beziehen sind. Daraus ergibt sich als eine Aufgabe des Parsers, die strukturellen Abhängigkeiten auch bei temporaler Unverbundenheit zu rekonstruieren. Aufgrund dieses Sachverhalts wiederum folgt, daß die via *move* α bewegten Konstituenten zu ihrem Erkennungszeitpunkt einen im Hinblick auf die strukturelle Integration ungeklärten Status haben, m.a.W. daß sie in einem Zwischenspeicher aufbewahrt werden müssen, um zu späteren Prozeßzeitpunkten wieder zur Verfügung zu stehen. Desweiteren muß der Parser an der Ausgangsposition der Bewegung Evidenz dafür vorfinden, daß der Speicher zu konsultieren ist, um dieses Element zu finden und einzusetzen. Im Falle von wh-Bewegung etwa ist diese Evidenz aus der Existenz einer projizierten Θ-Position und dem Fehlen des zugehörigen Arguments in temporaler Nachbarschaft des betreffenden Kopfes zu erkennen. Andererseits erfordert die Rekonstruktion bewegter Adjunkte, daß der Parser diese aus ihrer linksperipheren Landeposition auf die Basisposition beziehen können muß. Dabei liegt in der Lückenposition keine Evidenz dafür vor, daß Bewegung stattgefunden hat, da Adjunkte vom Kopf nicht selegiert sind. Soll der Parser also bewegte Phrasen -sowohl Komplemente als auch Adjunkte- in gleicher Weise auf ihre Basisposition beziehen, so muß er den Ableitungsweg, d.h. die Zwischenspuren, von links nach rechts bis zur Basisposition rekonstruieren[6]. Sind die Teilprojektionen hingegen kanonisch angeordnet, so sind die Einbindungsprozesse ebenfalls kanonisch zu realisieren. Wir kehren zu den Details dieser Prozesse in einem späteren Kapitel zurück und halten hier das folgende Resultat fest: D-strukturelle Konfigurationen sind vom Parser maximal on-line berechenbar, erfordern aber dennoch Zwischenspeicherung von Konstituenten. Der Speicherzugriff ist aufgrund der Definition der D-Struktur eine triviale Operation.

S-strukturelle Konfigurationen sind in dieser Weise nicht prozessierbar und erfordern einerseits erweiterte Suchmöglichkeiten und andererseits prinzipielle Beschränkungen über Suchprozessen. Diese Beschränkungen sind in Übereinstimmung mit einer Theorie über lokale Bereiche und Barrieren zu rekonstruieren. Daraus resultieren die im Vergleich zu (14) spezifischer formulierten Aufgaben des Parsers:

---

[5] Daß Sprachverarbeitung in der Regel kein strikter on-line-Prozeß ist, ergibt sich unter dieser Perspektive aus der Existenz rechtsperipherer Köpfe. Zu einer Diskussion des on-line-Charakters des Sprachverarbeitungssystems (s. Bierwisch 1983c). Hier wird der Begriff *strikt on-line* auf das gleichzeitige Vorliegen struktureller und zeitlicher Verbundenheit zurückgeführt. Insbesondere erfordern strikte on-line-Prozesse keinen intermediären Speicher.

[6] In GPSG wird diese Rekonstruktion durch die Slash-Notation und einen damit verbundenen Transfer in die Basisposition realisiert. Allerdings geht dieser Transfer über modifizierte PS-Regeln (LP- und ID-Regeln), die ja gerade vermieden werden sollen.

(17) (i) Segmentierung einer linear geordneten Lautkette
(ii) Lexikalischer Zugriff und Identifikation grammatisch relevanter Einheiten
(iii) Projektion struktureller Konfigurationen
(iv) Verwaltung und Speicherung von Konstituenten, deren Status zum Prozeßzeitpunkt ungeklärt ist
(v) on-line-Integration von Teilstrukturen in die Gesamtkonstruktion.

Die Segmentierung wird hier aus Einfachheitsgründen auf die Wortebene beschränkt, d.h. insbesondere, daß keine phonetisch/phonologische Analyse durchgeführt wird und der lexikalische Zugriff auf voll spezifizierten Lexikoneinheiten stattfindet. Aus den Informationen dieser Einheiten werden syntaktische Konfigurationen projiziert, die während der von links nach rechts verlaufenden Analyse hinsichtlich ihres Speicherstatus variieren. Dies basiert wesentlich auf der on-line Integration in komplexere Strukturen.

5. Der Parser

Auf der Basis der bisher erörterten Bedingungen wollen wir nun die Struktur eines Parsers betrachten, der es erlaubt, diese Eigenschaften zu realisieren, und der ebenfalls geeignet ist, das im nächsten Kapitel zu diskutierende grammatische Wissen zu bestimmten Teilen aufgrund seiner internen Struktur zu repräsentieren.

5.1. Automaten und Grammatiken

Dazu unternehmen wir einen kurzen Exkurs zu den automaten- und grammatiktheoretischen Grundlagen, die den Überlegungen zur Konzeption des Parsers zugrundeliegen. Wir erörtern in komprimierter Form verschiedene Grammatiktypen mit den zugehörigen Sprachen und beziehen diese auf die Automaten, die diese Sprachen jeweils erkennen.[1]

5.1.1. Chomsky-Grammatiken

In der Theorie der formalen Sprachen ist zunächst die Hierarchie der Chomsky-Grammatiken von Interesse. Diese Grammatiken und die durch sie erzeugten Sprachfamilien stehen in isomorpher Beziehung zu einer Hierarchie von Automaten, die jeweils genau die von einem bestimmten Grammatiktyp erzeugten Sprachen erkennen. Die folgende Definition spezifiziert drei prominente Grammatiktypen (s. Böhling 1975:71ff):

(1) Eine Chomsky-Grammatik $G = (V_N, V_T, R, S)$ heißt
   - (i) vom Typ 1 oder kontextsensitiv, wenn alle Regeln aus R die Form $\alpha A \beta \rightarrow \alpha \tau \beta$ mit $\tau \neq \epsilon$.
   - (ii) vom Typ 2 oder kontextfrei, wenn alle Regeln aus R die Form $A \rightarrow \tau$ haben.
   - (iii) vom Typ 3 oder rechtslinear, wenn alle Regeln aus R von einer der folgenden Formen sind:
     $A \rightarrow aB$, $A \rightarrow B$, $A \rightarrow \epsilon$ wobei $A,B \in V_N$, $a \in V_T$, $\alpha,\beta,\tau \in (V_N \cup V_T)^*$ sind.

V_N bezeichnet das Alphabet der nicht-terminalen Symbole, V_T bezeichnet das Alphabet der

[1] Siehe etwa Hopcroft & Ullman (1988), Schefe (1985), Albert & Ottmann (1983), Böhling (1975) zu ausführlicheren Darstellungen der formalen Grammatik- und Automatentheorie; einführend auch Partee, ter Meulen, Wall (1990:Teil E)

terminalen Symbole. R ist eine Menge der jeweils unter (i) bis (iii) spezifizierten Regeln, und S ist das Startsymbol, von dem aus die Ableitung beginnt. Je nach Umfang und Spezifikation von V_N, V_T und R kann G verschiedene Mengen von terminalen Ketten ableiten. Die Menge der nach einer bestimmten Grammatik ableitbaren Ketten ist die Sprache, die diese Grammatik erzeugt. Für die o.g. Grammatiktypen ergeben sich Sprachen, die in einem Inklusionsverhältnis stehen:

(2) Typ-3 $\subset$ Typ-2 $\subset$ Typ-1

wobei die durch eine Chomsky-Grammatik erzeugbare Sprache L gegeben ist wie in:

(3) Eine Sprache heißt vom Typ i, wenn es eine Grammatik G vom Typ i gibt mit L = L(G) für i ϵ (0, ..., 3), wobei L(G) := {w / w ϵ A_T^* und S $\overset{*}{\underset{G}{\rightarrow}}$ w} die von G erzeugte Grammatik ist.

L(G) besteht demnach aus der Menge all derjenigen Ketten w, für die gilt, daß die Atome von w zum Terminalvokabular gehören und daß w aus dem Startsymbol S mittels G abgeleitet werden kann.

Nun kann man einerseits fragen, welche Ketten eine Grammatik zu erzeugen gestattet. Das ist das Problem der Generierung. Eine andere Frage besteht darin, zu einer gegebenen Kette zu entscheiden, ob sie zu einer Sprache gehört, m.a.W. es ist zu entscheiden, ob die Kette w mittels G abgeleitet werden kann oder nicht. Das ist das Problem des Parsings.

Dieses Problem löst der menschliche Parser für natürliche Sprachen offensichtlich sehr schnell, d.h. er ist in der Lage, i.d.R. sehr schnell zu entscheiden, ob Terminalketten in Übereinstimmung mit den grammatischen Prinzipien und Regeln ihrer Sprache gebildet sind. Er muß daher über einen Entscheidungsalgorithmus verfügen, der diese Berechnung sehr schnell ausführt. Wir präzisieren zunächst den Begriff der *Berechnung*.

5.1.2. Berechnungsbegriff und Turingmaschine

Dieser Begriff läßt sich wie folgt formal fassen (s. Böhling 1975:14):

(4) Eine Funktion f: $\Sigma^* \rightarrow \Sigma^*$ (Σ^* ein Alphabet) heißt berechenbar, wenn es ein Programm P über Σ^* gibt, so daß gilt:
$f(x_1, ..., x_n) = (y_1, ..., y_m)$
gdw. P stoppt nach Eingabe von $(x_1, ..., x_n)$ mit dem Ergebnis $(y_1, ..., y_m)$.

Wir können uns dabei vorstellen, daß die Funktion f ein über dem Alphabet Σ^* formuliertes Problem $(x_1, ..., x_n)$ als Wert nimmt und auf die Lösung $(y_1, ..., y_m)$ abbildet.
Ein solches Problem könnte etwa P1 sein:

(5) P1: Bestimme zu einer gegebenen Lautkette unter den Bedingungen, daß diese zeitlinear bekannt wird, eine konzeptuelle Struktur.

Die Berechnungsfunktion nimmt eine Lautkette als Wert und strukturiert diese sukzessiv. Der Rückgabewert ist dann eine konzeptuelle Struktur.

Der Begriff *Berechnung* läßt sich durch das Modell der Turingmaschine weiter konkretisieren:

(6) Eine Turingmaschine (TM) ist ein Quintupel $T = (\Sigma, Q, q_0, F, \delta)$. Σ heißt Bandalphabet, Q heißt Zustandsmenge, q_0 heißt Anfangszustand, F heißt Endzustandsmenge, δ heißt Überführungsfunktion. Die einzelnen Komponenten sind wie folgt spezifiziert: Σ, Q sind endliche Mengen mit den Eigenschaften:
$\Sigma \cap Q = \phi$, $b \in \Sigma$, $q_0 \in Q$, $F \subseteq Q$, δ ist eine Abbildung von einem Zwei-Tupel aus einem Zustand und einem Element des Alphabets in die Menge der Drei-Tupel, bestehend aus einem Element des Alphabets, einer Bewegung und einem Zustand δ:
$Q \backslash F \times \Sigma \rightarrow \Sigma \times \{r, l, n\} \times Q$

Graphisch veranschaulicht besteht eine Turingmaschine aus den folgenden Komponenten:

(7)

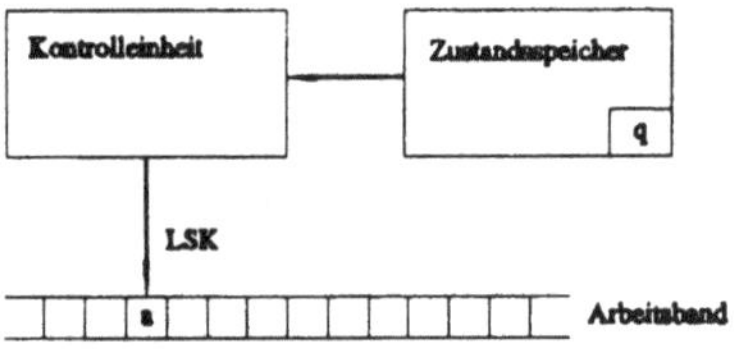

dem potentiell unendlich langen Arbeitsband AB, dem Lese-Schreibkopf LSK, der Kontrolleinheit KE und dem Zustandsspeicher ZS. TM führt bei der Berechnung Schritte der folgenden Art durch: Bewege den LSK, Lies einen Feldinhalt, Schreibe einen Feldinhalt usw.

Die Berechnung einer Funktion durch eine Turingmaschine TM besteht also wesentlich darin, einen Zustand Z_i der TM in Abhängigkeit vom gelesenen Wort in den Zustand Z_{i+1} zu überführen und gegebenenfalls Schreiboperationen (nach links bzw. rechts) auf dem Band vorzunehmen. Die Anzahl der zur Berechnung erforderlichen Überführungsschritte eines Zustands in einen anderen kann dabei als Metrik für die Zeitkomplexität der Berechnung gewählt werden. Die Anzahl der Felder, die während der Berechnung beschrieben werden, dient als Komplexitätsmaß für den Speicherbedarf. Dabei hängt der Grad der jeweiligen Komplexität i.d.R. von der Länge des gestellten Problems, bzw. von der Länge der Eingabe ab. Je länger die Eingabe ist, umso höher ist die Komplexität. Nun ist aber nicht nur die Eingabenlänge zur Bestimmung des Komplexitätsgrades relevant, da ansonsten bei unterschiedlich 'schwierigen' Problemen gleicher Länge stets die gleiche Komplexität auftreten würde. Die Komplexität ergibt sich daher aus dem Verhältnis zwischen Schwierigkeit des Problems und Eingabenlänge, d.h. sie ist eine nach dem Schwierigkeitsgrad des Problems zu spezifizierende Funktion der Eingabenlänge. Das Steigungsverhalten dieser Funktion gibt dann Auskunft über die Schwierigkeit des Problems. Nun läßt sich für bestimmte Klassen von Problemen zeigen, daß ihre Lösung bei hinreichend langer Eingabe nicht in einer Zeit berechnet werden kann, die etwa dem Alter unseres Universums entspricht, obwohl die Lösung prinzipiell berechenbar ist. Die Steigung von Komplexitätsfunktionen kann daher für Probleme, die der menschliche Parser offensichtlich sehr schnell löst, nicht allzu hoch sein. Spezieller gesagt, müssen die Komplexitätsfunktionen effizienter Berechnungen durch polynomiale Funktionen der Länge der Eingabe nach oben beschränkbar sein. Wenn sich nun für einen Algorithmus, der das Problem P1 lösen soll zeigt, daß dessen Komplexitätsfunktion schneller ansteigt als eine polynomiale Funktion der Eingabenlänge, so kann der berechnende Algorithmus nicht mit dem des menschlichen Parsers übereinstimmen, da die Berechnung nicht effizient ist.

Wir wollen diese Erörterungen hier nicht weiter vertiefen und verweisen daher auf Barton, Berwick & Ristad (1987) zu einer ausführlichen Einführung in die Komplexitätstheorie mit dem Ziel, Grammatiken aufgrund komplexitätstheoretischer Betrachtungen zu beschränken.

5.1.3. Der deterministische Kellerautomat

Der Klasse der kontextfreien (Typ 2-) Grammatiken ist der deterministische Kellerautomat (deterministic push down automat) (DPDA) äquivalent, d.h. dieser Automat erkennt genau die kontextfreien Sprachen. Ein DPDA kann aufgefaßt werden als on-line-Turingmaschine mit zwei Bändern, die bzgl. ihrer Schreib- und Lesemöglichkeiten beschränkt ist.

Das abstrakte Modell des Marcus-Parsers (Parsifal) (s. Marcus 1980) entspricht einem solchen DPDA. Dabei ist ein Zugriff im Kellerspeicher, dem sog. *active node stack* (ANS), nur auf das oberste und das jeweils unterste Kellersymbol möglich, während das Eingabeband, ein sog. *window buffer* (WB), von beschränkter Länge, dafür aber mit beliebigem Zugriff vorgesehen ist. Der Kellerautomat speichert alle Konstituenten, die während der Analyse unvollständig sind und wartet mit deren Integration, bis weitere Information zur Verfügung steht. Das Leseband ist auf drei Zellen beschränkt, und die Kontrollstruktur steuert die Aktionen des Automaten in den verschiedenen Prozeßzuständen.

(8)

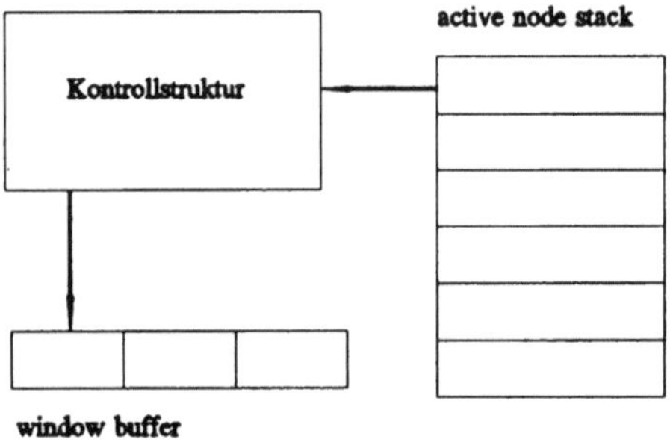

In der Kontrollstruktur sind die verschiedenen Konfigurationen des WB definiert. Üblicherweise geschieht diese Festlegung durch eine (meist sehr große) Menge spezifischer Regeln, die **alle möglichen** Konfigurationen des WB enthalten muß. Eine Konfiguration von WB besteht aus einer möglichen Abfolge von drei Wörtern, so daß die Regelmenge letztlich alle grammatischen Drei-Wort-Abfolgen aufweisen muß und damit astronomisch groß wird. Es ist klar, daß derartige Kontrollstrukturen nicht prinzipienorientiert sind.

Die Besonderheit eines deterministischen Kellerautomaten (deterministic push down automat (DPDA)) besteht in der Art der Verwaltung gespeicherter Symbole. Diese funktioniert nach dem Stapelprinzip *last in - first out*, d.h. daß das zuletzt auf den Stapel gelegte Element als erstes wieder entfernt werden muß, bevor tiefer liegende Elemente zugänglich sind. Wir werden im folgenden einen Kellerautomaten betrachten, dessen Stapel eine beschränkte Tiefe von sieben Einheiten aufweist. Diese Beschränkung approximiert in gewisser Weise die Kapazität des menschlichen Arbeitsgedächtnisses (s. Miller 1956). Tatsächlich läßt sich zeigen, daß Zentraleinbettungen bis zum Grad zwei bis drei mit einem sieben Zellen langen Arbeitsband strukturierbar sind, während höhergradige Einbettungen mehr Speicherplatz erfordern. Interessanterweise ist aber auch der menschliche Parser bei Einbettungsgraden größer als drei nicht mehr in der Lage, (adäquate) Strukturen aufzubauen.

Die Äquivalenz zwischen kontextfreien Grammatiken und deterministischen Kellerautomaten basiert wesentlich auf der Eigenschaft, daß kontextfreie PS-Grammatiken in sog. Greibach-Normalform (s. Greibach 1965) transformierbar sind. Faßt man nun das Format der allgemeinen X-bar-Regel:

(9) $X^n \rightarrow \ldots X^{n-1} \ldots$

als kontextfreie PS-Regel auf, so besteht auch zwischen X-bar-Theorie und DPDA ein äquivalentes Verhältnis. Da die X-bar-Strukturen -unabhängig davon, ob sie als Restriktion über PS-Regeln oder als Projektion aus dem Lexikon aufgefaßt werden- kontextfrei sind, ist der DPDA der angemessene Automat, um diese Strukturen zu erkennen. Eine Eigenschaft von kontextfrei beschreibbaren Strukturen besteht nun darin, daß Abhängigkeiten in den zu verarbeitenden Terminalketten entweder adjazent oder eingebettet auftreten müssen. Der dazu äqivalente DPDA kann also keine kreuzenden oder überlappenden Abhängigkeiten rekonstruieren.

Das Standardbeispiel einer kontextfreien Sprache { a^nb^n / n < 0} verdeutlicht diese Situation. Mit der Regel S → a S b können über dem Vokabular {a, b} Strukturen der folgenden Form abgeleitet werden:

(10)

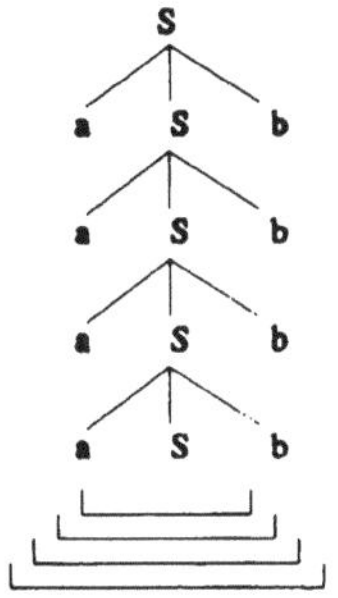

Die auf der Rekursionsstufe n auftretende Abhängigkeit zwischen a und b ist in die Beziehung zwischen a und b auf Rekursionsstufe n-1 vollständig eingebettet. Unter der Annahme, daß natürliche Sprachen kontextfrei beschreibbar sind, ist diese grammatische Eigenschaft über die Äquivalenz zum DPDA erfaßbar. Damit ist die Bedingung des Enthaltenseins von Pfaden (path containment condition) (s. Pesetsky 1982, May 1985 sowie von Stechow & Sternefeld 1988:321ff) direkt aus den Eigenschaften des DPDA ableitbar, und der Parser muß diese Bedingung nicht berechnen. Vielmehr folgt diese Bedingung direkt aus seiner Struktur und damit aus der Repräsentation der gespeicherten Einheiten[2].

Wir können den während der Verarbeitung sich stets neu etablierenden linken Kontext (LK) einer Äußerung mit den beschriebenen Zellen der TM und den Prozeßzeitpunkt (PZP) mit der Zelle, auf der TM aktuell arbeitet, identifizieren. Der rechte Kontext ist im PZP unbekannt.

---

2 Offensichtlich sind die meisten Phänomene natürlicher Sprachen durch kfPSR beschreibbar, bzw. unterliegen Inklusions-Bedingungen. Verschiedene Sprachen wie etwa Holländisch und Schweizerdeutsch weisen jedoch Strukturen auf, die oberflächlich nicht kontextfrei beschreibbar sind (s. Bach, Brown & Marslen-Wilson 1988):

(1) Jeanine heeft de mannen Hans de paarden helpen leren voeren
(2) Johanna hat den Männern Hans die Pferde füttern lehren geholfen

Die Struktur der Verbalkomplexe weist in dem holländischen Beispiel eine Abfolge auf, die nicht kontextfrei beschreibbar sind, da kreuzende Abhängigkeiten auftreten. Es ist klar, daß diese Datenlage für den DPDA problematisch ist und durch Zusatzannahmen erfaßt werden muß.

5.1.4. LR(k)-Parser

Eine spezielle Unterklasse der deterministischen Kellerautomaten bilden die sog. LR(k)-Parser (s. Knuth 1965, Albert & Ottmann 1983:180). Dies sind Erkennungsautomaten, die von links nach rechts (LR) arbeiten und k Symbole auf dem Eingabeband vorausschauen, um die Strukturierung vorzunehmen. Der Parser schreitet dabei wortweise von links nach rechts durch die Eingabekette, schaut k Symbole vom aktuellen Prozeßzeitpunkt nach vorne und entscheidet anhand dieser Information, welche Aktionen auszuführen sind. LR(k)-Parser besitzen ein Komplexitätsverhalten von einer Größenordnung, die linear proportional zur Länge der Eingabe ist (s. Berwick & Weinberg 1984:192, Hopcroft & Ullman 1988:271). Im Hinblick auf diese Effizienz sind sie geeignete Modelle des menschlichen Sprachverarbeitungssystems, das ja i.d.R. ebenfalls effiziente Berechnungen ausführt (s. etwa Fodor 1983). Unter der Zusatzbedingung, daß der Parser on-line arbeitet, ist $k = 0$ zu setzen, da keine Vorausschau über mehrere Terminalelemente notwendig ist, um Strukturen aufzubauen. Der Parser arbeitet also nur auf dem gerade gelesenen Symbol und verwendet die damit verbundene lexikalische Information, um Entscheidungen hinsichtlich seiner Aktionen zu treffen. Ein kritischer Punkt liegt dabei in der Struktur der Kontrolltabelle, die im Regelfall durch eine Menge von PS-Regel-analogen Spezifikationen gegeben ist, die auf dem Vokabular der syntaktischen Kategorien operiert und dem Parser die Bedingungen nennt, unter denen ein Zustandswechsel stattfinden muß. Neben den bekannten, mit PS-Regeln verbundenen theoretischen Nachteilen bleibt bei derartigen Kontrollstrukturen das Problem der Prinzipienorientierung offen, da PS-Regeln sowohl sprach- als auch konstruktionsspezifisch formuliert sind. Zur Vermeidung von PS-Regeln in der Kontrollstruktur werden wir daher eine Theorie syntaktischen Linkings vorschlagen (s. Kapitel 7.), die geeignet ist, unter Verwendung von X-bar- und Θ-Theorie sowie der Struktur lexikalischer Einheiten vollständige syntaktische Strukturen für Terminalketten abzuleiten.

Die Struktur der Kontrolltabelle wird dabei nicht durch eine fixierte Menge von PS-Regeln festgelegt, sondern basiert auf der Idee, daß **die in der Terminalkette auftretenden lexikalischen Einheiten und die damit verbundenen Informationen selbst die Steuerung des Parsers übernehmen**. Die Berechnung der Struktur erfolgt dabei durch Projektion von Phrasenköpfen zu maximalen Projektionen und dem sukzessiven Zusammenbinden (Linking) dieser Projektionen zu einer Gesamtstruktur. Die jeweiligen Projektionen spannen Domänen auf, innerhalb derer Argumente und Adjunkte realisiert sein müssen. Abhängig von den Rektionsrichtungen der jeweils projizierenden Kopfkategorie zeigt der Parser ein unterschiedliches Verhalten hinsichtlich der Integration von Argumenten. Regiert ein Kopf nach rechts, so muß er auf folgende Argumente warten; regiert ein Kopf nach links, so müssen im linken Kontext die Argumente, die die Projektion auffüllen, identifiziert und in die Struktur integriert werden.

Bevor wir uns die Arbeitsweise des Parsers im Detail ansehen, wollen wir die leitenden Verarbeitungsprinzipien und die Organisation der Prozesse zusammenfassen. Der Parser ist durch die folgenden definitorischen Merkmale charakterisiert:

(11)

DM1: Die Verarbeitung erfolgt 'wortweise' von links nach rechts. Es findet keine Vorausschau über mehrere lexikalische Einheiten statt (etwa um Ambiguitäten aufzulösen).

DM2: Der Parser verwendet keine (Variante von) Phrasenstrukturregeln.

DM3: Der Parser ist vom Typ LR(0), d.h. er operiert nur auf dem aktuell zu prozessierenden Lexem.

DM4: Nach der Identifikation eines terminalen Elementes mit einem Lexikoneintrag wird allein die im Lexikon spezifizierte Struktur des Lexems verwendet, um die syntaktische Umgebung dieses Lexems aufzuspannen.

DM5: Aus der sukzessiven Projektion aller Lexeme in einem Satz ergibt sich zunächst eine linear geordnete Liste (LGL) separierter Teilstrukuren.

DM6: Während der Projektion der lexikalisch spezifizierten Merkmale eines Lexems werden zugleich die relevanten grammatischen Merkmale an die projizierten Positionen vergeben.

DM7: Während des Projektionsprozesses werden die in LGL enthaltenen Teilstrukturen zu einer syntaktischen Gesamtstruktur zusammengefügt.[3] Die damit verbundenen Prozesse steuert das Linking-Modul (LM).

DM8: Linking ist aufzufassen als eine dreistellige Relation zwischen einer Teilstruktur, einer Position in einer anderen Teilstruktur und einer Menge von (Linking-) Merkmalen. Eine Linking-Relation bezieht zwei strukturelle Positionen über ihre Merkmalsspezifikation aufeinander.

DM9: Die Verarbeitung ist abgeschlossen, wenn LGL nur noch ein Element enthält, d.h. wenn alle Teilstrukturen zu einer einzigen komponiert sind.[4]

DM10: Der Parsingprozeß ist so *on-line* wie möglich.

DM11: Der Parser verwendet als Suchraum für einzubindende Konstituenten LGL, den einzigen Ort, wo sich ungebundene Konstituenten befinden können. LGL ist in der aktuellen Sprachverarbeitung trivialerweise endlich und in der Regel klein.[5]

---

[3] Das Verfahren entspricht in dieser Variante einem on-line-Prozeß, da alle Konstituenten so schnell wie möglich in die Struktur integriert werden und der erforderliche Speicher daher nur minimal belastet wird.

[4] Zugleich ist dies die Haltebedingung für den Parser.

[5] Insbesondere ist aufgrund der Beschränkung von LGL auf maximal 5-7 Teilkonstituenten die Erfassung der Performanzschwierigkeiten bei Zentraleinbettungen möglich.

DM12: Suchprozesse in LGL betreffen stets das vom aktuellen Prozeßzeitpunkt aus nächststehende Element in LK.[6]

DM13: Ein Suchprozeß mit nur einem Schritt (Länge = 1) identifiziert ein direkt anzubindendes Argument mit einer Θ-Position, d.h. eine D-Struktur-Position.

DM14: Suchprozesse, die nicht über einen Suchschritt der Länge 1 zum Ziel führen, signalisieren Bewegungsprozesse, d.h. sie etablieren die Ausgangsposition einer syntaktischen Kette.

Anhand dieser Bedingungen und Arbeitssequenzen werden nun die Datenstrukturen des Parsers erörtert.

5.2. Die Datenstrukturen des Parsers

Um DM1 - DM14 zu erfüllen, wird eine Datenstruktur benötigt, die nicht lizenzierte Konstituenten zwischenspeichert. Der Zugriff auf diese Konstituenten ist jedoch nicht beliebig. Insbesondere ist die Reihenfolge des Auftretens dieser Konstituenten zu erhalten, und darüber hinaus müssen die Suchprozesse so organisiert sein, daß die zuletzt abgelegten Konstituenten zuerst konsultiert werden. Diese Art der Verwaltung entspricht einem *Stack*. Die Tiefe des Stacks ist nicht beliebig, sondern auf sieben Einheiten beschränkt. Das zugrundeliegende Prinzip der Stackverwaltung ist der *last-in-first-out-* (LIFO-) Modus. Das zuletzt abgelegte Element muß als erstes wieder abgeräumt werden, um Zugang zu folgenden Elementen zu ermöglichen. Wir haben bereits erörtert, daß dieser Mechanismus genau die kontextfrei konstruierten Baumstrukturen erkennt. Insbesondere ergibt sich daraus, daß zur Berechnung einer D-Struktur nur Suchschritte der Länge 1 nötig (DM13) sind. Der Stack repräsentiert den linken Kontext und ist mit LGL identisch.

Neben der als Zwischenspeicher konzipierten LGL muß der Parser über eine Datenstruktur verfügen, die die Resultate der Verarbeitung im aktuellen Prozeßzeitpunkt aufnimmt. In dieser Struktur werden die Projektion eines Lexems sowie die aus LGL gelinkten Phrasen verwaltet. Diese Datenstruktur ist als erweiterbare Liste zu konzipieren, die von der Projektionsfunktion während des Verarbeitungsprozesses monoton erweitert werden kann. Ich nenne diese Liste daher 'projektiv erweiterbar' (PEL). Sie ist in ihrer Kapazität durch die Anzahl der Elemente des Θ-Rasters und die Anzahl der von den morphosyntaktischen Merkmalen etablierten funktionalen Köpfen beschränkt.

---

[6] Diese Bedingung garantiert, daß zuletzt prozessierte Elemente zuerst zur Adjunktion herangezogen werden. Sie entspricht damit Kimballs (1973) 'principle of right association' bzw. Frazier & Fodors (1978) 'minimal attachment'-Strategie.

Die Organisation der beiden Prozeßtypen *Projektion* und *Linking* ist wesentlich dafür verantwortlich, wie hoch die Kapazität des Zwischenspeichers anzusetzen ist. Eine Prozeßstrategie, die zunächst nur Projektionen aufbaut, erfordert eine hohe Speicherkapazität, da alle Teilprojektionen verwaltet werden müssen. Insbesondere zieht dies für Sätze mit mehr als 5-7 Wörtern eine Kapazitätsüberlastung nach sich, da sämtliche Teilprojektionen zu speichern sind, LGL aber auf sieben Einheiten beschränkt ist. Wenn der Parser im off-line-Modus arbeitet, d.h. wenn er zunächst nur einzelne Projektionen aufbaut, ohne diese on-line zu linken, ergibt sich für einen Satz wie etwa:

(12) weil die Katze auf dem Sofa schläft.

die folgende Repräsentation des linken Kontexts:

(13)

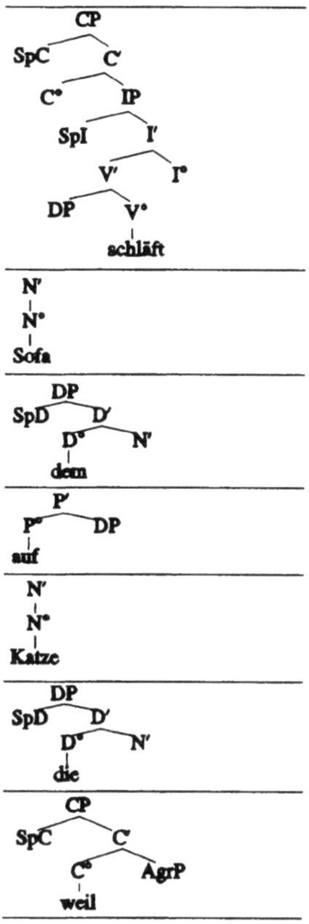

Die Teilprojektionen im linken Kontext können jedoch wesentlich früher zu Strukturkomplexen zusammengefaßt werden. Arbeitet der Parser im on-line-Modus, so sieht der linke Kontext vor *schlafen* so aus wie in:

(14)

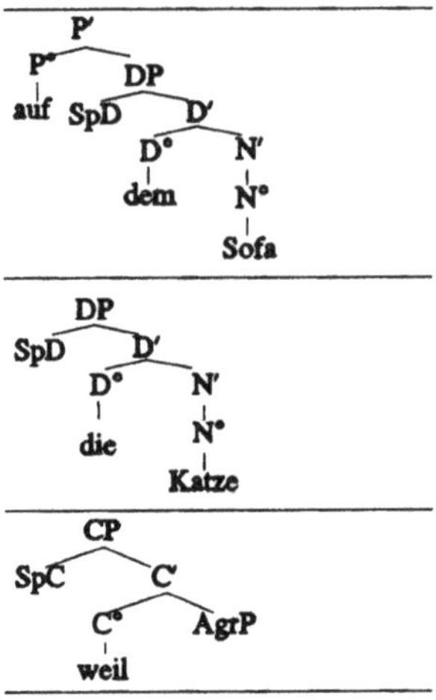

Wenn die Argumentstruktur des Verbs projiziert wird, können die Linking-Prozesse direkt einsetzen, die Teilkonstituenten-Anzahl im linken Kontext weiterhin reduzieren:

(15)

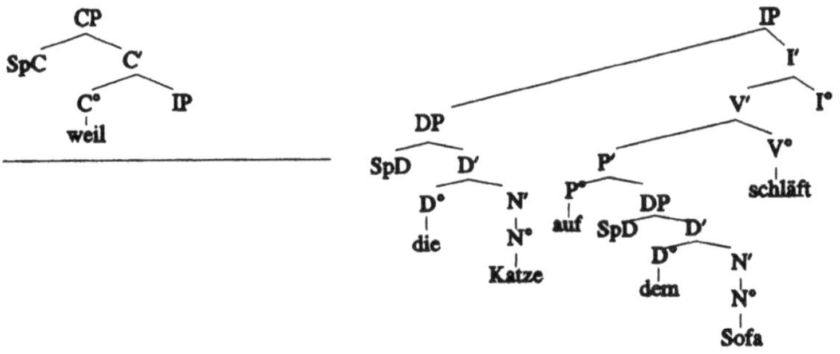

so daß durch einen Linking-Prozeß nach links die fertige Struktur vorliegt:

(16)

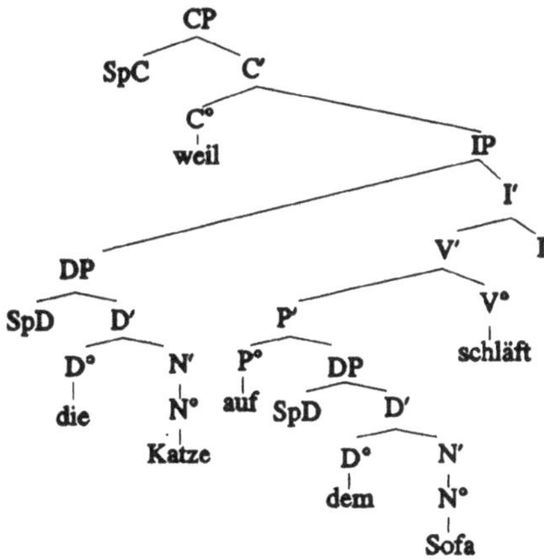

Die Sequenzierung der Prozesse ist also so vorzunehmen, daß die Anzahl der Teilprojektionen gering bleibt. Dazu sind die Projektions- und Linking-Prozesse in eine gemischte Sequenz zu bringen, d.h. daß während der Projektion bereits Linking-Prozesse stattfinden müssen. Dies führt dazu, daß schnellstmögliche Komplexbildungen bei gleichzeitiger Speicherreduktion, d.h. on-line-Prozesse, stattfinden.

Der so konzipierte Parser arbeitet nun sowohl hinsichtlich der Zeitkomplexität (LR(0)-Eigenschaft) als auch hinsichtlich der Speicherkomplexität (Beschränkung von LGL auf sieben Einheiten) effizient. Diese Beschränkung wird dadurch motiviert, daß bei Zentraleinbettungen, deren Grad größer als zwei ist, auch der menschliche Parser an der Gedächtniskapazität scheitert. Nun läßt sich mit der Struktur des linken Kontexts klar sichtbar machen, daß bei Zentraleinbettungen des genannten Typs eine Anzahl von Konstituenten gespeichert werden muß, die größer als sieben ist. Für eine Relativsatzschachtelung wie in:

(17) Der Schneider, der den Rock, den der Geselle, der gestern die Frau, die sich beschwerte, küßte, zerschnitten hat, sucht, sticht sich in den Finger.

ergibt sich bereits vor dem Auftreten des ersten Verbs ein linker Kontext, der mehr als sieben Einheiten enthält, so daß der Parser an dieser Stelle bereits aufgrund einer Gedächtnisüberlastung nicht weiter strukturieren kann. Der linke Kontext sieht zu diesem Zeitpunkt aus wie in:

(18)

RK: **... beschwerte küßte zerschnitten hat sucht sticht sich in den Finger**

LGL:

(DP sich)
(DP die)
(DP die Frau)
(DP der)
(DP der Geselle)
(DP den)
(DP den Rock)
(DP der)
(DP der Schneider)

Der rechte Kontext ist bis zu diesem Zeitpunkt unbekannt. Die auf sieben Einheiten festgelegte Kapazität des Speichers wird also deutlich überschritten. Die Speicherung dieser Konstituenten ist aber bereits das Minimum der Teilprojektionen, die die Verarbeitung von (17) erfordert, bevor die erste Komplexbildung mit einem Verb möglich ist.

Im nächsten Kapitel wollen wir nun einige Theorien über grammatische und lexikalische Kenntnis näher betrachten, um daraus Entscheidungskriterien für den Parser während der Verarbeitung abzuleiten.

6. Die grammatische Basis

Ein nativer Sprecher des Deutschen verbindet mit einem Wort wie *sehen*, verschiedene Kenntnisse über die möglichen syntaktischen Strukturen, in denen dieses Wort vorkommen kann. Darüber hinaus besitzt er Kenntnis über die Valenz dieses Verbs und die inhaltliche Füllung der Komplemente, etwa, daß Objekte oder Situationen wahrgenommen werden, daß das Subjekt aber nur ein belebtes Individuum sein kann usw. Diese Information wird mit dem Bedeutungserwerb des Wortes *sehen* gelernt und ist mehr oder weniger spezifisch für die Klasse der Perzeptionsverben. Innerhalb dieser Klasse unterscheiden sich die Perzeptionsverben semantisch hinsichtlich der Wahrnehmungsmodalität (sehen, hören, usw.). In der traditionellen Version der generativen Grammatik ist diese Kenntnis durch produktive Regeln und die lexikalische Einsetzung von Lexemen geregelt. So sind, um die syntaktische Umgebung des Wortes *sehen* zu spezifizieren, die folgenden Ableitungsschritte vorzunehmen (s. etwa Fanselow & Felix 1987b:35ff). Einerseits werden zwei Regeln:

(1) (i) VP → NP V
(ii) VP → S' V

benötigt, um mögliche Konfigurationen zu erzeugen, andererseits sind zwei Subkategorisierungen wie:

(2) (i) [NP _]
(ii) [S' _]

notwendig, um die lexikalische Einsetzung zu steuern. Dabei beschränken sich Erzeugungs- und Einsetzungsregeln wechselseitig. Es sind in Kombination jeweils (1)(i) mit (2)(i) und (1)(ii) mit (2)(ii) zulässig, andere Kombinationen sind ausgeschlossen. Die Auffassung, daß die syntaktische Komponente datenunabhängig Strukturen erzeugt und schließlich aufgrund der Subkategorisierung adäquate Einsetzungen vornimmt, führt zu Redundanzen im Regelsystem und wurde deshalb zugunsten der X-bar-Theorie, derzufolge die lexikalischen Einheiten ihre syntaktischen Umgebungen selbst festlegen, aufgegeben.

Wir betrachten im folgenden Kapitel zunächst verschiedene Varianten der X-bar-Theorie und beziehen diese auf die Struktur lexikalischer Einheiten. Dazu stellen wir kurz ein kategoriales System mit λ-Operation vor, um das Instrumentarium zur Beschreibung des Θ-Rasters der lexikalischen Einheiten zur Verfügung zu haben. Daran anschließend erörtern wir die Konzeption der mit dem Θ-Raster verbundenen Merkmalsspezifikationen (s. Bierwisch 1986, 1988, 1989, 1991) und beziehen die sich aus diesen beiden Komponenten zusammensetzende Argumentstruktur auf die Prinzipien der X-bar-Theorie. Daraus wird schließlich ein Projektions-Mechanismus entwickelt, der das strukturbildende Modul des Parsers darstellt.

6.1. X-bar Theorie

Im Gegensatz zu den unrestringierten Optionen, die PS-Grammatiken erlauben, legt die X-bar-Theorie die Struktur unkoordinierter Phrasen in einheitlicher Weise fest. Phrasen sind demnach endozentrisch, besitzen also ein designiertes Element -den Kopf-, das die Eigenschaften der gesamten Kategorie bestimmt.

Das Inventar der lexikalischen Kategorien N, V, A und P wird dabei als Matrix binärer Merkmale beschrieben (s. Jackendoff 1977:251):

(3) (i) V = [+V —N]
(ii) N = [—V +N]
(iii) A = [+V +N]
(iv) P = [—V —N]

Als verallgemeinerte PS-Regeln können die endozentrischen Eigenschaften dieser Phrasen ausgedrückt werden wie in (4) (s. Chomsky 1986b:3):

(4) (i) $X' \rightarrow X^0\ Y''$
(ii) $X'' \rightarrow Y''\ X'$

Y'' in (4)(i) ist das Komplement und in (4)(ii) der Spezifikator von X. Die Komplemente sind nicht nur innerhalb der Rektionsdomäne des Kopfes zu realisieren, sondern müssen sich auch hinsichtlich ihrer links-rechts-Positionierung an der Rektionsrichtung des jeweiligen Kopfes orientieren. Daraus folgt die periphere Positionierung des Phrasenkopfes. Für die sprach- und kategorienspezifische Rektionsrichtung (RR) gilt:

(5) RR $\in$ { L(inks), R(echts) }

Komplemente sind damit hinsichtlich ihrer relativen Position zum Phrasenkopf abhängig von RR zu realisieren. Die grammatischen Merkmale der einzelnen Elemente der Argumentstruktur werden im Projektionsprozeß den jeweiligen Positionen zugewiesen.

Wie in Fukui & Speas (1986) erörtert, kann die Vergabe der Θ-Rollen nicht im Sinne einer 1:1-Relation durchgeführt werden, wie vom Θ-Kriterium gefordert (s. Chomsky (1981:36):

(6) Θ-Kriterium:
Jedes Argument trägt genau eine Θ-Rolle und jede Θ-Rolle wird genau einem Argument zugewiesen.

Vielmehr ist eine weniger starke Bedingung an die Beziehung zwischen Θ-Rollen und Argumenten zu stellen. Eine Formulierung dieser 'weicheren' Beziehung liegt mit dem

Saturationsprinzip (s. Higginbotham (1985:561), Fukui & Speas 1986:140) vor:

(7) (i) Jede Position in einem Raster wird vergeben.
(ii) Wenn X eine Position in einem Raster von Y vergibt, dann vergibt es nur eine.

Damit wird nur gefordert, daß jede Θ-Rolle genau einmal vergeben werden wird, nicht jedoch, daß jedes Argument genau eine thematische Rolle erhalten muß. In der folgenden strukturellen Konfiguration weist α β eine Θ-Rolle zu, wenn α der Kopf von γ ist:

(8) $[_\gamma \ldots \alpha \ldots \beta \ldots]$

In Chomsky (1986b) werden die funktionalen Kategorien COMP und INFL in das X-bar-Schema integriert. Die Projektionsweite der funktionalen Kategorien unterscheidet sich jedoch von der der lexikalischen Kategorien. Während Chomsky (1986b) eine gleichartige Projektionshöhe von zwei Stufen für alle Kategorien annimmt, schlagen Fukui (1986) und Fukui & Speas (1986:133) vor, daß lexikalische Kategorien nur eine (iterierbare) Projektionsstufe besitzen, funktionale Kategorien hingegen zwei Stufen projizieren, wenn sie eine Spezifikator-Position lizenzieren können (s. auch Kiss 1991):

(9)

H (= head) bezeichnet die Kopfkategorie, K die Komplemente.

In Arbeiten von Abney (1987) und Fukui (1986) wird die Klasse der funktionalen Kategorien erweitert um Det. Darüber hinaus ordnet Abney (1987) auch P den funktionalen Kategorien zu. Unter den dort zugrundegelegten Annahmen besitzen funktionale Kategorien die folgenden Eigenschaften:

(10) (i) Funktionale Kategorien haben genau eine Spec-Position.
(ii) Die Spezifizierer funktionaler Kategorien sind oft aus Komplementpositionen bewegt.
(iii) Alle funktionalen Kategorien haben Spezifizierer.
(iv) Sprachen ohne funktionale Köpfe haben keine Spec-Positionen.
(v) Funktionale Köpfe gehören der geschlossenen Klasse sprachlicher Einheiten an.
(vi) Funktionalen Köpfen fehlt eine semantische Füllung, die lexikalische Kategorien haben.
(vii) Funktionale Köpfe selegieren stets dieselben syntaktischen Kategorien.

Sie bilden damit eine Klasse in der Menge der Kategorien natürlicher Sprachen.
Die Selektionseigenschaften dieser Kategorien führen den X-bar-theoretischen Annahmen folgend zu Strukturen wie:

(11)

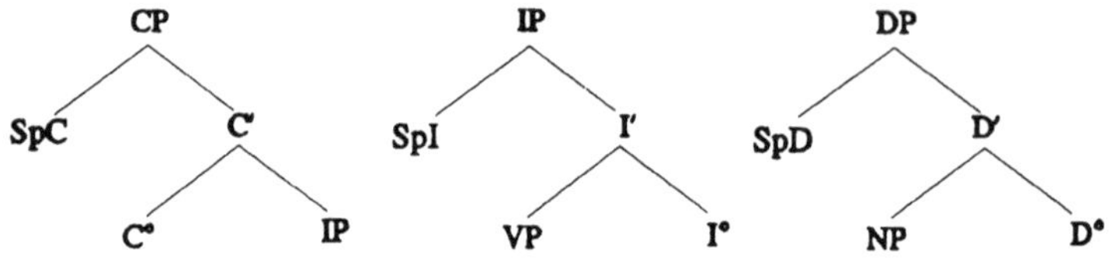

und weisen Funktionsmerkmale (F-Merkmale) zu, wie [± wh] durch Comp, Nominativ-Kasus durch finites INFL, Genitiv-Kasus durch 's. Diese Relationen lizenzieren die Spec-Positionen der jeweiligen Phrasen. Das Verhältnis von Kopf zu 'Komplement' ist durch funktionale (F-) Selektion in der Weise charakterisiert, daß C^0 eine IP, I^0 eine VP und D^0 eine NP eindeutig selegiert (s. Felix 1990). F-Selektion ist strukturell als Komplementation aufzufassen, da das selegierte Element als Schwester von X^0 realisiert wird. Aufgrund der unterschiedlichen Klassenzugehörigkeit dieser Kategorien sind also zwei Fälle von Merkmalszuweisung zu unterscheiden (s. Fukui & Speas 1986:138):

(12) (i) Kasuszuweisung von lexikalischen Kategorien an maximale Projektionen
(ii) Zuweisung funktionaler Merkmale von funktionalen Kategorien an maximale Projektionen.

Erweitert man das Saturationsprinzip auf funktionale Kategorien, so ergibt sich für diese das:

(13) Theorem für funktionale Projektionen:
Ein funktionaler Kopf projiziert bis zur X'' Ebene genau dann, wenn 'Case' an die Spec-Position zugewiesen wird; anderenfalls projiziert er nur bis X'.

Fukui (1986) folgend besitzen Spezifikatoren die Eigenschaft, Projektionen abzuschließen, so daß keine Modifikation von maximalen, funktional projizierten Phrasen möglich ist. Projektionen lexikalischer Kategorien erlauben hingegen beliebig iterierbare Modifikationen durch andere Kategorien.

Die funktionale Kategorie INFL weist zwei Merkmale auf: [± fin] und [AGR] (s. Chomsky 1981) und führt im Englischen zur Projektion einer IP:

(14)

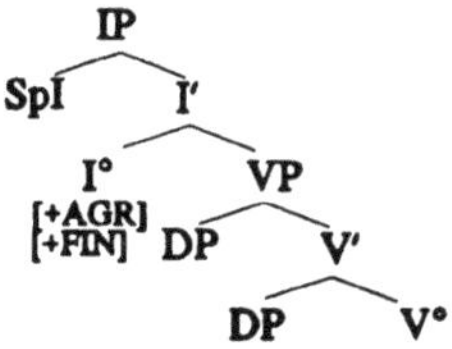

I f-selegiert VP und weist im Falle der Spezifikation [+ AGR] der SpI-Position Nominativ-Kasus zu. Diese 'Doppelköpfigkeit' wird in Pollock (1989) und Chomsky (1989) aufgelöst, so daß jedes der beiden Merkmale einen separaten funktionalen Kopf etabliert, der eine jeweils eigene Projektion aufspannt: T(ense)P gilt als Projektion des Merkmals [+ FIN] und AGR(eement)P als Projektion der [+ AGR]-Merkmale. Da nur AGR einen Spezifikator lizenziert, ist auch nur für diese Projektion eine Sp-Position anzusetzen. Die T-Phrase endet daher mit einer T'-Projektion.

(15)

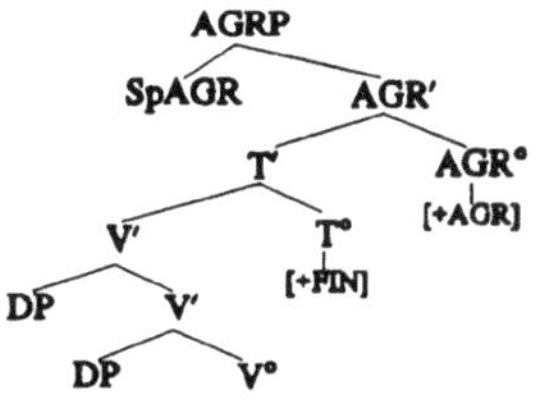

Diese Analyse führt zu einer weiteren Vereinheitlichung der X-bar Theorie, indem die projizierenden Kategorien jeweils genau einen Kopf besitzen.

Die Differenzierungen der funktionalen Köpfe führt zu einem Inventar der zugehörigen Kategorien, das analog zu den lexikalischen Kategorien über [± V, ±N]-Merkmale als Matrix beschrieben werden kann. Zur Unterscheidung dieser Kategorienklassen müssen wir jedoch ein weiteres Merkmal [± F] hinzufügen, das den jeweiligen Status als funktional vs. lexikalisch unterscheidet. Die von Jackendoff (1977) angegebene Klassifikation muß daher um ein Merkmal [± F] erweitert werden, um die funktionalen Kategorien aufzunehmen. Eine vollständige und disjunkte Zerlegung der Kategorienklassen führt damit zu der folgenden Matrix:

(16)	(i)	V	=	[+V −N −F]
	(ii)	N	=	[−V +N −F]
	(iii)	A	=	[+V +N −F]
	(iv)	P	=	[−V −N −F]
	(v)	D	=	[−V +N +F]
	(vi)	C	=	[−V −N +F]
	(vii)	T	=	[+V −N +F]
	(viii)	AGR	=	[+V +N +F]

Die [+F]-Kategorien erhalten die [±V, ±N]-Merkmale aufgrund ihrer Merkmalsverteilungen in Beziehung zu den lexikalischen Kategorien. So ist D eine rein nominale und T eine rein verbale Kategorie. AGR tritt sowohl an Verben als auch am kongruierenden Subjekt auf, d.h. es besitzt sowohl nominale wie verbale Züge. Die [-N,-V]-Merkmale sind an satzeinleitenden Kategorien und Präpositionen zu finden. Evidenz für diesen Zusammenhang liefern präpositional eingeleitete Infinitive[1]:

(17) (i) Er kam in die Stadt, *um* Reis zu kaufen.
(ii) Sie ging vorbei, *ohne* ihn anzusehen.

Die Stufigkeit der Komplexitätsebenen wird durch eine weitere Matrix binärer Merkmale charakterisiert,

(18) (i) X^0 = [+min —max]
(ii) X^1 = [—min —max]
(iii) X^2 = [—min +max]

so daß jede in einer syntaktischen Konfiguration auftretende Kategorie durch zwei Merkmalsbündel eindeutig bestimmt ist. Die phrasale Struktur wird hinsichtlich der Positionierung von Kopf und Komplementen durch RR festgelegt.

Als Konfiguration der syntaktischen Repräsentation, die von der X-bar-Theorie nicht erfaßt wird, ist die Adjunktionsstruktur zu ergänzen, die Modifikatoren integriert und der folgenden Beschränkung unterliegt (s. Chomsky 1986b)[2]:

(19) Adjunktion ist nur an maximale Projektionen mit Nicht-Argumentstatus möglich.

Insbesondere führt Adjunktion an CP oder DP zu ungrammatischen Strukturen, falls CP oder DP Argumente sind. Dies ist eine Konsequenz der Rektionstheorie, da Adjunktion an Argumente zu Mehrfachzuweisungen von Merkmalen führen würde. Mit der Rektion der maximalen Projektion ist zugleich Rektion der Sp-Position dieser Projektion verbunden. Andererseits folgt dies jedoch bereits aus Fukuis (1986) Annahme, daß maximale funktionale Kategorien aufgrund ihrer Spezifikator-lizenzierenden Eigenschaften abgeschlossen sind.

---

1 Für diesen Hinweis danke ich Jürgen Lenerz.

2 Zu einer anderen Auffassung, die auf der Beobachtung beruht, daß Mittelfeldadjunkte im Deutschen unter Normalbetonung linksadjazent zum Verb(-komplex) stehen, siehe auch Kolb & Thiersch (1990:17):

(i) daß Peter den Wein aus der Flasche getrunken hat
(ii) daß Otto seinen Wagen an eine Wand gefahren hat

Diese Abfolge erfordert Adjunktion an eine nicht-maximale V-Projektion.

Zusammenfassend ergibt sich damit das folgende Bild für die möglichen syntaktischen Konfigurationen:

(20) Lexikalische Kategorien (Komplementbereich):

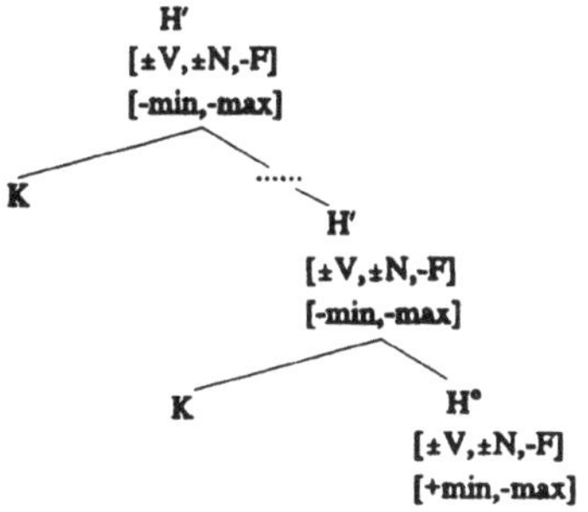

(21) Funktionale Kategorien, die eine Spezifikator-Position lizenzieren:

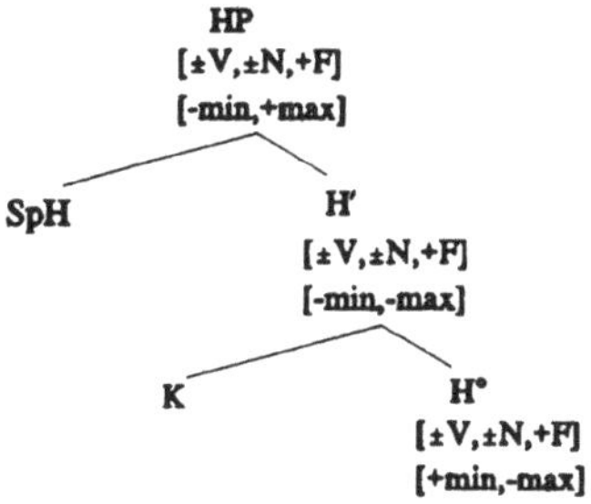

(22) Funktionale Kategorien, die keine Spezifikator-Position lizenzieren:

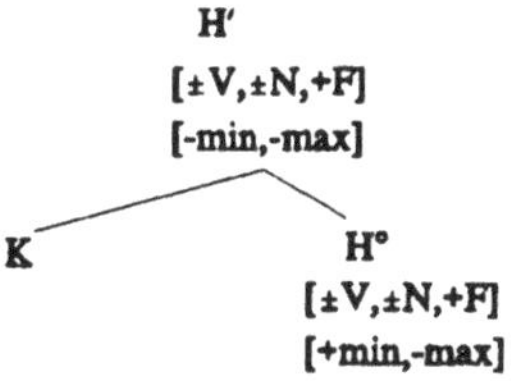

(23) Adjunktion an [-min]-Kategorien:

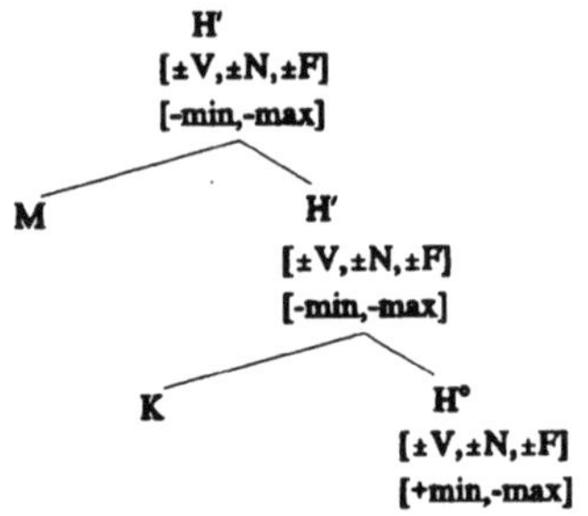

Die Abfolgebedingungen von Komplementen (K) bzw. Modifikatoren (M) und Kopf sind in Abhängigkeit von der Rektionsrichtung des jeweils in Frage stehenden Phrasenkopfes festgelegt.

Der Parser baut nun zu jeder Kategorie jeweils eine dieser Strukturen auf. Lexikalische Kategorien projizieren nur Komplementpositionen. Die Kopfmerkmale werden vom Phrasenkopf entlang der Projektionslinie nach oben vererbt, so daß an der maximalen Projektion diese Merkmale auftreten. Zu diesen zählen nicht nur kategoriale, sondern auch bestimmte morphologische Merkmale. Funktionale Kategorien projizieren eine Position für ein f-selegiertes Komplement und eine Spezifikatorposition. Für die einfache PP *wegen des Wetters* ergeben sich folgende Projektionen mit den entsprechenden Merkmalsverteilungen:

(24)

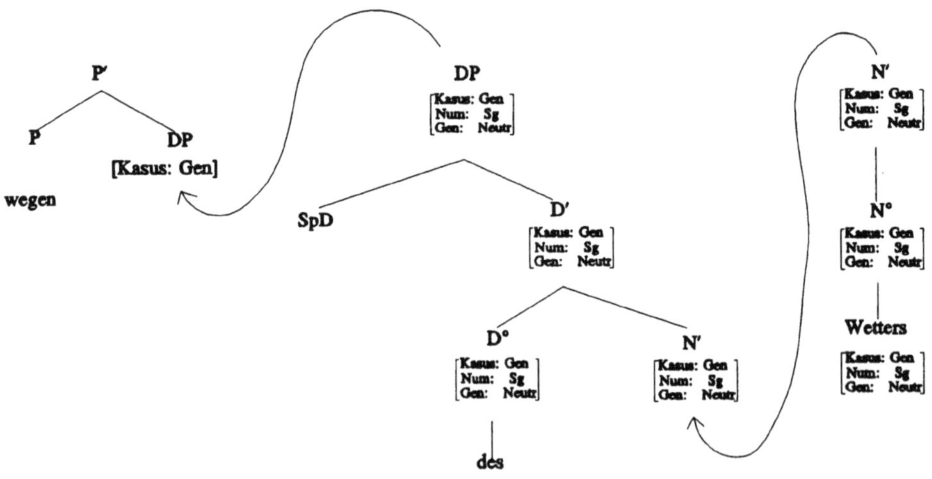

Die Pfeile zeigen an, wie diese Projektionen zusammengebunden werden müssen. Die relevanten Linking-Kriterien sind hierbei die Kasusmarkierungen. Trägt eine lexikalische Kategorie morphosyntaktische Merkmale (etwa finite Verben), so baut der Projektionsmechanismus nicht nur die Projektion für den Komplementbereich auf, sondern verwendet diese Merkmale dazu, entsprechend der isomorphen Beziehung zwischen morphologischer und syntaktischer Struktur funktionale Köpfe und deren Projektion über den Komplementbereich hinaus zu projizieren. Für ein finites Verb wie etwa *schenkt* ergibt sich somit eine Projektion der folgenden Art:

(25)

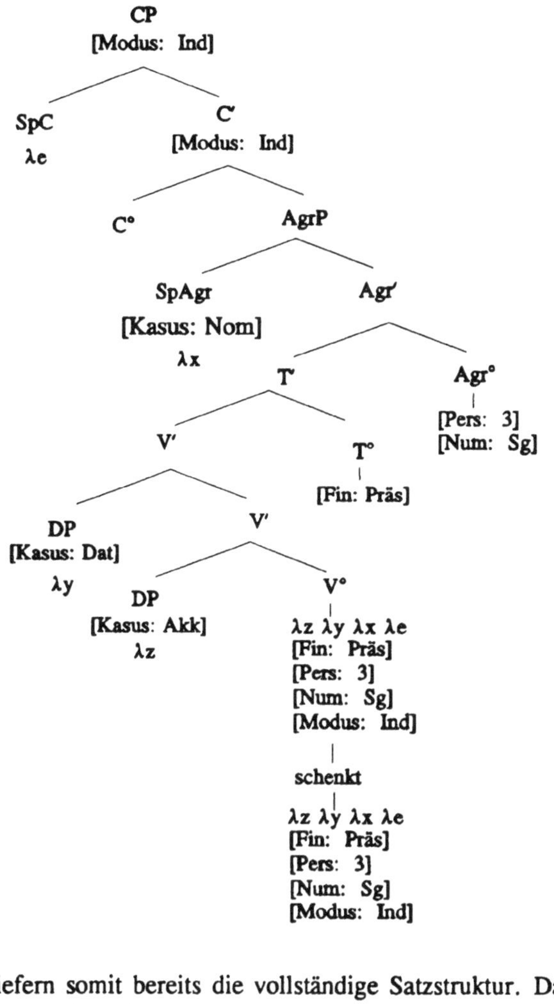

Finite Vollverben liefern somit bereits die vollständige Satzstruktur. Das verbale Modusmerkmal, das hier in der C-Projektion angesiedelt ist, werden wir in einem der folgenden Kapitel als den funktionalen Kopf einer Modusphrase analysieren, die die linke Peripherie des deutschen Satzes festlegt. Die unterschiedlichen Varianten der Besetzung der Positionen des Modussystems werden dabei auf die Instantiierung der vom Verb gelieferten Ereignisvariablen bezogen.

6.2. Die Struktur des Θ-Rasters und die Vergabe von Θ-Rollen

Zunächst wollen wir jedoch die lexikalischen Komponenten näher betrachten, die für die Projektion dieser Konfigurationen wesentlich verantwortlich sind. Dazu unternehmen wir einen kurzen Exkurs in die Kategorialgrammatik.

6.2.1. Kategoriale Beschreibung der Semantischen Form

Ein kategoriales System (KS) ist geeignet, um hierarchische Strukturaspekte sprachlicher Ausdrücke, insbesondere Prädikat-Argument-Strukturen zu erfassen. Diese basieren wesentlich auf der Relation zwischen Funktor und Argument. Ein KS legt die Zulässigkeit kombinatorischer Möglichkeiten der Komposition von Ausdrücken fest. Ein (binäres) KS ist definiert durch die folgenden Komponenten:

(26) Kategoriales System (KS):
- (i) eine Menge von Konstanten, eine Menge von Variablen
- (ii) Basiskategorien: 0, 1
- (iii) eine Menge von Funktorkategorien: Wenn α und ß Kategorien sind, so ist α/ß eine Kategorie.
- (iv) Zuweisung von Konstanten und Variablen zu Kategorien.
- (v) Prinzipien der kategorialen Kombination:
  - a. Funktionale Applikation (FA):
    Wenn α/ß und ß Kategorien sind und α/ß auf ß angewendet wird, so ist die resultierende Kategorie vom Typ α. Kurz: α/ß ß $\rightarrow$ α
  - b. Funktionale Komposition (FK):
    Wenn α/ß und ß/τ Kategorien sind und α/ß auf ß/τ angewendet wird, so ist die resultierende Kategorie vom Typ α/τ. Kurz: α/ß ß/τ $\rightarrow$ α/τ

Mittels KS repräsentierte Ausdrücke sind n-stellige Prädikate, die auf n Entitäten angewendet werden. Ein n-stelliges Prädikat, dessen n Argumentstellen besetzt sind, ist eine Proposition. KS stellt eine geeignete Beschreibungssprache der Semantischen Form (SF) sprachlicher Ausdrücke dar. Die Semantik des Verbs *geben* läßt sich -approximativ- charakterisieren wie in (s. Bierwisch 1986):

(27) [e INST [x DO-CAUSE [BECOME [y HAVE z]]]]

und ist folgendermaßen zu lesen: e instanziiert eine Proposition als Ereignis[3], das dadurch bestimmt ist, daß ein x verursacht, daß eine Zustandsänderung mit dem Resultat eintritt, daß y z hat. Der gesamte Ausdruck in (27) ist von der Kategorie 0, also eine Proposition. Die Variablen e, x, y, z belegen die Argumentstellen der -nicht notwendigerweise- primitiven Teilprädikate (CAUSE, BECOME usw.). Die in (27) angegebene Approximation der Semantik von *geben* drückt den Prädikatscharakter von *geben* jedoch nicht aus. Um die Valenz dieses Verbs sichtbar zu machen, wird der Lambda-Operator und das Verfahren der Lambda-Abstraktion benötigt:

(28) (i) Wenn x eine Variable der Kategorie ß und Y ein Ausdruck der Kategorie α ist (der x als freie Variable enthält), dann ist λxY ein Ausdruck der Kategorie α/ß. (λ-Abstraktion)

(ii) Der Lambda-Operator λx bindet jede in Y vorkommende Variable x. (λ-Bindung)

(iii) Belegung λ-gebundener Variablen durch Argumente erfolgt mittels λ-Konversion:
λx [...x...x...] a ⟷ [...a...a...], wobei a von derselben Kategorie sein muß wie x. (λ-Konversion)

λ-Abstraktion überführt eine offene Formel in ein einstelliges Prädikat. Dabei bindet der Operator λx jedes Auftreten der Variablen x in seinem Skopusbereich. λ-Konversion bewirkt, daß jedes Auftreten der Variablen x, die von dem λ-Operator gebunden wird, durch das Argument des Ausdrucks ersetzt wird.

λ selbst ist ein Basisausdruck der Kategorie α/ß/α/ß, wobei ß die Kategorie der Variablen ist, die gebunden wird, während α die Kategorie des Ausdrucks ist, über den der Operator Skopus hat, d.h. λ ist synkategorematisch definiert. Unter dieser Definition bewirkt λ-Abstraktion gerade, daß die Kategorie des aus λ-Abstraktion resultierenden Ausdrucks die von dem λ-Operator gebundene Variable als fehlendes Argument aufweist.

λ-Abstraktion ist iterativ anwendbar. Damit ergibt sich je nach Art und Anzahl der in einem Ausdruck auftretenden Variablen eine Sequenz von λ-Operatoren, die als das Θ-Raster dieses Ausdrucks interpretiert werden kann. Die inhaltliche Füllung der Argumente ergibt sich aus der Interpretation der Teilprädikate, von denen die jeweiligen Variablen Argumente

---

[3] Um eine Proposition als Ereignis zu instantiieren, wird das folgende zweistellige Prädikat verwendet:

x inst p , wobei x ϵ E und p eine Proposition.

" _inst p " ist ein Ausdruck, der eine Proposition in ein einstelliges Prädikat über Situationen und Ereignissen überführt, wobei E die konzeptuell verankerte Menge möglicher Ereignisse ist. (s. Bierwisch 1986).

sind. Insbesondere erhalten Θ-Rollen ihre inhaltliche Bestimmung in der semantischen Form der jeweiligen Lexeme. Zur Anpassung an die gängige Terminologie der generativen Grammatik kann der Begriff Θ-*Rolle* mit einem λ-Operator identifiziert werden.

6.2.2. Das Θ-Raster

Die Hierarchie der λ-Operatoren bildet das Θ-Raster lexikalischer Einheiten. Die Elemente des Θ-Rasters sind typenabhängig durch syntaktische Argumente zu belegen bzw. in anderer Weise zu vergeben. Die Belegung durch syntaktische Argumente stellt gewissermaßen den Standardfall dar, der durch das Θ-Kriterium abgedeckt wird.

Wir erörtern daher im folgenden die Struktur des Θ-Rasters, die verschiedenen Typen von Θ-Rollen sowie deren Vergabe-Prinzipien (s. Higginbotham 1985, Bierwisch (1986), Haider 1985). Die Positionen im Θ-Raster unterscheiden sich hinsichtlich ihres Status als Argumente und ihrer syntaktischen Realisierung. Für alle lexikalischen Kategorien ist λx_1 die externe Θ-Rolle, für die Kategorie V ist λx_0 die referentielle Θ-Rolle, für die Kategorie N ist λx_1 zugleich externe wie referentielle Rolle, für P und A ist x_1 das externe Argument. Daraus ergibt sich das allgemeine Schema des Θ-Rasters (s. Bierwisch 1986):

(29) $X^0 = V$: $\lambda x_n \ \lambda x_{n-1} \ldots \mid \lambda x_1 \qquad \lambda x_0$
$X^0 \neq V$: $\lambda x_n \ \lambda x_{n-1} \ldots \mid \lambda x_1$

Komplemente externes/referentielles Argument

Die hierarchische Struktur des Θ-Rasters reflektiert damit die Hierarchie der syntaktischen D-Struktur. Für die Projektion von Komplementen spezifiziert die X-bar-Theorie und der Rektionsrichtungsparameter der jeweiligen Kopfkategorie die Linearisierung von Kopf und Komplementen, während das Θ-Raster die Hierarchie festlegt. Damit ist insbesondere die D-strukturelle Abfolge der Mittelfeldargumente (SU IO DO) festgelegt (s. Lenerz (1977), Höhle 1982)[4].

Die Realisierung interner Argumente kann optional sein. Für die Kategorien N und A sind alle internen Argumente optional.

---

[4] Die inverse Abfolge dieser Satzglieder bei pronominaler Realisierung wird damit allerdings nicht erfaßt. Lenerz (1991) hat darauf hingewiesen, daß nur Pronomina in der sog. Wackernagelposition referentiell gebunden werden können, während sie in ihrer Basisposition nur deiktisch verwendbar sind. Lenerz (1991) führt dies auf eine zur VP-Basisstruktur inverse Sequenz funktionaler Projektionen zurück, die wesentlich aufgrund der referentiellen Eigenschaften der Pronomina in der Wackernagelposition motiviert ist und von den in Pollock (1989) und Chomsky (1989) erweiterten Systemen funktionaler Projektionen Gebrauch macht.

(30) (i) Tyson ist [$_{AP}$ jedem Gegner überlegen]
(ii) Tyson ist [$_{AP}$ ϕ überlegen]
(iii) [$_{NP}$ Cauchys Beweis des Integralsatzes] ist von fundamentaler Bedeutung
(iv) [$_{NP}$ Der Beweis] ist von fundamentaler Bedeutung

Referentielle und externe Argumente sind nie optional (s. Bierwisch 1986). Für die Kategorien V und P ist Optionalität nicht generell möglich, sondern eine lexikalisch zu spezifizierende Eigenschaft, wie etwa bei fakultativ transitiven Verben:

(31) (i) Peter liest einen Roman.
(ii) Peter liest.

aber nicht bei anderen:

(32) (i) Maria bevorzugt eine Schiffsreise.
(ii) *Maria bevorzugt.

Θ-Rollen sind daher durch drei Merkmale mit binären Werten zu spezifizieren:

(33) (i) referentiell: [+ —]
(ii) intern: [+ —]
(iii) optional: [+ —]

Basierend auf diesen Unterscheidungen wollen wir nun die Prinzipien erörtern, nach denen die jeweiligen Θ-Rollen vergeben werden und welche semantische Interpretation mit diesen Prozessen simultan einhergeht.

6.2.3. Die Vergabe von Θ-Rollen

6.2.3.1. Θ-Markierung

Θ-Markierung kann direkt und indirekt vollzogen werden. In einer Komplementationsstruktur markiert ein Kopf X^0 sein Komplement K direkt, wenn X^0 und K Schwestern sind. Indirekte Θ-Markierung findet an externe Argumente statt, wenn das externe Argument Schwester der maximalen Projektion des Kopfes ist. Diese Art der Markierung dient der Zuweisung einer Θ-Rolle ans Subjekt (s. Chomsky 1981:37). Insbesondere regelt sie die Zuweisung einer Θ-Rolle von VP an das Subjekt von S. Der syntaktischen Θ-Markierung entspricht der semantische Prozeß der λ-Konversion:

(34) (i) Der Bär tanzt.

(ii) $\lambda x\ \lambda e$ [e INST [x TANZ]] [DEF BÄR]

λ-Konversion: λe [e INST [DEF BÄR TANZ]]

Dabei wird das jeweilige syntaktische Argument aufgrund seiner Kasusmarkierung mit der semantischen Struktur einer anderen Projektion kombiniert. Der syntaktische Prozeß bezieht sich dabei nur auf die Kasusmarkierung, während die Vergabe der Θ-Rolle als semantischer Reflex dieses syntaktischen Linking-Prozesses aufzufassen ist.

6.2.3.2. Θ-Unifikation

Eine weitere Form der Θ-Rollen-Vergabe ist Θ-Unifikation, das semantische Pendant zur modifikationellen Adjunktion.

(35) Der Junge sah den Hund auf dem Berg.

Die PP *auf dem Berg* besitzt drei mögliche Adjunktionspositionen, die den folgenden Interpretationen entsprechen:

(36) (i) Der Junge sah [den Hund auf dem Berg]
(ii) Der Junge [sah auf dem Berg] den Hund
(iii) ?[Der Junge auf dem Berg] sah den Hund

Die Beziehung zwischen einem Modifikanten und einem Modifikator wird derart hergestellt, daß die externe Θ-Rolle des Modifikators vergeben wird, während die Rolle des Modifikanten erhalten bleibt. Die Vergabe einer Θ-Rolle unter Modifikation führt zur Adjunktions-Konfiguration. Eine analoge Situation findet sich bei Prädikationen mit Präpositional- oder Adjektivphrasen.

(37) (i) $[_{NP}$ Der Kellner$]^1$ $[_{VP}$ serviert $[_{NP}$ die Suppe$]^2]^3$ ...

... [Θ_1 mit freundlicher Miene]
... [Θ_2 mit Nudeln]
... [Θ_3 mit Eleganz]

(ii) [$_{NP}$ Der Schmied][1] [$_{VP}$ hämmert [$_{NP}$ das Eisen][2]][3] ...

... [Θ_1 vergnügt]
... [Θ_2 flach]
... [Θ_3 heftig]

In allen Fällen Θ-markiert das Adjektiv jeweils ein Argument, das bereits Θ-markiert ist. Für diese Konstruktionen ist eine *small clause*-Analyse vorgeschlagen worden (s. Chomsky 1981:105ff, Williams 1983), die für (37) eine Struktur ansetzt wie:

(38) Der Kellner [$_{VP}$ serviert die Suppe$_i$] [$_{S'}$ e$_i$ kalt]

Die leere Kategorie e kann, da sie keinen Kasus hat, nur *PRO* oder *trace* sein. Da PRO nicht regiert sein darf, andererseits sowohl die NP *der Kellner* als auch die NP *die Suppe* in Θ-markierten Argumentpositionen stehen, muß *e PRO* und kann nicht *trace* sein, da kein zulässiges Antezedens auftritt. In (38) wird *PRO* von der NP *die Suppe* kontrolliert, während es in:

(39) Der Kellner$_j$ [$_{VP}$ serviert die Suppe] [$_S$ PRO$_j$ nackt]

in der gleichen Konfiguration mit gleichem lexikalischen Material von der NP *der Kellner* kontrolliert wird, so daß die Adjektive *kalt/nackt/flach/usw.*, und nicht etwa ein Matrixelement für die Kontrolleigenschaften von PRO verantwortlich sind. Das führt natürlich zu der Frage, welche Eigenschaften die Adjektive aufweisen, um die Kontrollsteuerung vornehmen zu können. Offensichtlich sind dies aber rein semantisch/konzeptuell zu begründende Faktoren, die syntaktisch nicht bestimmbar sind, so daß zwar grammatisch festgelegt ist, daß an dieser Position Adjunkte eines gewissen Typs auftreten können, aber nicht, welcher Art die Kontrollbeziehung ist. Die Wahl der externen Argumente der in Frage stehenden Adjektive bzw. Präpositionen ((37)(ii) bzw. (37)(i)) ist somit semantisch/konzeptuell festzulegen, so daß die Einbindung von Adjunkten nur unter Zugriff auf weitere Kenntnissysteme vorzunehmen ist. Darüber hinaus stellt sich die Frage, aufgrund welcher Merkmale die Adjektive im Sinne der X-bar-Theorie überhaupt S'-Phrasen projizieren können und in anderen Kontexten -etwa *Ihm ist kalt*- nicht. Offensichtlich kann eine kategoriale Festlegung dieser Konstruktionen X-bar-theoretisch nicht ohne zusätzliche Annahmen über verschiedene abstrakte Kategorien und deren Projektionen legitimiert werden. Unter X-bar-Bedingungen ist eine *small-clause*-Analyse daher nicht haltbar.

Wesentlich näherliegend ist die in Williams (1980, 1983) vorgeschlagene Prädikationsanalyse. Die Identifikation der Begriffe *Subjekt* und *externes Argument*, führt dazu, diese Argumentstelle dadurch zu charakterisieren, daß sie außerhalb der Projektion des jeweiligen Kopfes zu realisieren ist. Die damit verbundenen Fragen semantischen Linkings von Adjunkten wollen wir hier aber nicht weiter verfolgen. Gleichwohl fallen diese aber unter das gleiche generelle Linking-Konzept wie andere Phrasen auch, wenn auch die Linking-Bedingungen aus nicht-grammatischer Kenntnis zu beziehen ist. Was benötigt wird, ist also ein Mechanismus, der erlaubt, Argumente mehrfach in semantische Beziehungen einzubinden. Dies leistet Θ-Unifikation durch Absorption der externen Rolle des Modifikators und deren Unifikation mit der zugehörigen Variablen des Modifikanten:

(40) λx [... x ...] λy [... y ...]

Θ-Unifikation: λx [[... x ...] : [... x ...]]

Für eine Adjunktionsstruktur wie *Baum im Garten* ergibt sich somit folgende Ableitung:

(41) (i) [BAUM] [Θ_i IM GARTEN]

(ii) λx [BAUM x] λy [y LOC [INT GARTEN]]

→ λx [[BAUM x] : [x LOC [INT GARTEN]]]

Der Funktor ':' entspricht logischer Konjunktion, unter der Zusatzbedingung, daß in beiden Konjunkten eine gemeinsame Variable auftritt. Der Vergabeprozeß und die Bestimmung des zu modifizierenden Arguments, hängt von der Art des Kasus ab, den das zu modifizierende Element aufweist. Dieser Kasus muß strukturell zugewiesen werden. Argumente, die lexikalisch kasusmarkiert sind, können nicht sekundär prädiziert werden:

(42) (i) *Der Hofnarr gibt [dem König]$_i$ die Krone [Θ_i nackt]
(ii) *0815 gehorcht [dem General]$_i$ [Θ_i blind]

Neben dieser grammatischen Restriktion spielen aber die semantisch/konzeptuellen Bedingungen eine Rolle bei der Identifikation der möglichen Modifikanten, die wir hier nicht weiter erörtern wollen.

6.2.3.3. Θ-Bindung

Θ-Bindung spezifiziert die Beziehung zwischen einer funktionalen Kategorie und einer referentiellen Θ-Rolle. Da nur Verben und Nomina referentielle Rollen besitzen, sind auch nur diese referentiell verwendbar. Die funktionalen Kategorien C^0 und D^0 binden jeweils die referentiellen Rollen von Verben und Nomina. Dabei wird der Referenzindex der funktionalen Kategorie auf die zu bindende Kategorie übertragen:

(43) λY [... Y x ...] λz [... z ...]

λ-Konversion: [... λz [... z ...] x ...]

Θ-Bindung: [... [... x ...] ...]

Den funktionalen Kategorien ist daher ein SF-Muster der folgenden Art zuzuweisen.

(44) (i) /der/ λY [DEF Y x]
(ii) /daß/ λY [DAß Y x]

Williams (1980) zufolge besitzen Nomina ein referentielles Argument. Dieses Argument wird je nach Art der Referenzfestlegung durch ein D^0-Element gebunden. In λ-Notation läßt sich der Referenzindex, der vom D^0-Element auf das Nomen übertragen wird, als Variable notieren, die mittels Θ-Bindung vergeben wird. Daraus ergibt sich etwa im Falle des Nomens */Hund/ λx [HUND x]* unter Θ-Bindung folgende Form:

(45) /der Hund/ λY [DEF Y z] λx [HUND x]

λ-Konversion: [DEF λx [HUND x] z]

Θ-Bindung: [DEF [HUND z]]

Der referentielle Index (hier als Variable z repräsentiert) wird dabei auf das referentielle Argument des Nomens übertragen. Referentielle Bindung findet in DPs dabei offensichtlich unter Genus/Numerus-Kongruenz statt, wie bei allen anderen Arten pronominaler Bindung auch:

(46) (i) Der $Mann_i$ übergab der $Frau_j$ das $Kind_k$, der_i/die_j/das_k gestern kam.
(ii) Der $Mann_i$ sah die $Frau_j$, die $sein_i$/ihr_j Kind abholte.
(iii) Der $Vater_k$/die $Mutter_l$ behauptet, daß der Opa_i/die Oma_j schneller läuft als er_{ik}/sie_{jl} denkt.
(iv) Die $Frau_i$ kam gestern. Der Mann gab ihr_i ihr_i Kind.

In (46)(i) bindet das Relativpronomen des ausgeklammerten Relativsatzes abhängig von Genus/Numerus-Markierung die jeweiligen referentiellen Argumente der Bezugsnomina. Der gleiche Fall liegt für Possessivpronomina in (46)(ii) vor. (46)(iii) zeigt dies für Personalpronomina und (46)(iv) für kontextuelle Bindung. Die Bindung der referentiellen Rolle von Verben und die damit verbundenen Fragen der temporalen Situierung von Ereignissen und Einstellungen werden in Kapitel 8 erörtert.

Aus der Hierarchie der Θ-Rollen ist nun die Hierarchie des syntaktischen Komplementbereichs bis auf die Kopfposition in der D-Struktur festgelegt. Für den Parser bedeutet dies, daß er durch die Projektion der Argumentstruktur abhängig vom Richtungsparameter die syntaktische Konfiguration aus dem Lexikon projizieren kann.

6.3. Die Struktur lexikalischer Einheiten

Unter dieser Perspektive erhalten die traditionell unterschiedenen Θ-Rollen (s. etwa Chomsky 1986a:93ff) eine neue Interpretation. Sie sind nun nicht mehr als syntaktisch primitive Einheiten aufzufassen, sondern sie ergeben sich aus den in der semantischen Form auftretenden Teilprädikaten. Insbesondere spielen Begriffe wie *Agens, Patiens, Thema, Source, Goal, Experiencer usw.* für den syntaktischen Prozeß keine Rolle[5], sondern sind ein Reflex der semantischen Interpretation. Die aufgrund des Θ-Kriteriums anzunehmende Verschiedenheit dieser Rollen spezifiziert damit Bedingungen über die Komposition von SF-Prädikaten und deren Argumenten. Sie besitzen für den syntaktischen Prozeß keine Relevanz. Insofern tragen Versuche neuerer Linkingtheorien, Wortstellungsphänomene aus den wesentlich semantisch motivierten Notationen wie *Agens, Patiens, Goal usw.* zu erklären, nichts zu den prozeßsteuernden Informationen, die ein Parser benötigt, bei. Die etwa in Kiparsky (1989:2) angenommene Rollen-Hierarchie:

(47) Agent < Goal < Instrument < Theme < Locative < Verb > > > > >

macht lediglich Aussagen über die Kombinatorik von SF-Prädikaten, aus der dann unterschiedliche Hierarchien von λ-Operatoren abgeleitet werden können. Diese Hierarchien sind aus der jeweiligen SF über die Rangverteilung determiniert, und daraus sind erst die Wortstellungsvarianten ableitbar. Die Θ-Rollen-Hierarchie von Kiparsky dagegen stellt eine empirische Generalisierung dar, die stipuliert ist.

Für den syntaktischen Prozessor bilden daher nur die syntaktisch zu interpretierenden Merkmals-Wert-Zuordnungen das relevante Vokabular, so daß Θ-Rollen im traditionellen Sinne für die syntaktische Analyse nicht herangezogen werden.

6.3.1. Morphologische Merkmale in der Argumentstruktur

Die Struktur des Θ-Rasters legt zwar Komplementpositionen fest, doch sind die Kategorie und die morphosyntaktische Realisierung dieser Argumente, die z.T. idiosynkratisch festgelegt werden muß, nicht spezifiziert. Die einzelnen Θ-Rollen müssen daher um eine Kompo-

---

[5] Siehe dazu jedoch Pritchetts (1988) Parsingmodell, das aus eben diesen Gründen nicht funktionieren kann.

nente, die diese Merkmale enthält, erweitert werden. Diese erweiterte Struktur, d.h. Θ-Rollen mit syntaktisch motivierten Merkmalen, bildet die Argumentstruktur. Die Elemente der Argumentstruktur sind als Positionen im Θ-Raster aufzufassen, die jeweils ein Paar (λx_i, F_i), bestehend aus einer Θ-Rolle und einer Menge syntaktischer Merkmale, bilden. Das Θ-Raster selbst ist die hierarchisch geordnete Sequenz der λ-Operatoren. Sie kann aufgefaßt werden als die Schnittstelle zwischen syntaktischer und semantischer Struktur. Im folgenden werden wir die Linking-Merkmale *Kasus, wh* und *Status* betrachten[6].

6.3.1.1. Kasustheorie und Kasusmerkmale

Die Kasusspezifikation von NP-Argumenten[7] ist wesentlich bestimmt von den Zuweisungseigenschaften der lexikalischen und funktionalen Kategorien. Nominativzuweisung findet dabei stets durch AGR statt; Genitivzuweisung ist für einige Verben und Präpositionen lexikalisch markiert; innerhalb der DP geschieht sie strukturell. Akkusativ und Dativ werden von Verben, Adjektiven und Präpositionen regiert.

Zwei Arten von Kasus sind zu unterscheiden: abstrakter vs. morphologischer Kasus (s. Haider 1985). *Abstrakter* Kasus bezeichnet dabei eine Position in einer syntaktischen Konfiguration, während sich *morphologischer* Kasus auf die Realisierung von Flexionsmorphemen an DPn bezieht. Beide Arten von Kasus sind für die Argument-Anbindung relevant. Während abstrakter Kasus in der Argumentstruktur markiert ist und damit an gewisse Positionen projiziert wird, dient morphologischer Kasus an den DPn selbst der Zuordnung eines Arguments an eine syntaktische Position[8]. Die Erkennung und Zuordnung

---

6 Zu weiteren in der Argumentstruktur anzusetzenden Merkmalen und Spezifikationen wie etwa [α Dir] zur Unterscheidung direktionaler vs. lokaler Präpositionen und der Spezifikation uneigentlicher Argumente siehe Bierwisch (1989, 1991).

7 Ich diskutiere hier nicht die mit freien Dativen und adverbialem Kasus verbundenen Probleme wie in:

(i) Peter raucht mir zu viel
(ii) Sie wanderten den ganzen Tag

(s. Wegener 1991, Czepluch 1988 zur Diskussion und zu weiteren Daten).

8 Dies scheint zumindest für Sprachen mit reicher Flexion zu gelten. Das Englische identifiziert Argumente über eine durch Adjazenz spezifizierte positionale Unterscheidung.
Siehe etwa *dative shift*:
(i) John gave Mary a book
(ii) John gave a book to Mary
(iii) *John gave a book Mary

der Argumente an die in SF auftretenden Variablen wird damit durch Identifikation der syntaktischen Merkmale realisiert. Die Prinzipien der Kasuszuweisung sind dabei festgelegt wie folgt (s. Chomsky 1981:170):

(48) (i) NP is nominative if governed by AGR
(ii) NP is objective if governed by V with the subcategorization feature: _ NP (i.e., transitive)
(iii) NP is oblique if governed by P
(iv) NP is genitive in $[_{NP}$ _ X']
(v) NP is inherently case-marked as determined by properties of its [-N] governor

(48)(i) bis (48)(iv) spezifizieren die Standardfälle der Kasuszuweisung, während (48)(v) ideosynkratische Fälle erfaßt.

Im finiten Fall ist das Subjekt Nominativ-markiert, das direkte Objekt ist im Standardfall als *Objektiv* zu markieren,

(49) weil der Junge den Hund streichelt

während es bei *helfen, gehorchen, gedenken usw.* inhärent zu spezifizieren ist, d.h. lexikalisch markiert werden muß.

(50) (i) weil der Junge dem Hund hilft.
(ii) weil der Rekrut dem General gehorcht.

Lexikalische Kasus alternieren nicht im Passiv.

(51) (i) weil dem Hund geholfen wird.
(ii) weil der Verstorbenen gedacht wird.

Der oblique Kasus des indirekten Objekts bei bitransitiven Verben weist den Standardfall auf, ist jedoch lexikalisch zu markieren, da auch dieser Kasus im Passiv nicht alterniert. Dies führt zu der Unterscheidung *lexikalischer vs. struktureller* Kasus (s. Haider 1985). Während die strukturellen Kasus (Nominativ und Akkusativ) beim Passiv alternieren, gilt dies nicht für die lexikalischen Kasus. Präpositionen regieren im Standardfall obliquen Kasus:

(52) Er steht auf dem Dach.

während Objektiv-Kasus bei [+ direktional] zu interpretierenden Präpositionen inhärent zu markieren ist:

(53) Er geht in die Schule.

ebenso wie der von einigen Präpositionen regierte Genitiv:

(54) wegen/trotz des schlechten Wetters

Adjektive regieren im Standardfall obliquen Kasus und sind für Genitivrektion zu markieren:

(55) (i) dem König treu
(ii) dieser Sache sicher

Ein- bis mehrstellige Verben weisen in ihrer Argumentstruktur -neben der referentiellen Ereignisrolle- eine Argumentstelle auf, die die zweite Position im Θ-Raster einnimmt.

(56) /schlaf/: λx λe [e INST [x SCHLAF]]

Bei finiter Realisierung wird die Nominativ-NP in SpAGR realisiert und bleibt in der Argumentstruktur ohne spezifische Kasusmarkierung, da diese ableitbar ist. Analog zur Kasuszuweisung in syntaktischen Konfigurationen läßt sich (48) auf die anderen Positionen in der Argumentstruktur übertragen. Aus der Argumentstruktur werden somit die Kasuspositionen in der syntaktischen Struktur gekennzeichnet, zugleich müssen diese Merkmale aber auch an den kasustragenden Phrasen selbst auftreten, um für Linking-Prozesse sichtbar zu sein.

(57)

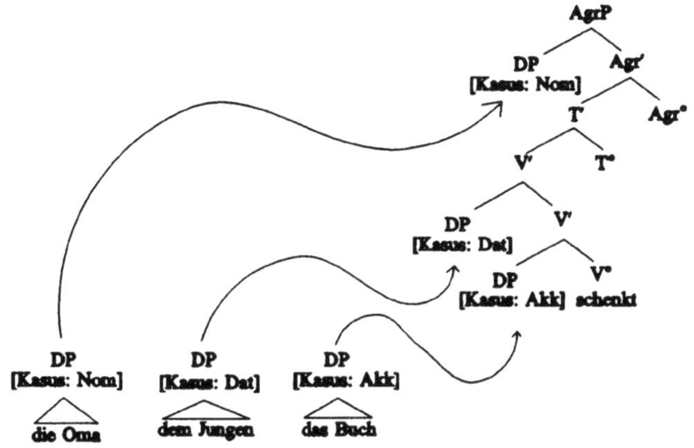

Die Pfeilinien illustrieren, an welche Positionen die kasusmarkierten DPs integriert werden.

Das externe Argument von Verben kann unterschiedlich realisiert werden, abhängig davon, ob der entsprechende λ-Operator eine Variable bindet oder nicht. Im Falle nullstelliger Wetter-Verben wie *schneien, regnen, donnern usw.* wird durch den λ-Operator eine Argumentstelle eröffnet, die semantisch nicht interpretiert wird. In dem Ausdruck:

(58) /schnei/ λx λe [e INST [SCHNEI]]
[+Expl]

bindet der Operator λx keine Variable, eröffnet aber eine Argumentstelle, die mit expletivem *es* besetzt werden muß. Eine ähnliche Situation liegt im Falle expletiver Objekte bei reflexiven Verben wie *schämen, freuen usw.* vor[9].

(59) /freu/ λy λx λe [e INST [FREU x]]
[+refl]

(58) und (59) werden durch die folgenden Bedingungen über Θ-Rastern erfaßt (s. Bierwisch 1991:5):

(60) If in the AS ...λx_1 is an improper Θ-role, then
- (i) [+refl] is assigned to the next lower Θ-role without inherent grammatical features;
- (ii) if there is no Θ-role that meets (60)(i), then [+Expl] is assigned to λx_1.

Reflexive Verben unterliegen dabei der Bedingung (60)(i), die Wetterverben hingegen unterliegen der Bedingung (60)(ii). Unter diesen Annahmen kann der Komplementbereich der syntaktischen Repräsentation (im Sinne der X-bar-Theorie) aus der Struktur des Θ-Rasters und der Rektionsrichtung vollständig aufgebaut werden. Neben den Kasusmerkmalen für DPn sind in der Argumentstruktur auch Merkmale für sententiale Komplemente zu notieren.

6.3.1.2. wh-Merkmale

Die Eigenschaften sententialer Argumenttypen werden meist über die Spezifikation des Merkmals [± wh] vorgenommen (s. etwa v. Stechow & Sternefeld 1988:385). Fürs Deutsche ergeben sich dabei die folgenden Verteilungen dieses Merkmals:

---

9 Uneigentliche Θ-Rollen sind in SF durch λ-Operatoren repräsentiert, die keine Variable binden. (s. Bierwisch 1991).

(61) (i) [+ wh]:
a. Peter fragt, ob Maria küssen darf?
b. Peter fragt, wen er küssen darf?
c. *Peter fragt, daß er Maria geküßt hat?

(ii) [- wh]:
a. Peter behauptet, daß er Maria geküßt hat.
b. *Peter behauptet, ob er Maria geküßt hat.
c. *Peter behauptet, wen er geküßt hat.

(iii) [± wh]:
a. Peter weiß, daß er Maria geküßt hat.
b. Peter weiß, ob er Maria geküßt hat.
c. Peter weiß, wen er geküßt hat.

Die Distribution von *ob* und w-Phrase einerseits und *daß* andererseits wird vom Matrixverb festgelegt. (61)(i)a bis (61)(i)c zeigen, daß das Verb *fragen* ein Argument selegiert, das für das Merkmal [+wh] spezifiziert sein muß. *Behaupten* in (61)(ii)a bis (61)(ii)c spezifiziert dieses Argument als [-wh], während das propositionale Argument von *wissen* beide Merkmale erlaubt. Obwohl die Datenlage weitaus komplexer ist und durch die einfache Selektionsmarkierung [±wh] nicht adäquat erfaßt werden kann, wollen wir diese Notation hier als erste Approximation verwenden, erörtern diesen Punkt aber Kapitel 8 ausführlich.

Das wh-Merkmal wird durch das C^0-Element oder die vorangestellte w-Phrase in der SpC-Position geliefert (s. Chomsky 1981, Grewendorf 1988, aber auch Reis & Rosengren 1988). Für die syntaktische Strukturbildung ergeben sich damit die folgenden Konfigurationen am Beispiel [+wh]-markierter Komplementsätze:

(62)

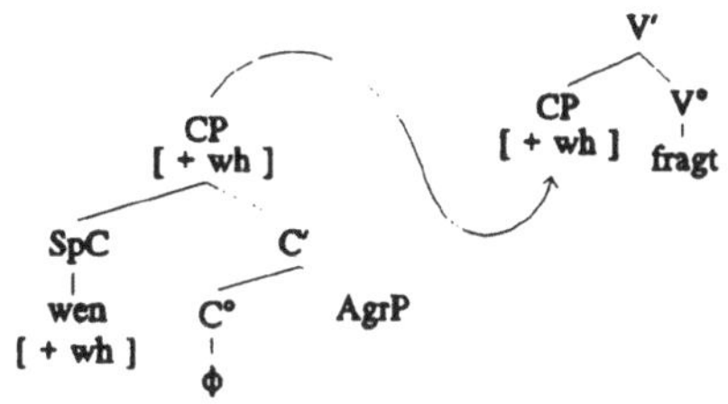

(63)

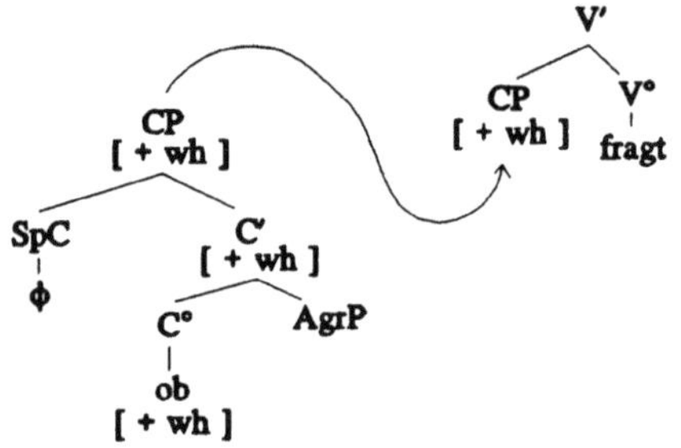

Die Pfeillinien deuten an, welche Positionen jeweils aufeinander zu beziehen sind. Verwendet man diese Notation, so sind die satzeinleitenden Elemente bezüglich der [±wh]-Spezifikation zuzuordnen wie in:

(64) (i) ob → [+ wh]
(ii) daß → [— wh]
(iii) w-Phrase → [+ wh]

Die Selektion der derart satztypspezifizierten Argumente ist nun in die Argumentstruktur der jeweiligen Matrixverben wie folgt zu integrieren:

(65) (i) /frag/ λv λy λx λe[e INST [x FRAG y v]]
[+wh]

(ii) /behaupt/ λv λx λe[e INST [x BEHAUPT v]]
[-wh]

(iii) /wiss/ λv λx λe[e INST [x WISS v]]
[± wh]

Andererseits sind für *behaupten* und *wissen* Infinitivkomplemente möglich, für *fragen* jedoch nicht:

(66) (i) Ich behaupte [PRO ihn zu kennen]
(ii) Ich weiß [PRO ihn zu nehmen]
(iii) *Ich frage [PRO zu kommen]

wissen und *fragen* erlauben aber auch NP- und PP-Komplemente, während dies für *behaupten* nicht möglich ist:

(67) (i) Peter weiß die Antwort.
(ii) Maria fragt nach dem Weg.
(iii) *Albert behauptet das Theorem.

Diese Variantenbildung kann auf verschiedene Weisen erfaßt werden. So ließen sich etwa verschiedene Lexikoneinträge für die jeweiligen Verben annehmen, die hinsichtlich ihrer AS unterschiedlich spezifiziert sind. Diese Vorgehensweise erfaßt das Phänomen lexikalischer Variation nicht, da die Gemeinsamkeiten dieser Lexeme nicht ausgedrückt werden. Eine andere Möglichkeit besteht darin, die in Frage stehenden Lexeme multipel zu subkategorisieren, d.h., in die AS alle Varianten aufzunehmen. Damit bleibt jedoch der Bezug zwischen Elementen von AS und den zugehörigen Variablen in SF ungeklärt.
Eine dritte Art der Behandlung besteht darin, die Variation zunächst deskriptiv zu erfassen und diese sodann auf eine einheitliche lexikalische Repräsentation zurückzuführen, aus der sich die Variantenbildung kontextabhängig ableiten läßt. Dabei ist entscheidend, ob und daß die verschiedenen Varianten unifiziert werden können. Den letzteren Weg verfolgt die lexikalische Semantik (s. etwa Bierwisch 1986). Wir werden dieser Sichtweise im weiteren folgen, können jedoch nur gelegentlich auf die Unifikation der unterschiedlichen Varianten eingehen. Gleichwohl liegt darin aber ein Hauptgrund für das Auftreten von Ambiguitäten. Deren Auflösung basiert dann darauf, daß abhängig vom umgebenden lexikalischen Material entschieden werden, welche Variante zu wählen ist.

Zusammenfassend erhalten wir nun, daß der über die syntaktischen Merkmale gesteuerte Integrationsprozeß der Argumente auf der Identifikation der im Θ-Raster spezifizierten Merkmale F_i mit den morphosyntaktischen Merkmalen an der maximalen Projektion des syntaktischen Arguments basiert. Damit kann die Berechnung der syntaktischen Struktur zeitlich simultan zur Berechnung der semantischen Struktur vorgenommen werden, so daß über die syntaktisch induzierten Linkingprozesse die semantische Repräsentation durch λ-Operationen direkt mit aufgebaut werden kann.

Gegenüber der [± wh]-Spezifikation finiter Komplemente sind infinite Komplemente in der Argumentstruktur durch ein Status-Merkmal zu markieren.

6.3.1.3 Status-Merkmale

Die infinite Verbalmorphologie im Deutschen weist die flexionalen Merkmale *Modus*, *Fin* und *Agr* nicht auf. Daneben zeigt sie jedoch Abhängigkeitsverhältnisse zwischen finiten und infiniten Verben einerseits und infiniten und anderen infiniten Verben andererseits, die analog zu den Rektionsverhältnissen zwischen Verben und kasustragenden Elementen erfaßt werden können. Das dem *Kasus* entsprechende Merkmal ist der *Status* (s. Bech 1955/57, zit.

nach 1983²:15). Bech (a.a.O.) hat eine umfassende Analyse deutscher Infinitivkonstruktionen vorgelegt, derzufolge die Eigenschaften der infiniten Verbalformen durch eine zweidimensionale Matrix dargestellt werden können, die zwei Stufen und drei Status unterscheidet (s. Bech a.a.O.:12):

(68)

	1. Stufe Supinum	2. Stufe Partizip
1. Status	lieben	liebend(-er)
2. Status	zu lieben	zu liebend(-er)
3. Status	geliebt	geliebt(-er)

Der Unterschied hinsichtlich der beiden Stufen liegt in der möglichen Nominalflexion der Partizipien, die bei den Supina nicht auftreten und den Rektions- und Kongruenzphänomenen, die bei den Supina, nicht aber bei den Partizipien auftreten. Das Verhältnis zwischen Supinum (1. Stufe) und übergeordnetem Verb ist als Rektionsverhältnis aufzufassen, während dies für die Partizipien (2. Stufe) nicht gilt (s. Bech a.a.O.:13).

(69) (i) 1. Stufe:
a. 1. Status: weil Maria *kommen* will
b. 2. Status: weil Maria *zu kommen* beabsichtigt
c. 3. Status: weil Maria *gekommen* ist

(ii) 2. Stufe:
a. 1. Status: ein *beißender* Wolf
b. 2. Status: ein *zu beißender* Wolf
c. 3. Status: ein *gebissener* Wolf

Die Verbalformen der 2. Stufe weisen die gleichen Flexionsmerkmale auf wie attributiv verwendete Adjektive und sind hinsichtlich ihrer lexikalischen Spezifikation entsprechend zu repräsentieren.

Die Status der 1. Stufe werden durch die jeweils übergeordneten Verben regiert. Sie haben daher einen systematischen Stellenwert in deren Argumentstruktur. Aufgrund des Fehlens morphosyntaktischer Markierungen wollen wir annehmen, daß die Projektion infiniter Verben die Maximalhöhe V' hat. Verschiedentlich (etwa von Stechow & Sternefeld 1988) ist dafür argumentiert worden, zumindest die inkohärent konstruierten Kontroll-Infinitive kategorial von kohärent konstruierten zu unterscheiden, da erstere u.a. Extraposition analog zu finiten CPs obligatorisch fordern. Dieser Analyse werden wir jedoch nicht folgen, da aus Sicht des Parsers keine grammatische Evidenz dafür vorliegt, daß unterschiedliche Projektionen aufgebaut werden müssen. Die Annahme einer kategorialen Unterscheidung dient wesentlich der Stützung des PRO-Theorems (s. Kiss 1991:144ff), läßt sich in dem hier vertretenen Ansatz aber nicht rechtfertigen. Die Frage, ob für infinite Verbalkomplexe eine T-Projektion anzusetzen ist, lassen wir hier offen. Wenn das Status-Merkmal für Linking-Prozesse relevant ist, so muß es bis zur obersten V'-Projektion vererbt werden, um dort zur Überprüfung zugänglich zu sein. Für eine komplexe Verbalkonstruktion wie:

(70) weil Maria dem Jungen das Buch zu geben versprechen wollen wird.

ergibt sich dann eine Sequenz von Teilprojektionen der folgenden Art:

(71)

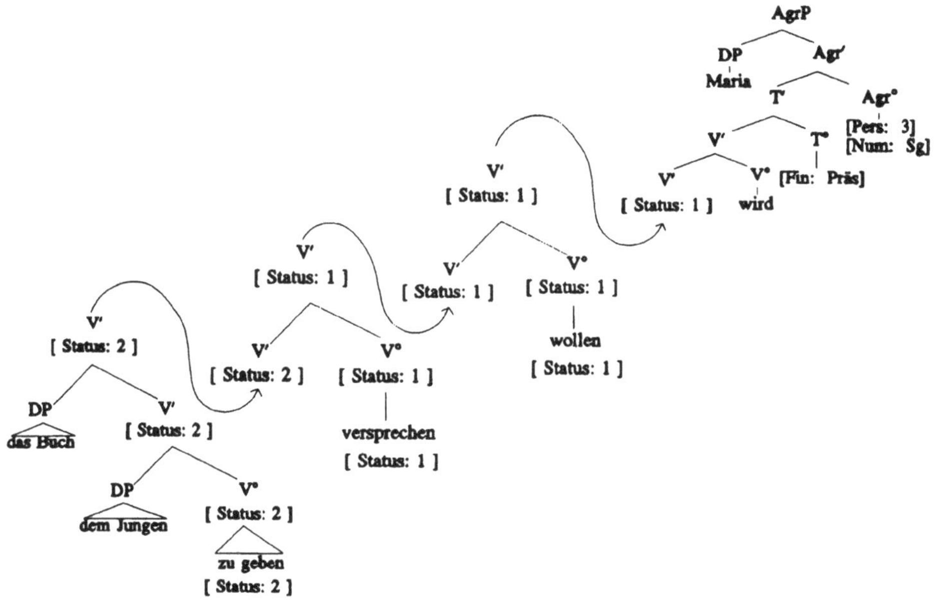

Entsprechend der Pfeillinien sind die Teilstrukturen zu einem Verbalkomplex zusammenzubinden, so daß die folgenden Spezifikationen in den Argumentstrukturen der beteiligten Verben anzusetzen sind:

(72) (i) /geb/:
$\lambda z\ \lambda y\ \lambda x\ \lambda e$ [e INST [x GEB y z]]

(ii) /versprech/:
$\lambda v\ \lambda y\ \lambda x\ \lambda e$ [e INST [x VERSPRECH y [v x e']]]
[2.St]

(iii) /will/:
λv λx λe [e INST [x WILL v x e']]
[1.St]

(iv) /werd/:
λv λe [e INST [v x e']]
[1.St]

Die jeweils internen Argumente weisen die Statusmarkierung auf, die den Typ des zu selegierenden syntaktischen Arguments spezifiziert. Wie im Falle kasustragender bzw. wh-spezifizierter maximal expandierter Phrasen auch, muß das Status-Merkmal einerseits an einer Maximalprojektion und andererseits in der projizierten Position auftreten. Eine weitergehende Analyse der Infinitkonstruktionen, die die jeweils angegebenen semantischen Formen mit erfaßt, betrachten wir in einem späteren Kapitel.

6.3.2. Weitere lexikalische Spezifikationen

Die Spezifikation lexikalischer Einheiten erfaßt die idiosynkratischen Eigenschaften dieser Elemente. Dazu gehören für jedes Lexem mindestens die folgenden (s. Bierwisch 1986):

(73) (i) phonetische Form
(ii) morphologische Charakterisierung
(iii) syntaktische Kategorisierung
(iv) Argumentstruktur (Θ-Raster mit Merkmalen)
(v) Kasusinformation
(vi) Kontrolleigenschaften (best. Verben)
(vii) semantische Form

Als abkürzende Schreibweisen sollen (73)(i) als PF(E), (73)(ii) und (73)(iii) durch GF(E), (73)(iv) und (73)(v) durch Θ-Raster(E) und (73)(vi) und (73)(vii) durch SF(E) bezeichnet werden.

PF(E) spezifiziert die phonologischen Merkmale des in Frage stehenden Lexikoneintrags (LE). GF(E) enthält Spezifikationen der syntaktischen Kategorie, die morphologischen Merkmale wie Genus, Kasus, Numerus usw.

Θ-Raster(E) ist eine Sequenz von λ-Operatoren, die jeweils eine Argumentstelle in einem syntaktischen Ausdruck repräsentieren.

SF(E) ist ein prädikatenlogischer Term der Kategorie 0.

Das folgende Beispiel zeigt den vollständigen Lexikoneintrag für *geben* (s. Bierwisch 1986).

(74) /geb/ [+V -N] λz λy λx λe [e INST [x CAUSE [BECOME [y HAVE z]]]]

PF(E) GF(E) Θ-Raster(E) SF(E)

/geb/ spezifiziert die phonologischen Eigenschaften des LE und [+V-N] seine merkmalsspezifizierte Kategorisierung. Das Θ-Raster, bestehend aus den λ-Operatoren λz, λy, λx, λe ist die hierarchisch geordnete Sequenz der Θ-Rollen. Sie ergibt sich durch iterative λ-Abstraktion. SF(E) charakterisiert die semantische Form, deren Kategorisierung zunächst vom Typ 0 ist. Durch Abstraktion der einzelnen Variablen wird der Ausdruck in die Kategorie 0/1/1/1/1 überführt.

Die Reihenfolge der einzelnen Θ-Rollen ist nicht beliebig, sondern über die Rangverteilung nach dem folgenden Prinzip eindeutig festgelegt.

(75) Rang(A) = Rang(B) + 1
gdw. A Funktor und B Argument ist.

Aufgrund der binären Verzweigung von Funktorkategorien sind die Beziehungen zwischen Funktoren und ihren Argumenten eindeutig festgelegt.

In der so spezifizierten Weise bildet das Θ-Raster eine Hierarchie, deren homomorphes Bild die syntaktische Konfiguration des Komplementbereichs lexikalischer Einheiten ist. Der internen Hierarchie der λ-Operatoren entspricht die hierarchische Anordnung in der syntaktischen D-Struktur. Die Position des Kopfes ist parameterabhängig festgelegt und damit eine unabhängige lexikalische Eigenschaft der jeweiligen Kategorien.

Die in den vorangegangenen Kapiteln erörterten Merkmale:

(76) V_{Syn} = { Kasus, wh, Status }

bilden das für AS relevante Vokabular, das für die Projektion der syntaktischen Positionen herangezogen wird. Diesen Merkmalen werden Werte zugewiesen, die die Ziele der Suchprozesse des Parsers festlegen. Die möglichen Wertbelegungen sind in der folgenden Matrix zusammengestellt:

(77)

Merkmal	Werte			
Kasus	Nom	Gen	Dat	Akk
Status	1	2	3	
wh		+	-	

Diese Merkmals-Wert-Kombinationen werden während der Projektion von Verben den Argumentpositionen zugewiesen. Andererseits treten sie bei den jeweiligen maximal projizierten Phrasen wieder auf und dienen zur Identifikation im Integrationsprozeß von Argumenten in Projektionspositionen. Das setzt voraus, daß die jeweiligen maximalen Projektionen neben den durch die X-bar-Theorie spezifizierten Merkmalen eine Merkmals-Wert-Struktur mit einer zulässigen, durch (77) angegebenen Kombinationsmöglichkeit aufweisen.

6.4. Berechnung der Argumentstruktur

Beim Zugriff auf das Lexikon werden mit der Identifikation eines Lexems zugleich dessen flexionsmorphologische Eigenschaften und auch deren Θ-Raster bekannt.

Wir betrachten zunächst, wie den Θ-Rollen ihre jeweiligen *default*-Merkmale zugewiesen werden, falls keine lexikalischen Markierungen mit den zugehörigen Rollen verbunden sind. Die jeweiligen λ-Operatoren $\lambda x_n, \ldots, \lambda x_0$ besitzen in diesem Fall zunächst leere Mengen F_i $(0 \leq i \leq n)$ von (grammatischen) Merkmalen. Das Verb *geben* weist daher im Lexikon ein Θ-Raster auf, das nur unmarkierte Rollen enthält.

(78) /geb/ $\lambda x_3\ \lambda x_2\ \lambda x_1\ \lambda x_0$ [...]

Zunächst ist für jeden λ-Operator zu bestimmen, wie die Merkmale *referentiell, extern, optional* zu spezifizieren sind. Dies geschieht durch einen Vergleich jeder Rolle mit der zugehörigen Rolle eines Standardrasters, das diese Merkmale zur Verfügung stellt. In diesem Standardraster sind die im vorangegangenen Kapitel erörterten *default*-Angaben spezifiziert. Dabei wird das Standardraster auf das Raster einer lexikalischen Kategorie abgebildet.

λx_1 in (78) erhält als externes Argument Nominativ-Kasus, λx_2 Akkusativ und λx_3 wird mit Dativ markiert. Besitzen die Rollen lexikalische Markierungen, so werden diese beibehalten und eine *default*-Zuweisung findet nicht statt. *Helfen* etwa regiert sein internes Argument $(\lambda x_2, F_2)$ im Dativ, so daß F_2 dieses Arguments aufgrund lexikalischer Spezifikation ein Merkmal (Kasus: DAT) aufweist. In diesem Fall darf keine strukturelle Akkusativzuweisung stattfinden.

Im unmarkierten Fall wird jedem Argument $(\lambda x_i, F_i)$ die zugehörige Merkmalsmenge des Standardrasters F_{Si} der beiden Merkmalsmengen F_i und F_{Si} zugewiesen, was durch eine (triviale) Merkmalsvereinigung erreicht wird:

(79) $F_i \ = \ F_i \cup F_{Si}\ (0 \leq i \leq n)$

Sind Merkmale lexikalisch markiert, so führt die Vereinigung in (79) zu falschen Zuweisungen, da etwa Kasusmerkmale bei unterschiedlicher Spezifikation mehrfach auftreten. Um dies zu verhindern, dürfen zwar die lexikalisch markierten Merkmale, nicht aber die default-Merkmale in F_i auftreten.

Nehmen wir an, die Menge der lexikalisch markierten Merkmale sei M_l und die

Menge der default-Merkmale sei M_2. Dann enthält die Differenzmenge $M_2 \setminus M_1$ genau diejenigen Merkmale, die in M_2, nicht aber in M_1 auftreten. Somit liefert die Vereinigung von M_1 mit $M_2 \setminus M_1$ die Merkmalsmenge, die genau die lexikalischen Markierungen aus M_1 und genau die default-Markierungen aus M_2, die nicht bereits in M_1 enthalten sind, aufweist.

Ist M_1 leer, so gilt trivialerweise: $M_2 = M_2 \setminus M_1$, und die Vereinigung mit M_1 ergibt M_2. Für die Zuweisung (grammatischer) Merkmale F_i an die Positionen der Argumentstruktur gilt damit:

(80) Für alle $(\lambda x_i, F_i)$ $(0 \leq i \leq n)$: $F_i = F_i \cup (F_i \setminus F_{si})$

Die derart spezifizierten Θ-Raster dienen als Eingabe des Projektionsmoduls.

Wir wollen nun, bevor wir die Linking-Konfigurationen systematisch betrachten, einen informellen Einblick in die strukturbildenden Prozesse des Parsers nehmen.

6.5. Berechnungsprinzipien und Grammatiktheorie

Es kann, wie bereits erörtert, nicht davon ausgegangen werden, daß Satzstrukturen in der von der GB-Theorie angenommenen Sequenz spezifischer Repräsentationen auf verschiedenen syntaktischen Ebenen berechnet und daß die Wohlgeformtheitsbedingungen ebenenspezifisch geprüft werden. Die Berechnung der verschiedenen Strukturen findet vielmehr zeitlich simultan statt, ohne daß die vollständige Terminalkette bekannt ist. Die charakteristischen Eigenschaften der jeweiligen Ebenen werden vom Parser jedoch in gewissem Sinne reflektiert. Dies basiert wesentlich auf der Annahme der homomorphen Beziehung zwischen lexikalischer Argumentstruktur und syntaktischer Realisierung von Argumenten.
Die D-Struktur eines Satzes ist aufgrund von:

(81) (i) X-Bar-Theorie
(ii) Θ-Theorie
(iii) Hierarchie des Θ-Rasters
(iv) Rektionsrichtungsparameter

vollständig festgelegt. Daraus ergibt sich aus der Projektion der Argumentstruktur der Lexikoneinheiten der syntaktische Komplementbereich, während aus den flexionsmorphologischen Merkmalen, die diese Kategorien tragen, die Projektionen der funktionalen Köpfe aufgespannt werden. Die lexikalischen Kategorien erhalten damit gewissermaßen einen funktionalen, morphologisch determinierten Überbau.

Die Komposition der aus diesen Projektionsprozessen resultierenden separaten Projektionen findet in einem vom Projektionsprozeß zu unterscheidenden anderen Prozeß, dem

Linking, statt. Dabei werden etwa die syntaktischen Argumente des Verbs über die Merkmale *Kasus, Status, wh* mit den Merkmalen der vom Verb projizierten Positionen identifiziert. Linking ist damit die spezielle Operation einer baumadjungierenden Grammatik (tree adjoining grammar (TAG)) (s. Joshi 1985). Eine vergleichbare Art der syntaktischen Strukturbildung schlägt Chomsky (1992) mit dem Konzept der 'Generalisierten Transformationen' vor. Der *all-at-once*-Zugriff auf das Lexikon (s. Chomsky 1981), mit dem eine linear strukturierte Menge (array) lexikalischer Einheiten gewählt wird, spezifiziert die lineare Abfolge der in der Kette auftretenden Lexeme auf D-Struktur. Dieser 'feld'-weise Zugriff ist nun derart modifiziert, daß einzelne, voll flektierte Wörter aus dem Lexikon gewählt und den X-bar-Prinzipien entsprechend projiziert werden. Eine binäre generalisierte Transformation wählt nun eine Phrasenstruktur K und setzt diese in eine bestimmte Position in einer anderen Struktur K' (s. Chomsky 1992:8). Binäre generalisierte Transformationen können damit als Linking-Prozesse von Teilstrukturen in andere Teilstrukturen aufgefaßt werden. Unter Parsing-Gesichtspunkten ist der Zugriff auf das Lexikon nun aber nicht frei wählbar, sondern durch die LR-Bedingung (links-rechts-Analyse) zu beschränken. So wird etwa die Projektion einer DP_i über das Kasusmerkmal in eine Position XP_j in der Verbalprojektion, die das gleiche Kasusmerkmal aufweist, per Substitution von XP_j durch DP_i gelinkt.

(82)

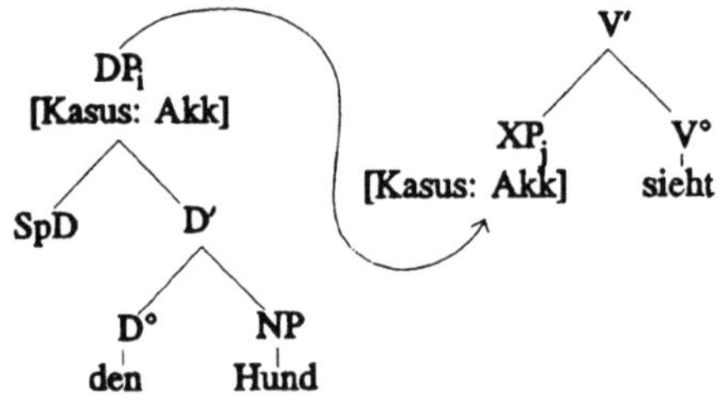

Dabei wird XP_j durch DP_i ersetzt. Dieser Prozeß führt einerseits zu einer komplexeren Struktur der V-Projektion und andererseits zu einer Reduktion des Speicheraufwands im linken Kontext, da die Phrase *den Hund* nun nicht mehr separat zu speichern ist, sondern als struktureller Komplex mit der V-Projektion zusammen verwaltet werden kann.

Da der linke Kontext im Kellerspeicher reihenfolgeerhaltend organisiert ist, kann der Parser über die Länge von Suchprozessen in LK entscheiden, ob Bewegungsprozesse (wh-Bewegung, Scrambling) stattgefunden haben. Da D-Strukturen per Definition kontextfrei sind, ist der Suchprozeß zur Anbindung von Argumenten bei D-Struktur-Abfolgen eine triviale Operation, da sich das zugehörige Argument stets in der obersten Zelle des Stacks (also in LK) befindet. Wenn in dieser Situation eine mögliche Linking-Relation zwischen oberstem Stackelement und projizierter Position existiert, wird ein Linking-Prozeß ausgelöst. Existiert diese Relation hingegen nicht, so nimmt der Parser zunächst Bewegung an und projiziert weiter, um etwa eine gescrambelte Konstituente zu identifizieren. Diese muß aufgrund der Beschränkung von Scrambling innerhalb der Finitheitsdomäne aufgetreten sein, bevor die C-Projektion aufgebaut wird, d.h. notwendigerweise, bevor die erste Position (SpC), die lange Bewegungen lizenziert, aufgetreten ist. Befindet sich die bewegte Konstituente in dieser Domäne, so wird Scrambling diagnostiziert; befindet sie sich nicht dort, so muß Extraktion diagnostiziert werden. Beide Typen von Bewegung sind daher für den Parser prinzipiell zu unterscheiden, womit die Eigenschaften dieser beiden Prozesse zugleich funktional motiviert werden kann.

Nach allen notwendigen Linking-Prozessen resultiert eine zusammenhängende Struktur, die, wenn wir Bewegungsprozesse entsprechend analysieren, direkt der zugehörigen LF-Repräsentation entspricht. Die d-strukturellen Eigenschaften werden vom Parser allerdings notwendigerweise berechnet, da er feststellen können muß, daß gewisse Elemente bewegt worden sein können. Die kontextfreien Eigenschaften der D-Struktur sind damit eine notwendige Informationsquelle für den Parser, als separate Repräsentations-Ebene ist sie für die Berechnung jedoch überflüssig. Dies liegt daran, daß sie das isomorphe Bild komponierter Lexikoneinheiten darstellt. Mit Chomsky (1992:8) können wir nun festhalten: "D-structure disappears, along with the problems it raised.".

Wir wollen nun das System betrachten, welches die durch im Sinne der X-bar-Theorie aufgebauten Projektionen zu einer Gesamtstruktur zusammenbindet, und beobachten, welche Rolle die Rektionsrichtung der jeweils prozessierten Kategorie dabei spielt. Zugleich erhalten wir wiederum eine funktionale Erklärung für die Existenz von richtungsorientierten Domänen. Diese sind Anweisungen für den Parser, wann und wo mit projektionspositionsfüllenden Elementen zu rechnen ist. Wir verwenden die in den letzten drei Kapiteln beschriebenen Linking-Merkmale: {Kasus, Status, wh}. Da die Linking-Theorie rein strukturell ist, spielt die inhaltliche Füllung der Merkmale überhaupt keine Rolle. Wesentlich ist nur, daß zum Linking zwischen einer projizierten Position und einem syntaktischen Argument die jeweiligen Merkmale identisch sein müssen.

Bevor wir nun die Θ-Raster und darüberhinaus die funktionalen Kategorien projizieren, wollen wir uns den Prozessen syntaktischen Linkings zuwenden, die maßgeblich für die online Verarbeitung verantwortlich sind.

7. Eine universelle Linkingtheorie

7.1. Rektionsrichtung und Prozeßsteuerung

Zunächst interessiert uns, wie der Parser die Information über die Rektionsrichtung einer Kategorie sowohl zur Projektion als auch bei den integrierenden Linking-Prozessen verwendet. Dazu betrachten wir die Struktur einer verbalen Projektion wie in:

(1)

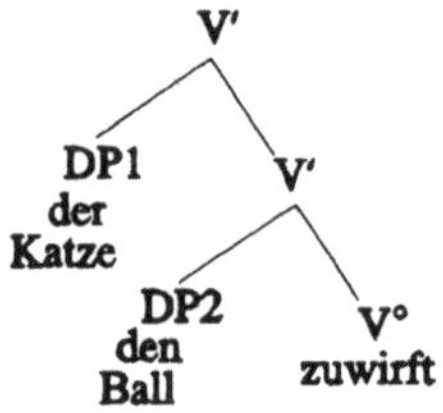

Der Kopf V^0 dieser Konstruktion regiert im Deutschen nach links. Der Parser muß daher die beiden Argumentpositionen nach links projizieren. Das bedeutet aber auch, daß die beiden Argumentphrasen bereits bekannt sind. Nach der internen Strukturierung der beiden Phrasen sind diese zunächst zwischenzuspeichern, da die für die strukturelle Integration relevanten Positionen vom Verb noch nicht vorliegen. Somit ist zu diesem Zeitpunkt keine Strukturbildung möglich. Dem Parser stehen die vom Verb projizierten Positionen solange nicht zur Verfügung, bis das Verb, welches diese Positionen liefert, prozessiert wird. Er muß die beiden DP-Konstituenten daher solange speichern, bis die relevanten strukturellen Positionen durch das Projektionsmodul aufgebaut sind und kann erst zu diesem Zeitpunkt entscheiden, welchen Status die beiden Konstituenten in der Gesamtstruktur einnehmen. Das relevante Linking-Merkmal zur Einbindung dieser Phrasen ist das Kasusmerkmal, welches dem Parser gewissermaßen die Adresse des zu einer Position gehörenden syntaktischen Arguments im Speicher liefert. Der umgekehrte Fall liegt etwa bei Präpositionen vor, die im Deutschen nach rechts regieren. Der Parser hat -nun gerade umgekehrt- nach der Verarbeitung eines P^0-Elements die Kopf-Projektion zu speichern und auf das nachfolgende Argument zu warten.

Die folgende Verarbeitungssequenz illustriert dies an einer einfachen PP. Für die Terminalkette *auf dem Dach* ist zunächst eine Projektion für die Präposition aufzubauen. Dies führt zur Struktur einer PP. Da keine weitere Information lokal verfügbar ist, muß diese bis auf den Kopf leere Projektion gespeichert werden. Das folgende D^0-Element *den* wird zu einer ebenfalls bis auf den Kopf leeren DP projiziert, und da auch dessen funktionales Komplement noch im rechten Kontext liegt, muß auch diese Projektion zunächst gespeichert werden. Nach dem Auftreten und der Projektion des Nomens *Dach* liegt die folgende Konfiguration des Parsers vor:

(2)

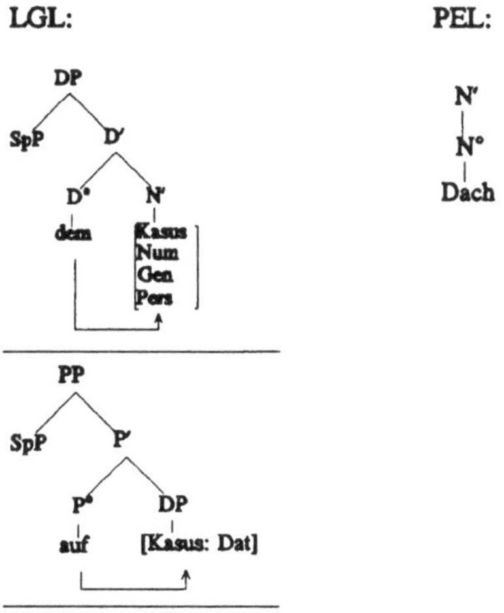

Nun kann die N'-Konstituente in die DP, die die oberste Zelle in LGL besetzt, integriert werden. Sodann wird die DP aus LGL entfernt und nach PEL versetzt, um ihrerseits strukturell integrierbar zu sein.

Zu diesem Zeitpunkt ist zu prüfen, ob die DP von links durch einen Rechtsregenten oder durch einen folgenden Linksregenten von rechts regiert wird. Da ein solcher Linksregent zum Zeitpunkt, zu dem die DP strukturiert wird, aber nicht bekannt ist, kann nur geprüft werden, ob ein Rechtsregent vorhanden ist, der eine Position projiziert hat, die über Dativkasus lizenziert ist. Die Projektion eines solchen Regenten muß sich in der obersten Zelle in LGL befinden, so daß die DP auf eine Position, die das Kasusmerkmal mit dem obersten Knoten von PEL teilt, in dieser Zelle bezogen werden muß, d.h. der Parser muß PEL in LGL integrieren, so daß in der Konfiguration:

(3)

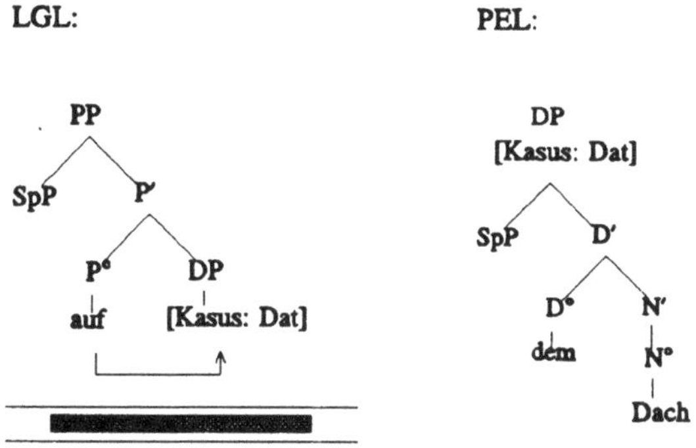

PEL, d.h. DP, in die oberste Zelle von LGL integriert wird. Diese oberste Zelle wird sodann von LGL nach PEL versetzt, um nun ihrerseits zur Integration in einen anderen phrasalen Komplex zur Verfügung zu stehen:

(4) LGL: PEL:

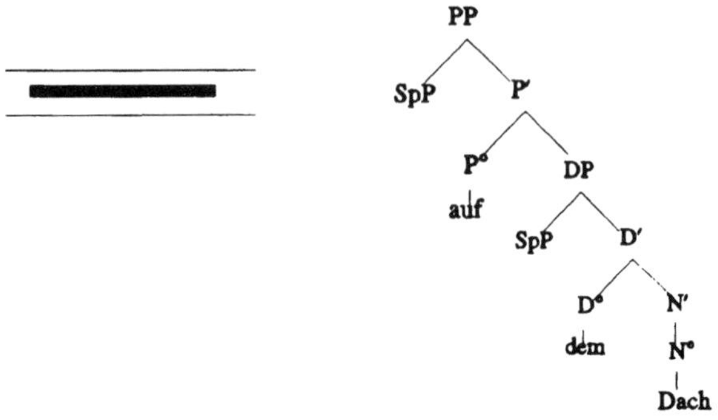

Die Prozeßweise des Wartens auf Argumente tritt (universell) dann auf, wenn ein Kopf seine Argumente nach rechts regiert. Die Prozeßweise des Zwischenspeicherns der Argumente und der direkten Integration beim Auftreten des Phrasenkopfes ist (universell) möglich, wenn ein Kopf seine Argumente nach links regiert.

Nun besteht hinsichtlich dieser Prozeßweisen ein analoges Verhältnis zu den funktionalen Kategorien und ihren f-selegierten Komplementen. C^0- und D^0-Elemente befinden sich im Deutschen in linksperipherer Phrasenposition, so daß die zugehörigen Projektionen in LGL integriert werden müssen und auf die zugehörigen AGR- bzw. N-Projektionen gewartet werden muß. Für die funktionalen Kategorien T und AGR gilt dies nicht, da sie zeitgleich mit dem Finitum bekannt werden und gewissermaßen nur den funktionalen Überbau der V-Projektion bilden. Der Parser kann daher in dem Projektionsprozeß, der das Finitum betrifft, die funktionalen Köpfe in einem Zug über die V-Projektion hinaus projizieren. Die Reihenfolge dieser funktionalen Projektionen wird durch die f-selektionalen Eigenschaften der jeweiligen Kategorien geliefert.

Mit dem Bekanntwerden des Finitums liegt damit im Deutschen die vollständige Kontrolle über die Satzstruktur vor. Im Falle eines C^0-eingeleiteten Nebensatzes muß daher nach der Projektion der T-Phrase jedes in LGL aufgetretene Element bis auf C^0 wieder verschwunden sein, und die dieser Kategorie zugehörige Projektion muß den untersten Knoten in LGL bilden, so daß eine direkte Nachbarschaft zwischen C- und T-Projektion vorliegt.

(5)

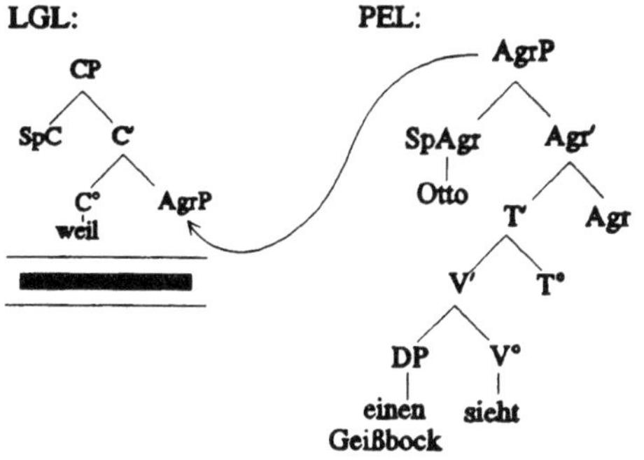

Der Algorithmus, nach dem der Parser diese Prozesse ausführt, iteriert auf den Einheiten der Terminalkette stets in der gleichen Weise. Die jeweils auszuführenden Operationen der Strukturierung sind jedoch von verschiedenen Parametern abhängig.

Als vorbereitende Bemerkung zu einer allgemeinen Theorie syntaktischen Linkings wollen wir die Rolle der Rektionsrichtung der syntaktischen Kategorien und der lokalen Domänen, die diese jeweils festlegen, in einem umfassenderen Ansatz erörtern.

7.2. Konnexität und Globale Harmonie

Koster (1987:31ff) hat dafür argumentiert, daß die Annahme unterschiedlicher Ebenen in der Rektions- und Bindungstheorie nicht zwingend sei. Mit der Spurentheorie (s. Chomsky 1973) kann die D-Struktur als Substruktur oder Eigenschaft der S-Struktur aufgefaßt werden. Das hat zur Konsequenz, daß derivationelle Prozesse (Bewegung) auch repräsentational interpretiert werden können. Die Annahme eines Unterschieds zwischen Bewegungsprozessen einerseits und repräsentational zu beschreibenden Abhängigkeiten (etwa Bindung) andererseits, hat -so Koster- nur dann seine Berechtigung, wenn sich zeigen läßt, daß *move α* Eigenschaften besitzt, die andere Formen von Abhängigkeiten nicht aufweisen. Die Gemeinsamkeit zwischen den Prinzipien der Anaphernbindung (Prinzip A der Bindungstheorie[1]) einerseits und der Subjazenzbedingung andererseits besteht nach Koster (1987:149ff) darin, daß sie auf eine gemeinsame lokale Domäne Bezug nehmen. Der Unterschied liegt darin, daß Prinzip A für Opazitätsfaktoren wie SUBJEKT und INFL sensitiv ist, während dies für Subjazenz nicht gilt. Koster geht daher von einer einheitlichen Domäne für alle syntaktischen

---

[1] Bindungsprinzip A:
Eine Anapher ist innerhalb ihrer regierenden Kategorie gebunden.
(s. Chomsky 1981:188)

Relationen aus, die abhängig von der Parameterfestlegung einzelner Sprachen rekursiv erweiterbar ist. Im unmarkierten Fall, d.h. ohne Parametrisierung, ist diese Domäne universell für alle Sprachen identisch. Eine strukturelle Beziehung zwischen zwei voneinander abhängigen strukturellen Positionen α und ß wird durch eine allgemeine Relation R mit den folgenden Eigenschaften gegeben:

(6)

$$\ldots \underbrace{\alpha \ldots \beta}_{R} \ldots$$

wobei R = *share property* und die folgenden Eigenschaften besitzt:

a. Obligatheit
b. Eindeutigkeit des Antezedens
c. c-Kommando des Antezedens
d. Lokalität

Im unmarkierten Fall gelten diese Eigenschaften innerhalb einer Domäne, die durch die *bounding condition* spezifiziert wird:

(7) Bounding Condition
Ein abhängiges Element α kann in einer Konfiguration

$$\ldots [_{\beta} \ldots \alpha \ldots] \ldots$$

nicht frei sein, wobei β das minimale X^{max} ist, das α (und den Regenten von α) enthält.

(Koster 1987:12)

Unter verschiedenen Bedingungen[2] kann diese Domäne rekursiv erweitert werden.

---

2 Im Isländischen ist etwa unter der Bedingung, daß Subjunktiv-Einbettungen vorliegen weite Anaphernbindung möglich (s. Koster (1987:151)):

(i)	Jon segir	að Maria viti	að Haraldur vilji	að Billi	meiði	sig.
(ii)	John sagt	daß Maria weiß(Subj)	daß Harald will(Subj)	daß Bill	verletzt(subj)	sich.

Die Anapher *sig* kann über die erweiterte Subjunktiv-Domäne mit *Jon* im ersten Indikativ-Matrixsatz koindiziert werden:

(iii) $\ldots[_{S'}\ \text{Jon}_i \ldots V_I [_{S'} \ldots V \ldots [_{S'} \ldots V \ldots [_{S'} \ldots V \ldots \text{sig}_i \ldots]]]] \ldots$
Ind Subj Subj Subj

Die universell gültige Bindungsdomäne kann also unter sprachspezifisch zu parametrisierenden Bedingungen zu einer Dynastie erweitert werden. Zu Domänenerweiterungen unter anderen Bedingungen siehe Koster (1987:151).

(8) (i) $\ldots[_{\beta}\ldots(\,)\ldots\gamma\ldots\delta\ldots]\ldots$
(ii) $\ldots[_{\beta}\ldots(\omega)\ldots\gamma\ldots\delta\ldots]\ldots$
(iii) wenn $\ldots[_{\beta}\ldots(\omega)\ldots\gamma\ldots\delta\ldots]\ldots$ eine Domäne,
dann $\ldots[_{\beta'}\ldots\gamma'\ldots[_{\beta}\ldots(\omega)\ldots\gamma\ldots\delta\ldots]\ldots]\ldots$ eine Domäne.

(Koster 1987:149)

Die Domänen in (8)(i) und (8)(ii) sind die universell geltenden Lokalitätsbereiche. Dabei ist δ ein abhängiges Element, γ ein minimaler Regent für δ und β die minimale maximale Projektion, die γ und δ enthält. Beide Bereiche unterscheiden sich durch die An- bzw. Abwesenheit eines Opazitätsfaktors ω (SUBJEKT oder AGR). In (8)(iii) ist diese Standard-domäne rekursiv erweitert und erlaubt bei Kongruenz zwischen den strukturellen Regenten γ eine beliebige Ausdehnung. Diese Domänenerweiterung wird durch eine Kette struktureller Regenten induziert, die eine **Dynastie** bilden.

(9) Dynastie
Eine Kette sukzessiver Regenten $<\gamma_1, \ldots, \gamma_i, \gamma_{i+1}, \ldots, \gamma_n>$, (n> 1), bildet eine Dynastie, gdw.
für jedes i, ($1 \leq i < n$), γ_i regiert die minimale Domäne β, die γ_{i+1} enthält.

Bis hierhin erfaßt das Konzept der Domänen und Dynastien lokale und weite Bindung von Anaphern. Zur Unifikation dieser Lokalitätsbedingungen mit den Lokalitätsbedingungen für Spuren, integriert Koster (1987:159) eine modifizierte Variante der *Connectedness Condition* (CC) von Kayne (1984). CC ist eine Lokalitätsanforderung zur Bindung nicht-pronominaler leerer Kategorien, die schärfer formuliert ist als das ECP, das verlangt, daß eine nicht-pronominale leere Kategorie entweder lexikalisch oder durch das Antezedens strikt regiert sein muß. Kayne (1984:167) führt dazu rekursiv den Begriff der *g-Projektion* (abkürzend für *governing projection*) eines strukturellen Regenten ein.

(10) g-Projektion
Y ist eine g-Projektion von X gdw.
(i) Y ist eine Projektion von X oder eine g-Projektion von X, oder
(ii) X ist ein struktureller Regent und
Y dominiert unmittelbar W und Z, wobei Z eine maximale Projektion einer g-Projektion von X ist und W und Z in kanonischer Rektionskonfiguration stehen.

Die kanonische Rektionskonfiguration hängt universell von der Rektionsrichtung des Verbs ab und gilt -so Kayne (1984:168)- für alle Kategorien einer Sprache.

(11) W und Z (Z eine maximale Projektion, W und Z unmittelbar von einem Y dominiert) bilden eine kanonische Rektions-Konfiguration gdw.

(i) V regiert NP in der in Frage stehenden Sprache nach rechts und W steht vor Z.

(ii) V regiert NP in der in Frage stehenden Sprache nach links und Z steht vor W.

Die Perkolation einer g-Projektion kann also immer dann stattfinden, wenn sich die in Frage stehende g-Projektion auf dem jeweils anderen Ast einer binär verzweigenden Struktur befindet als das Verb.

Verdeutlichen wir uns dieses Konzept an einem Beispiel (s. auch Grewendorf (1988:186ff):

(12)

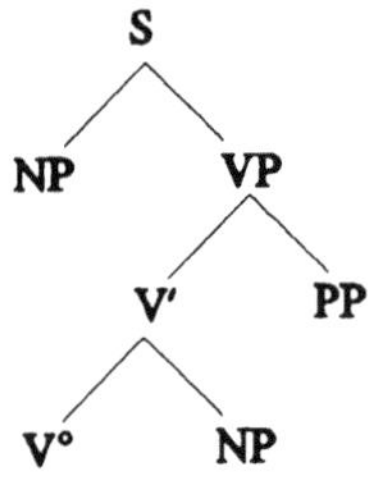

V^0 ist ein struktureller Regent, V' dominiert unmittelbar V^0 und NP, die -trivialerweise- in kanonischer Rektionskonfiguration stehen. V' ist eine Projektion von V^0, also eine g-Projektion von V^0. Analoges gilt für VP. Da VP sowohl V' als auch PP unmittelbar dominiert, und beide in kanonischer Rektionskonfiguration stehen, ist also auch VP eine g-Projektion. S ist weder Projektion noch g-Projektion von V, dominiert aber unmittelbar die maximale Projektion einer g-Projektion (= VP) von V. NP (= W) und VP (= Z) stehen in kanonischer Rektionskonfiguration, so daß auch S eine g-Projektion von V^0 ist. In einer SOV-Sprache ist S keine g-Projektion von V^0.

(13)

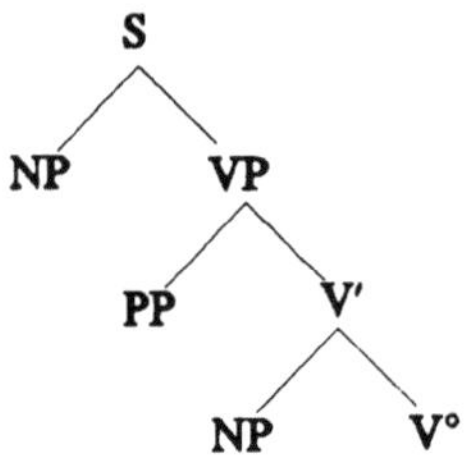

VP ist g-Projektion von V^0 wie in (12). S dominiert unmittelbar NP (= W) und VP (= Z). Da V^0 nach links regiert, müßte VP vor NP, also auf einem rechten Ast stehen, um zu einer kanonischen Rektionskonfiguration zu führen. Dies ist aber nicht der Fall, so daß S keine g-Projektion von V^0 ist. Faßt man hingegen N^0 als strukturellen Regenten auf, und setzt man für die Subjekts-NP etwa die folgende Struktur an:

(14)

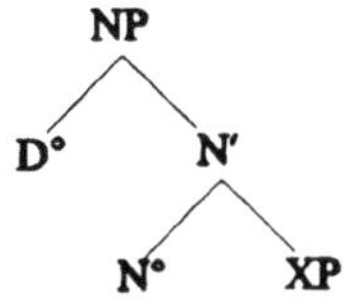

dann ist N' eine Projektion von N^0, also eine g-Projektion von N^0, und analog dazu ist NP eine g-Projektion von N^0. Nun stehen aber NP (= Z) und VP (= W) in (13) in kanonischer Rektionskonfiguration, so daß S eine g-Projektion von N^0 ist.

Nun weist Kayne (1984:169) auf verschiedene *parasitic gap*-Konstruktionen hin, die hinsichtlich ihrer Akzeptabilität variieren:

(15) (i) ?a person who close friends of e admire e
(ii) *a person who you admire e because close friends of e become famous

In beiden Fällen ist die leere Kategorie *e* von *of* in einer linken maximalen Projektion ungebunden. Jedoch sind in (15)(i) die g-Projektionen von *of* (= *close friends of e*) und von *admire* (= *admire e*) Schwestern. Diese g-Projektionen sind in (15)(ii) jedoch keine Schwestern. Mit einem gemeinsamen unmittelbar dominierenden Knoten beider g-Projektionen kann somit in (15)(i) ein Teilbaum gebildet werden, was für (15)(ii) offensichtlich nicht gilt. Diese 'Komposition' ist die grundlegende Idee des Konzepts der *g-Projektionenmenge* (G_β) (s. Kayne 1984:171) und der *Connectedness Condition* (s. Kayne 1984:175), in der γ die leere Kategorie β regiert.

(16) g-Projektionenmenge
(i) Für alle g-Projektionen π von γ gilt:
$\pi \in G_\beta$
(ii) $\beta \in G_\beta$ und
(iii) wenn δ β dominiert, aber δ γ nicht dominiert, dann gilt $\delta \in G_\beta$.

Zu jeder leeren Kategorie gehört also eine g-Projektionenmenge, die alle g-Projektionen des Regenten enthält. Die leere Kategorie ist in ihrer g-Projektionenmenge enthalten, und jeder andere Knoten δ, der zwar die leere Kategorie, nicht aber den Regenten dominiert, muß in der g-Projektionenmenge der leeren Kategorie enthalten sein.

Nun definiert (16) die g-Projektionenmenge ***einer*** leeren Kategorie. In *parasitic gap*-Konstruktionen (wie in (15)) sind jedoch mindestens zwei leere Kategorien enthalten. Um nun **mehrere** leere Kategorien auf **einen** Regenten zu beziehen, formuliert Kayne (1984:181) die *Connectedness Condition* (CC). CC besagt, daß die g-Projektionenmengen aller leeren

Kategorien einer Klasse einen Teilbaum bilden müssen, d.h. informell, daß sie sich irgendwo in einer Baumstruktur treffen.

(17) Connectedness Condition
Sei $\beta_1, \ldots, \beta_j, \ldots, \beta_n$ die maximale Menge leerer Kategorien, die von einem Antezedens α einheitlich gebunden werden. Dann muß $\{\alpha\} \bigcup (\bigcup_{1 \leq j \leq n} G_{\beta j})$ einen Teilbaum T bilden.

Betrachten wir nun CC an den folgenden Baumstrukturen aus Kayne (1984:173). Die g-Projektionenmengen der leeren Kategorien sind jeweils mit 1 und 2 gekennzeichnet.

(18) (i)

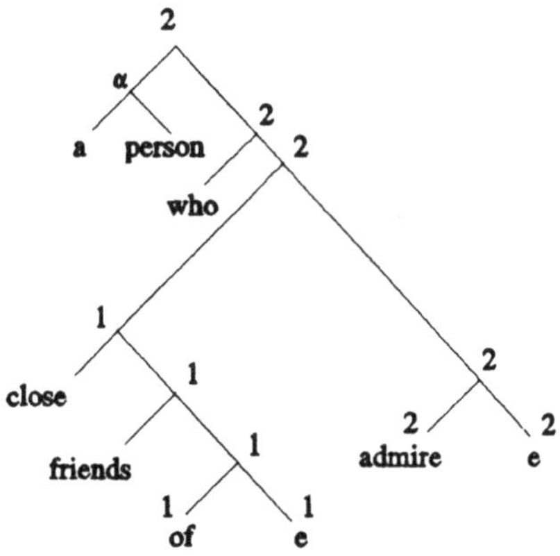

(ii)

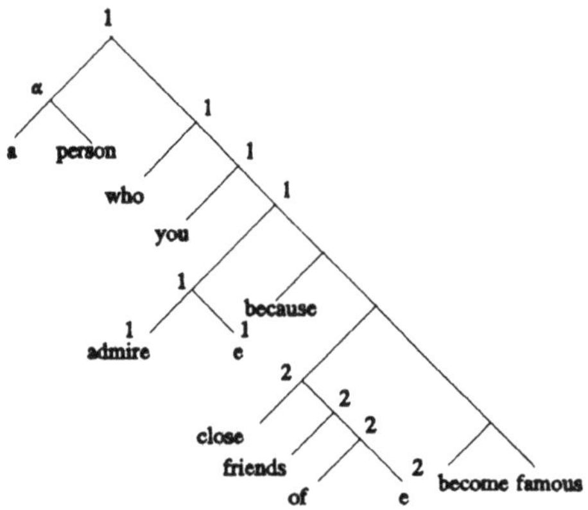

Da Englisch eine SVO-Sprache ist, findet die Perkolation der g-Projektionen stets dann statt, wenn sich die g-Projektion auf einem rechten Ast befindet (nach (10)(ii)), bzw. wenn die g-Projektion selbst eine Projektion des Regenten ist (nach (10)(i)). Es ist daher klar, daß die Perkolation stoppt, sobald eine g-Projektion, die nicht Projektion des Regenten ist, den Ast wechselt. In (18)(i) ist *close friends of e* eine g-Projektion von *of*. Da sich diese Phrase auf einem linken Ast befindet und keine Projektion von *of* ist, stoppt die Perkolation. Die g-Projektion von *admire* verläuft aber stets über rechte Äste und zwar so weit, bis das Antezedens in der g-Projektionenmenge enthalten ist, und diese Menge einen Teilbaum bildet. In (18)(ii) hingegen ist *close friends of* die g-Projektion von *of*. Da sich diese Phrase nun auf einem linken Ast befindet und die maximale Projektion des Regenten *of* dort bereits abgeschlossen ist, stoppt die Perkolation. *Admire* hingegen hat eine g-Projektion, die so weit läuft, daß das Antezedens in der g-Projektionenmenge der von *of* regierten leeren Kategorie enthalten ist. Allerdings treffen sich die g-Projektionenmengen beider leerer Kategorien nicht, so daß die zweite leere Kategorie in (18)(ii) nicht regiert ist. Damit ist (18)(ii) ungrammatisch.

Ohne auf die weiteren Geltungsbereiche der CC einzugehen (s. dazu Kayne 1984:175ff), wollen wir nun zunächst auf Kosters Konzeption zur Gleichbehandlung von anaphorischer Bindung und Spur-Antezedens-Relation zurückkommen. Dabei wird die Kayne'sche Direktionalitätshypothese dahingehend modifiziert, daß kanonische Rektionskonfigurationen nicht für alle strukturellen Regenten über die Rektionsrichtung des Verbs in dieser Sprache definiert werden, sondern daß verschiedene Regenten unterschiedliche Rektionsrichtungen besitzen können. Kaynes CC unterscheidet zur Etablierung einer kanonischen Rektionskonfiguration nur, ob sich g-Projektionen -abhängig vom SOV- oder SVO-Typ einer Sprache- auf dem linken oder dem rechten Ast einer binären Struktur befinden. Für die Etablierung der Dynastie einer leeren Kategorie verlangt Koster (1987:152) daher nur die abgeschwächtere Form der Uniformität der Rektionsrichtungen der beteiligten Regenten:

(19) Leere Kategorien haben eine Dynastie gdw.
 (i) γ_n ist ein struktureller Regent
 (ii) jedes γ_i hat die gleiche Orientierung.

Welche Kategorien einer Sprache strukturelle Regenten sind, ist ein Fall von Parametrisierung ((19)(i)), Orientierungsuniformität ist universell ((19)(ii)). Die Bedingung (19)(ii) ist dabei schwächer formuliert als in Kaynes CC, da nicht gefordert wird, daß prinzipiell alle strukturellen Regenten gleich orientiert sind, sondern nur die für die Domänenbestimmung relevanten. Für das Deutsche (und Englische) gilt zumindest, daß V und P strukturelle Regenten sind. Damit sollte das Konzept der Dynastie darüber Aussagen machen können, warum *preposition stranding* im Englischen (SVO-Sprache) möglich ist, im Deutschen (und Holländischen) (SOV-Sprachen) jedoch nicht:

(20) (i) *Was$_i$ schreibst du [$_{PP}$ über t$_i$]
 (ii) What are you writing [$_{PP}$ about t$_i$]

Im Deutschen regieren die Verben nach links, die Präpositionen jedoch nach rechts, so daß keine Dynastie einheitlich orientierter Regenten gebildet werden kann. Im Englischen ist dagegen die Rektionsrichtung von V und P jeweils gleichartig (nach links) orientiert, so daß Extraktion aus der PP möglich ist. Parallel dazu findet man im Deutschen jedoch *postposition stranding*.

(21) (i) Diesen Fluß$_i$ bin ich drei Stunden [$_{PP}$ t_i entlang] gegangen
(ii) Da$_i$ will ich nichts [$_{PP}$ t_i mit] zu tun haben

In (21) kann die lokale Domäne, innerhalb derer die leere Kategorie gebunden sein muß, aufgrund der gleichartigen Orientierung von P und V rekursiv erweitert werden, so daß eine Dynastie gebildet werden kann.

Zur Erfassung der Variation der Rektionsrichtung einzelner Regenten formuliert Koster (1987:174) die *Bedingung der globalen Harmonie*. Diese ist bis auf das Konzept der kanonischen Rektion einer Sprache identisch mit Kaynes CC, wobei kanonische Rektion durch uniforme Rektionsrichtung der an der Dynastie beteiligten Regenten zu ersetzen ist.

(22) Bedingung der Globalen Harmonie
Eine leere Kategorie ist in Übereinstimmung mit der Bedingung der Globalen Harmonie gebunden gdw.
(i) sie erfüllt CC und
(ii) kanonische Rektionskonfiguration wird durch uniforme Rektionsrichtung ersetzt.

Im folgenden Kapitel wollen wir nun die auf den Rektionsrichtungen der Kopfkategorien beruhenden Möglichkeiten zur Prozeßsteuerung ausnutzen, um allein aus Projektions- und Linkingprozessen den Strukturaufbau in einem kombinierten *bottom-up-top-down*-Modus durchzuführen.

7.3. Linking-Konfigurationen

Es ist von Anfang an klar, daß der Parser, da er ohne PS-Regeln arbeitet, Kriterien benötigt, nach denen er entscheidet, wann und wie er Teil-Projektionen zusammenfügt. Betrachten wir etwa die folgende X-bar-Struktur:

(23)

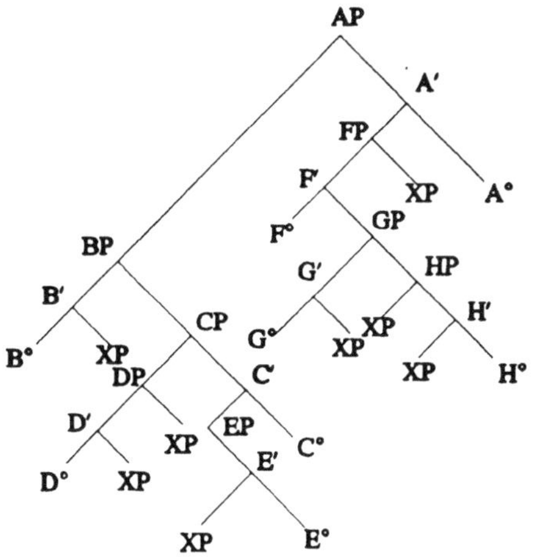

A bis X seien dabei Variablen für Kategorien; die X^0-Kategorien bezeichnen Phrasenköpfe, die XP-Kategorien maximale Projektionen. Die beiden Knoten BP und A' sind auf Ebene zwei der Hierarchie Schwestern, wobei B^0 das erste Terminalsymbol ist und A^0 das letzte. Das gesamte Wortmaterial befindet sich zwischen diesen beiden Positionen. Ein bottom up-Algorithmus kann (für beliebig tief eingebettete Strukturen) erst an der Stelle, an der A^0 auftritt und A' projiziert ist, BP auf A' beziehen. Da keine PS-Regel AP → BP A' zur Verfügung steht, muß in anderer Weise sichergestellt werden, daß BP und A' an irgendeiner Stelle des Strukturaufbaus adjazent sind und unter den gemeinsamen Mutterknoten AP integriert werden können. Dazu ist erforderlich, daß sämtliche Strukturen von der Terminalkette bis zum obersten Knoten so aufgebaut werden, daß BP und A' schließlich benachbart auftreten. Der Kopf der AP befindet sich am Ende der Terminalkette und der Parser hat, während er von links nach rechts Projektionen aufbaut, keine Kontrolle darüber, was im weiteren Verlauf der Eingabe an Wortmaterial auftritt.

Die zwischenzeitlich auftretenden Projektionen können links- oder rechtsorientiert sein. Diese Orientierung erlaubt dem Parser, Erwartungen hinsichtlich der Position von Argumenten im linken oder rechten Kontext aufzubauen. Zugleich muß jeweils entschieden werden, ob sich für eine linksorientierte Projektion ein Argument im linken Kontext befindet bzw. ob eine rechtsorientierte Projektion in die oberste Kellerzelle gesetzt werden muß.

Passieren wir nun von links nach rechts die Terminalkette, und fassen wir dazu die XP-Phrasen abkürzend als bereits vollständige Projektionen auf, d.h. als saturierte Phrasen i.S. von Fukui & Speas (1986).

Mit B^0 tritt ein Rechtsregent auf, der eine BP projiziert. Diese Projektion besitzt ein fehlendes Argument XP. Die B-Projektion wird daher oberstes Kellersymbol in LGL und XP befindet sich in PEL. Wenn eine mögliche Linking-Relation zwischen dem in der B-Projektion fehlenden Argument und XP besteht, so wird XP in die B-Projektion integriert. Wir wollen annehmen, daß dies der Fall ist. Damit bleibt BP oberstes Element in LGL. Sodann tritt D^0 auf und projiziert eine rechtsorientierte DP, der ein Argument XP fehlt. DP wird daher oberstes Kellersymbol und wartet auf ein folgendes Argument, das im nächsten Schritt auftritt und in die D-Projektion integriert werden kann. Nun ist DP vollständig, und es bestünde die Möglichkeit, daß DP ein Argument von BP ist und nicht, wie in (23), Argument von dem Linksregenten C^0. Diese Möglichkeit wird überprüft, indem DP vom obersten Kellersymbol zum Inhalt von PEL wird und der Algorithmus iteriert. Wenn eine mögliche Linking-Relation zwischen dem fehlenden Element der B-Projektion und DP besteht, so wird DP in BP integriert, anderenfalls -wie hier- wird DP wieder oberstes Kellersymbol und wartet auf einen Linksregenten. Zunächst tritt dieser jedoch nicht auf, sondern eine maximale Projektion XP, für die zu entscheiden ist, ob sie möglicherweise ein Argument von DP ist. Da dies nicht der Fall ist, wird XP oberstes Kellersymbol und wartet auf einen linksorientierten Regenten. LGL sieht nach diesen Schritten aus wie in:

(24)

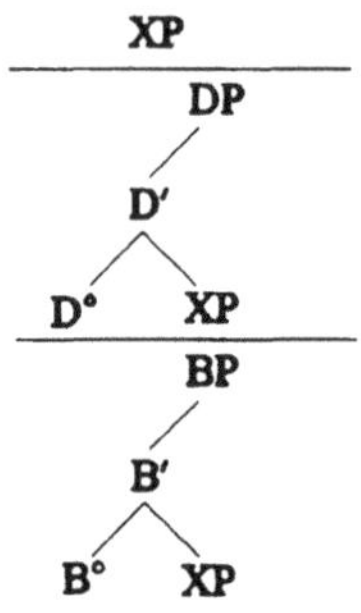

Nun tritt der Linksregent E^0 auf und projiziert zur ersten Stufe. Der Parser prüft nun, ob eine mögliche Linking-Relation zwischen der projizierten Position und dem obersten Kellersymbol XP besteht. Dies ist der Fall, und XP wird in die E-Projektion gelinkt, die nun ihrerseits hinsichtlich einer möglichen Linking-Relation mit DP geprüft werden muß. Da diese Relation nicht besteht, wird die E-Projektion oberstes Kellersymbol. Sodann tritt der Linksregent C^0 auf, projiziert, testet die Existenz einer Linking-Relation mit dem obersten Kellersymbol, ist erfolgreich und nimmt das oberste Kellersymbol EP in die Projektion auf. Damit wird DP oberstes Kellersymbol. Im nächsten Projektionsschritt wird die DP in die C-Projektion integriert, und die B-Projektion wird oberstes Kellersymbol. Nun muß geprüft werden, ob die C-Projektion eine mögliche Linking-Relation mit einer Position in der B-Projektion hat. Dies ist der Fall, und die C-Projektion wird in die B-Projektion integriert. Ein analoger Prozeß findet nun auf dem rechten Ast von AP statt. Zu dem Zeitpunkt, an dem die A'-Projektion aufgebaut ist, ist der Keller bis auf die Projektion BP leer, so daß genau an dieser Stelle Adjazenz zwischen BP und A' vorliegt. Beide Äste können nun unter AP zur Gesamtstruktur zusammengezogen werden.

Diese Operationen sind aufgrund der Äquivalenz von kontextfreien Grammatiken und

Kellerautomaten für beliebig komplexe Strukturen anzuwenden. Der relevante Punkt liegt in der Art der Prozeßsteuerung des Automaten. Während ein Kellerautomat üblicherweise durch Tabellen, die PS-Regeln enkodieren, gesteuert wird, soll die Struktur nun aufgrund der X-bar-theoretischen Eigenschaften syntaktischer Strukturen und der Eigenschaften lexikalischer Elemente **ohne Regeln** abgeleitet werden. Die vollständige Struktur ergibt sich damit aus dem auftretenden Wortmaterial und seiner Kombinatorik aufgrund der inhärenten Eigenschaften der beteiligten Lexeme, d.h. **der Parser wird durch die in der Eingabe enthaltenen Lexikoneinheiten gesteuert**, so daß er keine syntaktische Regelkomponente benötigt, die weitere Aktionen festlegt. Der Parser muß dazu über die folgenden elementaren Aktionen verfügen:

(25) (i) Aufbau einer Projektion
(ii) Linking der obersten Kellerzelle
(iii) Linking in die oberste Kellerprojektion
(iv) Speichern einer Projektion in der obersten Kellerzelle
(v) Oberste Kellerzelle zum Linking zur Verfügung stellen

Wir wollen die oberste Kellerzelle als *lastLGL* und die oberste Projektionsstufe als *topPEL* bezeichnen. Damit sind nach jedem abgeschlossenen Projektionsprozeß die folgenden Eigenschaften von topPEL und lastLGL zu prüfen.

(26)

	topPEL	lastLGL
Vollständigkeit	+ -	+ -
Orientierung	L R	L R

Die Orientierung kann dabei den Wert L(inks) oder R(echts) annehmen. Vollständigkeit ist im Sinne von Saturiertheit zu verstehen.

Da jedes Merkmal an jedem Knoten mit beiden Belegungen auftreten kann, ergibt die Kombinatorik, daß 16 ($= 2^4$) verschiedene Zustände erreicht werden können. Zusätzlich zu diesen Konfigurationen ist aber noch zu prüfen, ob eine mögliche Linking-Relation zwischen topPEL und lastLGL besteht, was zu einer prinzipiellen Erhöhung der Zustände auf 32 ($= 2^5$) führt. Jedoch treten nicht alle Zustände sinnvoll auf. So ist z.B. die Orientierung irrelevant, wenn eine Projektion vollständig ist. In diesem Fall muß der Parser lediglich prüfen, ob eine Linking-Relation zwischen der vollständigen Projektion und einer Position in der anderen Projektion besteht. Wenn wir in einer Konfiguration wie:

(27)

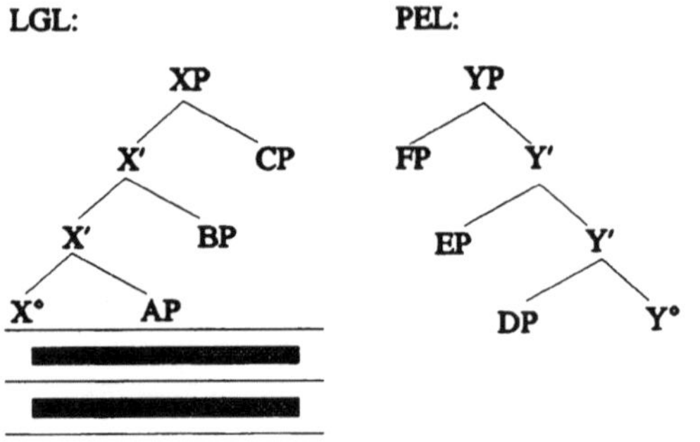

annehmen, daß sowohl topPEL als auch lastLGL vollständig sind, so muß weder eine mögliche Linking-Relation noch die Orientierung betrachtet werden. In dieser Situation wird PEL oberstes Kellersymbol, um auf einen linksorientierten Regenten im rechten Kontext zu warten.

(28)

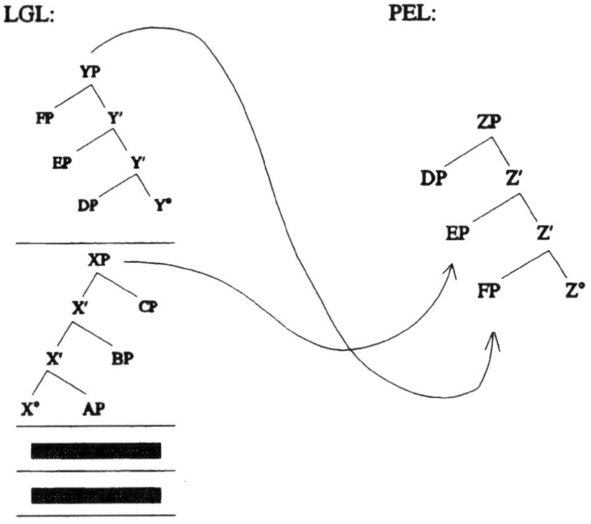

Dieser Fall tritt typischerweise bei Mittelfeldkonstituenten in V/E-Sätzen auf.

Besteht während der Projektion eines linksorientierten Kopfes Z^0 eine Linking-Relation zwischen der projizierten Position FP und der obersten Kellerprojektion XP, so wird diese direkt in die Position FP gelinkt:

(29)

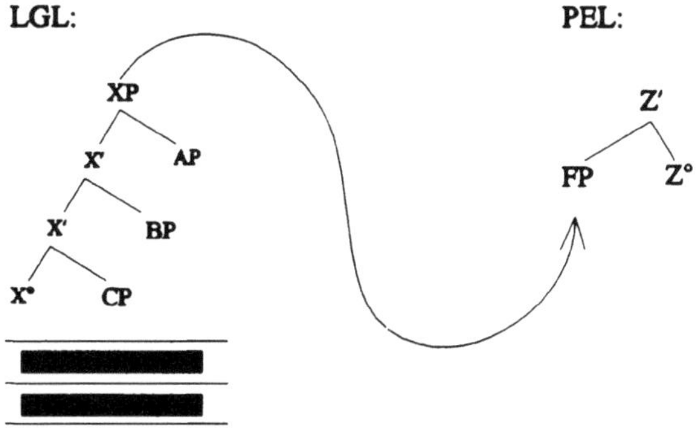

Damit entsteht eine Konfiguration wie:

(30)

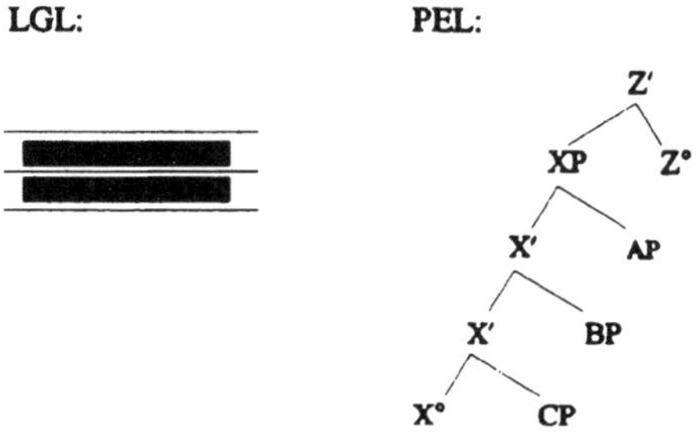

Tritt hingegen ein Z^0 als Rechtsregent auf, so kann während der Projektion kein Linking stattfinden, da sich alle Argumente im rechten Kontext befinden müssen. Es wird daher eine Projektion aufgebaut, die alle projizierten Positionen bereitstellt, in der aber noch keine Argumente auftreten:

(31)

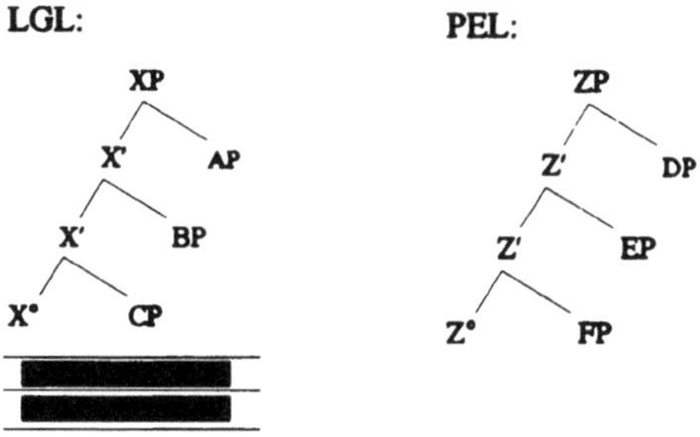

ZP wird nach abgeschlossenem Projektionsprozeß als unvollständige Projektion oberstes Kellersymbol:

(32)

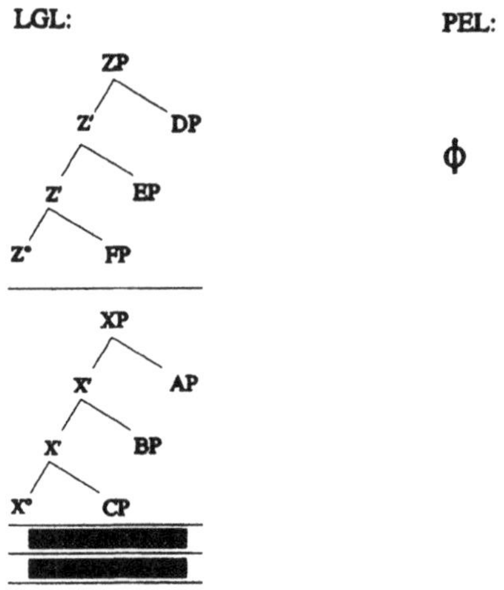

Bisher haben wir an einigen kanonischen D-Struktur-Abfolgen das grundsätzliche Verarbeitungsprinzip illustriert.

Es ist klar, daß **alle** kanonischen Strukturen in dem beschriebenen Modus erfaßt und strukturiert werden können, da die Kriterien zur Strukturbildung auf drei abstrakte Prinzipien beschränkt sind, die für alle Kategorien und ihre Umgebung anwendbar sind. Der Parser ist damit in der Lage, durch die Änderung der Rektionsrichtung einer Kategorie eine andere Struktur, abhängig vom Richtungsparameter, aufzubauen und zugleich die Integrationsprozesse für diese Struktur entsprechend anzupassen.

Die verschiedenen Fälle, die während des Prozessierens auftreten können, wollen wir nun systematisch erfassen, um zu sehen, in welcher Weise die beiden genannten Eigenschaften *Orientierung* und *Vollständigkeit* den Parser steuern. Die Linking-Prozesse werden in den jeweiligen Konfigurationen schließlich nur beim Auftreten kompatibler Linking-Merkmale ausgeführt, so daß der Parser, indem er auf den Terminalelementen der Eingabekette iteriert, stets die folgenden drei Funktionen zu berechnen hat:

(33) (i) Complp <Projektion>:
prüft, ob eine Projektion vollständig ist.

(ii) RR <Projektion>:
stellt die Rektionsrichtung einer Projektion fest.

(iii) Poss-Linkp <Position, Projektion>:
prüft, ob eine Linking-Relation zwischen einer projizierten Position und einer Projektion besteht.

Zugleich lassen sich bei bestimmten Konfigurationen lokal Verstöße sowohl gegen die *Bedingung der Globalen Harmonie* als auch gegen das *Θ-Kriterium* diagnostizieren. Dann nämlich, wenn der Parser während der Projektion eines linksorientierten Regenten in der Position lastLGL ein Argument erwartet, welches dort nicht vorhanden ist. Daraus diagnostiziert er zunächst, daß die erwartete Phrase bewegt wurde. In dieser Situation arbeitet der Parser weiter, bis er die Konstituente, die entweder gescrambelt oder wh-bewegt sein kann, in der Position lastLGL findet; d.h. er versucht zunächst, weiter zu arbeiten, indem er andere Konstituenten aus lastLGL nimmt, um schließlich auf das bewegte Element zu stoßen. Dazu ist es erforderlich, daß er die Lückeninformation behält, um sie beim Auftreten des Antezedens auf dieses zu beziehen.

Die auftretenden Situationen können nun in einem Baum dargestellt werden, den der Parser deterministisch über die Kantenbedingungen durchläuft und dessen Terminalelemente jeweils eine Aktion aus (25) darstellen. Der Baum verzweigt in jedem Knoten zu vollständigen disjunkten Zerlegungen der auftretenden Möglichkeiten, so daß alle Fälle erfaßt sind. Die Kantenbedingungen sind spezifiziert wie in dem folgenden Diagramm dargestellt:

(34)

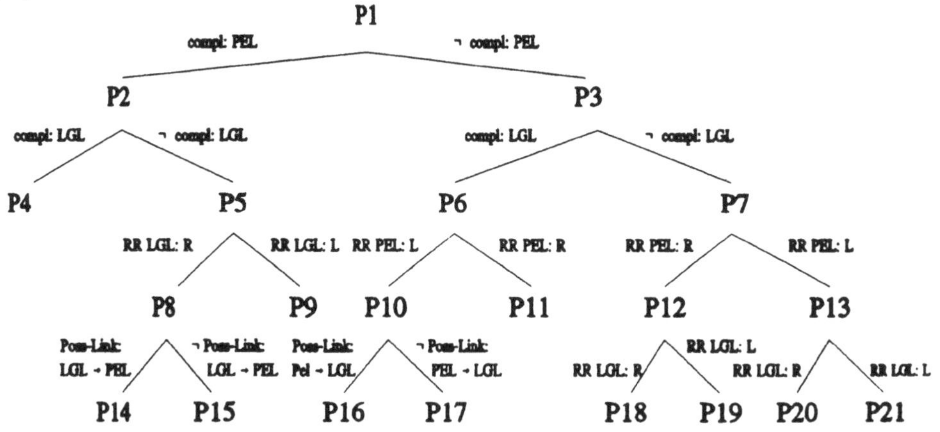

Die Bezeichnung compl: drückt aus, daß das zugehörige Argument vollständig ist, ¬ compl: drückt aus, daß das zugehörige Argument nicht vollständig ist. RR bezeichnet die Rektionsrichtung eines Arguments. Poss-Link gibt an, ob eine Linking-Relation zwischen zwei Argumenten, etwa LGL → PEL besteht, und ¬ Poss-Link, daß keine Linking-Relation zwischen diesen Argumenten besteht.

Betrachten wir nun die erreichbaren Endknoten: An jedem dieser Knoten sind die Bedingungen, die den Pfad vom Wurzelknoten bis zum Endknoten bilden, erfüllt.
Im Konfigurationszustand P4 sind sowohl PEL als auch LGL vollständige Phrasen, die gespeichert werden müssen, um auf einen linksorientierten Regenten zu warten (s. (27) und (28)).

In P14 besteht eine Linking-Relation zwischen einem Element in der Projektion lastLGL mit topPEL. TopPEL ist vollständig, lastLGL ist unvollständig und nach rechts orientiert:

(35)

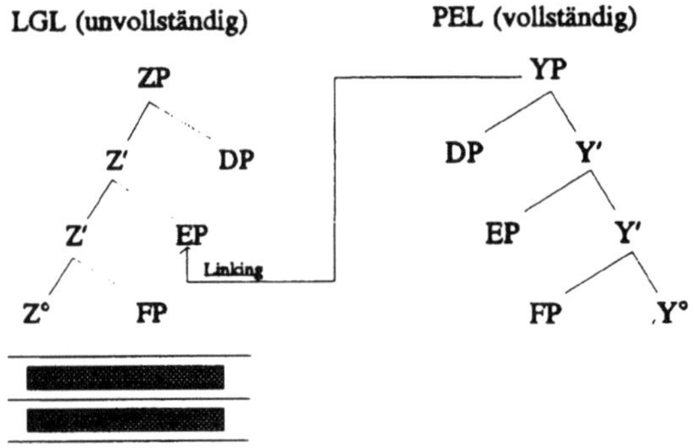

PEL, also YP, wird daher in lastLGL in die Projektionsposition EP gelinkt.

In P15 ist PEL vollständig, LGL unvollständig und rechtsorientiert, und es besteht keine Linking-Relation:

(36)

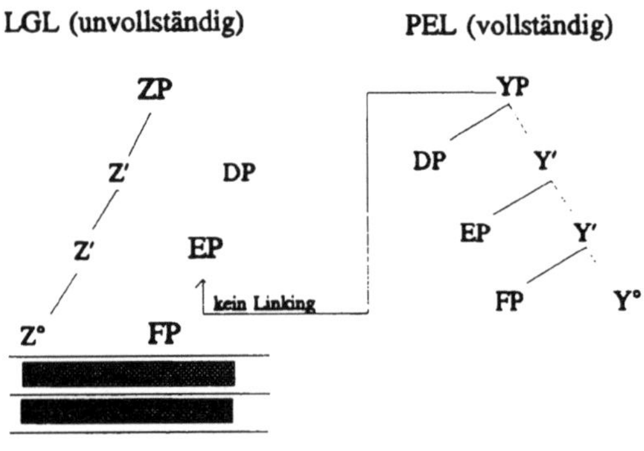

PEL wird damit oberstes Kellersymbol und wartet auf einen linksorientierten Regenten Z^0, dessen Maximalprojektion Linking-Merkmale mit einer Position in XP teilt:

(37)

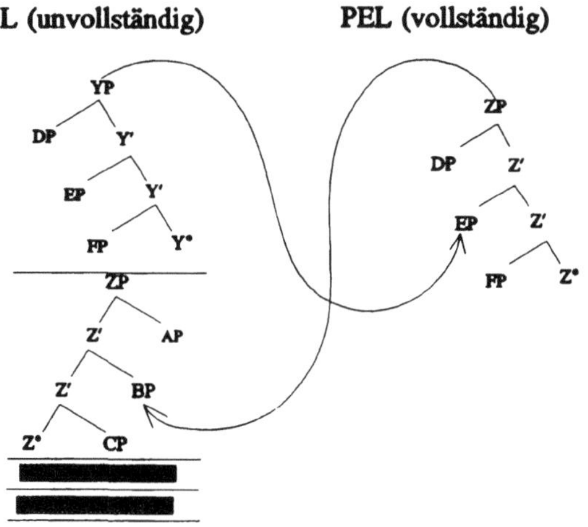

In P9 ist PEL vollständig, LGL ist unvollständig und linksorientiert. Da das zugehörige Argument daher im linken Kontext aufgetreten sein muß, wird in diesem Zustand entweder Bewegung oder Ungrammatikalität diagnostiziert. Für kanonische D-Strukturen bedeutet diese Konfiguration *Ungrammatikalität*. Unter der Annahme, daß *move α* stattfinden kann, wird Bewegung diagnostiziert. In letzterem Fall muß sich das Antezedens im linken Kontext befinden.

In P16 ist topLGL eine vollständige Projektion, so daß die Orientierung irrelevant ist. PEL ist unvollständig, und es besteht eine Linking-Relation zwischen topLGL und einer Position in PEL. Die oberste Kellerprojektion lastLGL wird daher in PEL eingebunden:

(38)

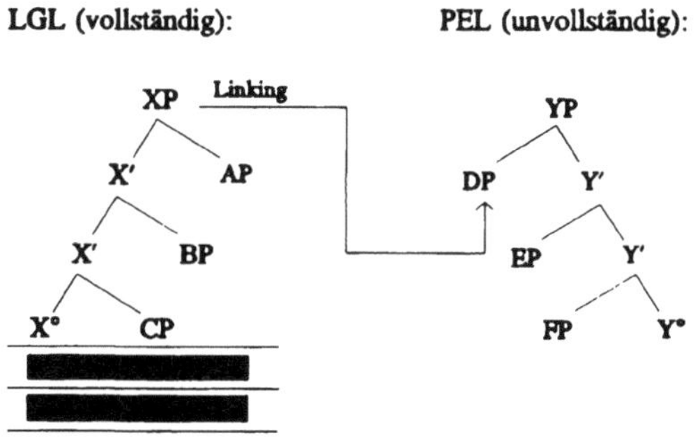

In P17 existiert keine Linking-Relation, PEL ist vollständig und linksorientiert, d.h. es tritt der Fall P9 ein, d.h daß entweder Bewegung oder Ungrammatikalität diagnostiziert werden muß.

In P11 ist lastLGL vollständig, PEL unvollständig und rechtsorientiert. PEL wird also oberstes Kellersymbol und wartet auf folgende Argumente:

(39)

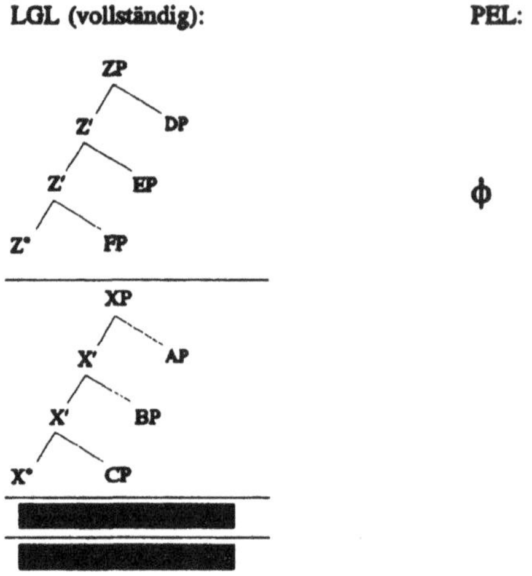

In P18 sind PEL und LGL sowohl unvollständig als auch rechtsorientiert:

(40)

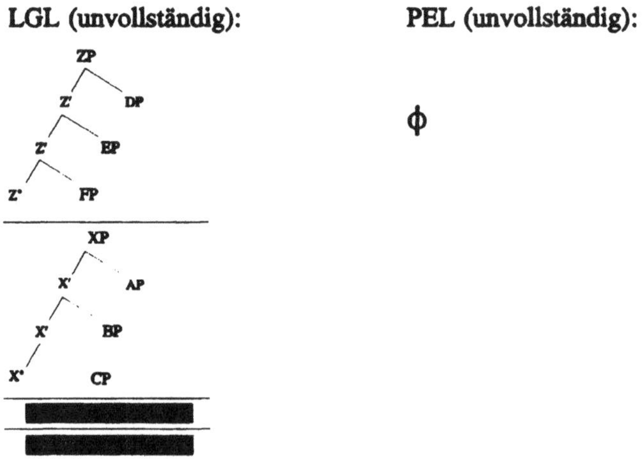

PEL wird analog zu P11 oberstes Kellersymbol und wartet auf Argumente.

In P19 regiert topLGL nach links und ist unvollständig, d.h. P9 trifft zu.
Der eigentlich interessante Fall ist P21. Beide Projektionen sind unvollständig. PEL ist linksorientiert, und lastLGL ist rechtsorientiert.

(41)

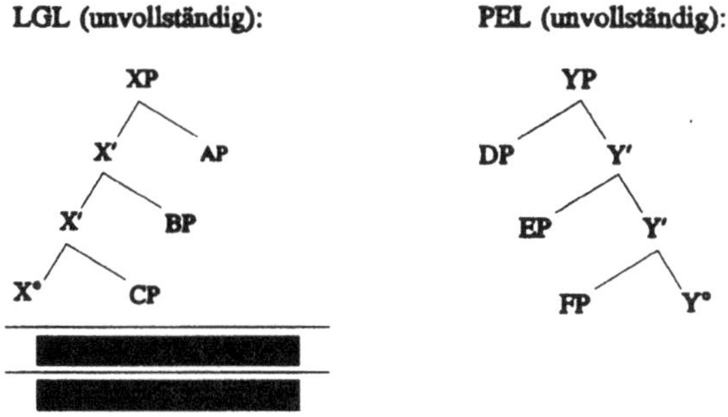

Aufgrund der Unvollständigkeit beider Projektionen können die folgenden Fälle unterschieden werden, die jedoch in gleicher Weise zur Ungrammatikalität führen.
Fall 1: In lastLGL befindet sich eine Position, die mit PEL Linking-Merkmale teilt, also folgende Konfiguration:

(42)

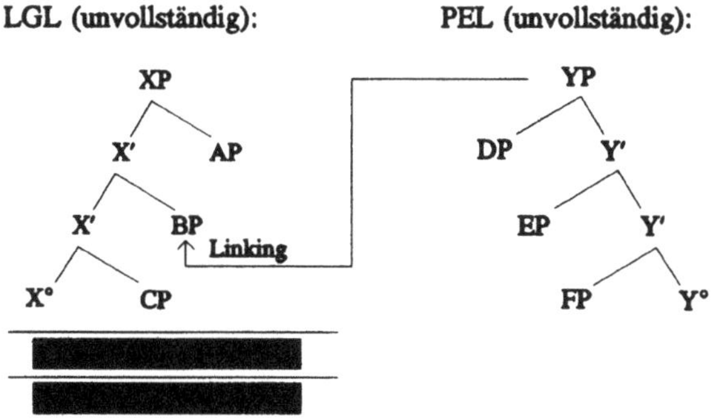

Da PEL unvollständig und linksorientiert ist, gilt bei kanonischer Realisierung, daß Ungrammatikalität zu diagnostizieren ist. Unter der Annahme von Bewegung kann jedoch ein Element extrahiert sein. Dann verstößt diese Extraktion jedoch gegen die *Bedingung der Konnexität* bzw. die *Bedingung der Globalen Harmonie*, da Extraktion aus unterschiedlich orientierten Domänen stattgefunden haben muß:

(43)

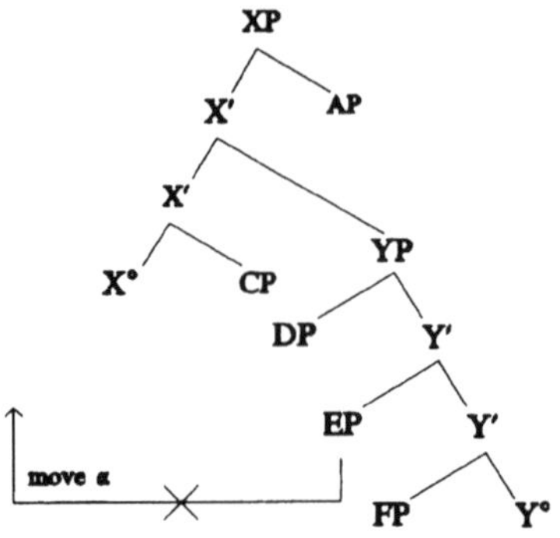

Fall 2: In PEL befindet sich eine Position, die mit lastLGL Linking-Merkmale teilt, also folgende Konfiguration:

(44)

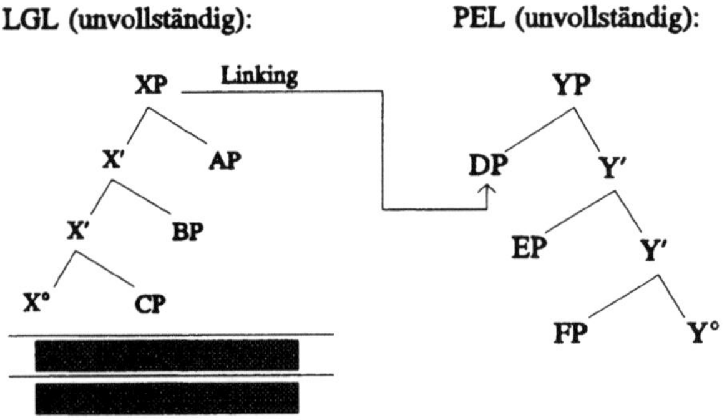

die zu der folgenden Gesamtstruktur führt:

(45)

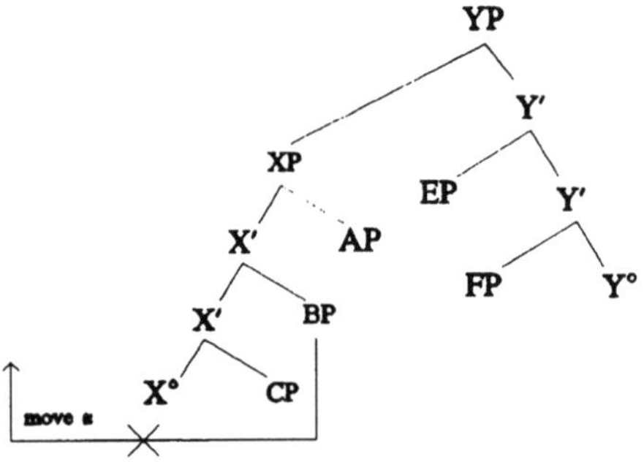

Da auch in diesem Fall Bewegung stattgefunden haben muß, ergibt sich ebenfalls ein Verstoß gegen die Bedingung der Globalen Harmonie, da X^0 nach rechts, Y^0 aber nach links regiert.

Fall 3: Es existiert keine Linking-Relation zwischen einer Position in lastLGL und PEL:

(46)

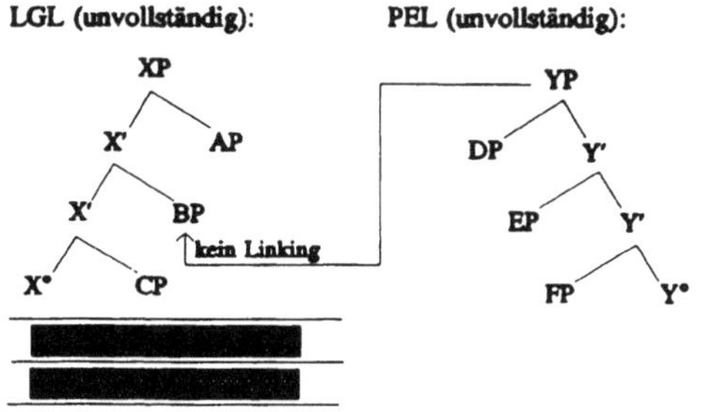

Dann kann der Fall eintreten, daß ein linksorientierter Regent Z^0 YP integriert:
(47)

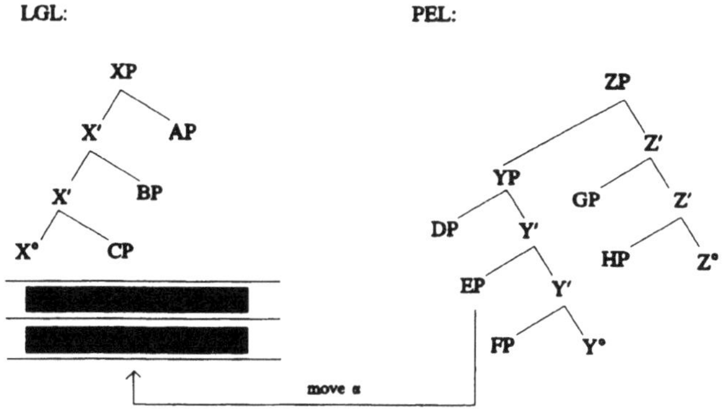

Damit bildet ZP eine Domäne gleichorientierter Projektionen und Extraktion aus YP sollte nach der Bedingung der Globalen Harmonie möglich sein.

Damit sind zwei weitere Fälle zu betrachten:

a) ZP linkt XP
b) XP linkt ZP

Diese Fälle erfassen die Gesamtsituation, da nur linksorientierte Projektionen für XP und YP relevant sind, so daß die Betrachtung für eine beliebige linksorientierte Projektion ausreicht.

Betrachten wir zunächst a). Das ergibt eine Struktur wie in:

(48)

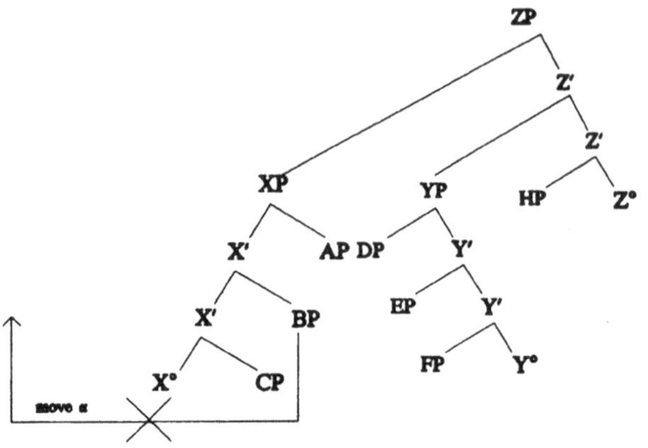

Während Extraktion aus YP aufgrund der gleichen Orientierung von Y^0 und Z^0 nun möglich ist, führt die Unvollständigkeit von XP zu der Annahme, daß Extraktion aus XP stattgefunden haben muß. Damit liegt ein Verstoß gegen die Bedingung der Globalen Harmonie vor, da X^0 rechts- Z^0 aber linksorientiert ist; d.h. Fall 2 tritt ein.

Im Unterfall b) linkt XP ZP, was zu der folgenden Struktur führt:

(49)

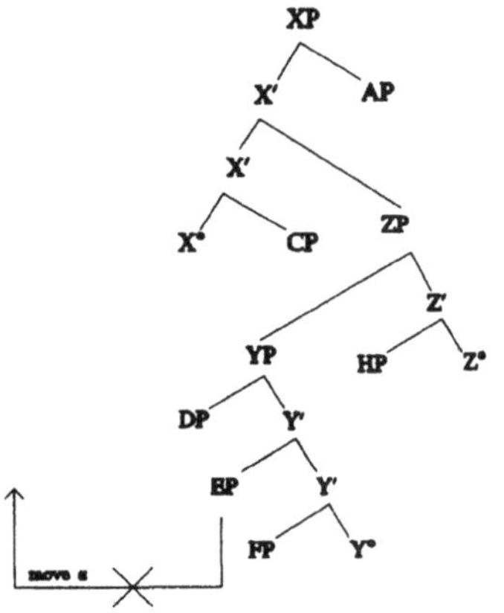

Dabei wird Extraktion aus YP ausgeschlossen, da XP rechts- und YP linksorientiert ist, d.h. Fall 1 tritt ein.

In beiden Unterfällen a) und b) findet damit zwangsläufig ein Verstoß gegen die *Bedingung der Globalen Harmonie* statt, unabhängig davon, in welche Konfiguration ein später auftretender Linksregent integriert wird. Damit reicht die Betrachtung der Fälle 1 und 2 aus, um die Gesamtsituation aus den lokalen Bedingungen, denen lastLGL und PEL genügen müssen, vollständig zu erfassen.

7.4. Die Projektion der Argumentstruktur und das Linking syntaktischer Argumente

Bisher haben wir nur die Bedingungen behandelt, unter denen für Maximalprojektionen entschieden wird, ob Integrationsprozesse stattfinden. Die Begriffe *Vollständigkeit, Rektionsrichtung* und *mögliche Linking-Relation* liefern die Entscheidungskriterien, nach denen Maximalprojektionen behandelt werden. Das Funktionieren des Systems hängt wesentlich von der Definition dieser Begriffe ab. Es arbeitet grundsätzlich richtig, wenn adäquate Definitionen vorausgesetzt sind, so daß wir nun diese Begriffe inhaltlich präzisieren wollen.

Dazu betrachten wir zunächst *Vollständigkeit* im Sinne des Saturationsprinzips. Demnach ist eine Phrase vollständig (saturiert), wenn alle Rollen des Θ-Rasters vergeben sind. Dabei sehen wir von Adjunkten ab, deren Vollständigkeit wesentlich von semantischen Linking-Beziehungen gesteuert wird. Dies bedeutet keine Einschränkung, sondern führt zu einer Erweiterung des Konzepts *mögliche Linking-Relation*. Dabei ist zu spezifizieren, unter welchen Bedingungen Modifikation stattfinden kann. Ohne diese Bedingungen weiter zu erörtern, wollen wir nun die soeben angestellten Betrachtungen auf die Projektion der Argumentstruktur übertragen.

Diese bildet eine Hierarchie von Zwei-Tupeln (λx_i, F_i), deren zweites Element jeweils eine Menge grammatischer Merkmale ist. Gemäß der durch die Hierarchie festgelegten Sequenzierung der Argumente werden diese sukzessive von außen nach innen projiziert. Für die Sequenz interner Argumente (λx_n, F_n) (λx_{n-1}, F_{n-1}) … (λx_1, F_1) eines Kopfes X^0 werden die Strukturen abhängig von der Rektionsrichtung dieses Kopfes aufgebaut. Falls X^0 nach links regiert, führt dies über die folgenden Schritte zu sukzessiven Projektionen wie in:

(50)

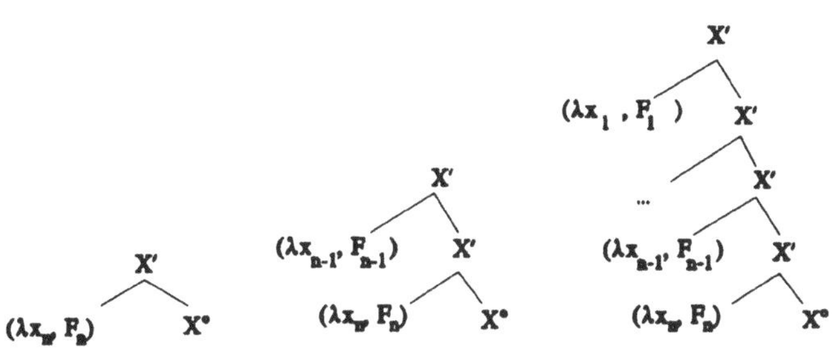

Da die Projektion schrittweise geschieht, hat der Parser nach jedem Schritt die Möglichkeit,

zu prüfen, ob das oberste Kellersymbol die Merkmale F_i der jeweils projizierten Position aufweist. Diese Überprüfung ist bei kanonischer Realisierung nur für linksorientierte Projektionen relevant, da im Falle der Rechtsorientierung die Argumente noch unbekannt sind. Daraus ergibt sich, daß linksorientierte Maximalprojektionen stets vollständig sind, während rechtsorientierte Maximalprojektionen stets unvollständig sind. Vollständigkeit zu einem gewissen Prozeßzeitpunkt ist daher eine Funktion der Rektionsrichtung des Kopfes.
Sehen wir uns nun an, wie eine Projektion sukzessiv vollständig wird. Für einen linksorientierten Kopf Y^0 mit der Argumentstruktur $(\lambda x_n, F_n)$ $(\lambda x_{n-1}, F_{n-1})$ ... $(\lambda x_1, F_1)$ muß der linke Kontext bei kanonischer Realisierung organisiert sein wie in:

(51)

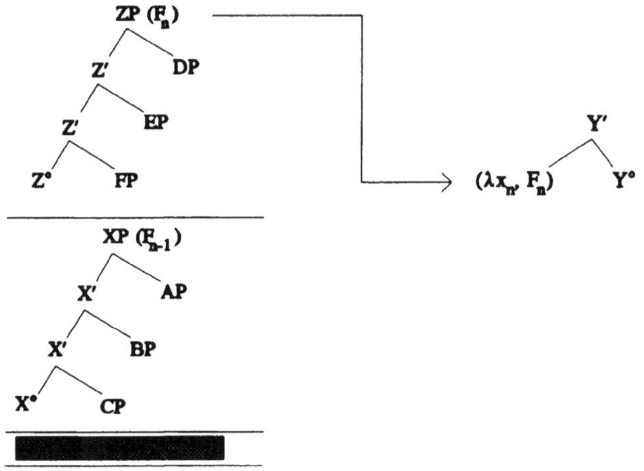

Wir wollen annehmen, daß die beiden Projektionen XP und ZP vollständig sind. Die entlang der Projektionslinie vom Kopf zur maximalen Projektion perkolierten Kopfmerkmale F_i fungieren als Linking-Merkmale und stellen die letzte Instanz der Entscheidung über strukturelle Integration dar.

Aufgrund des direkten Linkings während des Projektionsprozesses wird zunächst ZP aus LGL entfernt und in die Projektion Y' integriert. Zugleich wird damit XP oberstes Kellersymbol. Im folgenden Projektionsschritt wird die nächste Argumentposition aufgebaut und XP als nächstes Argument eingebunden usw. Wenn alle Positionen mit Argumenten gefüllt sind, ist die YP vollständig.

(52)

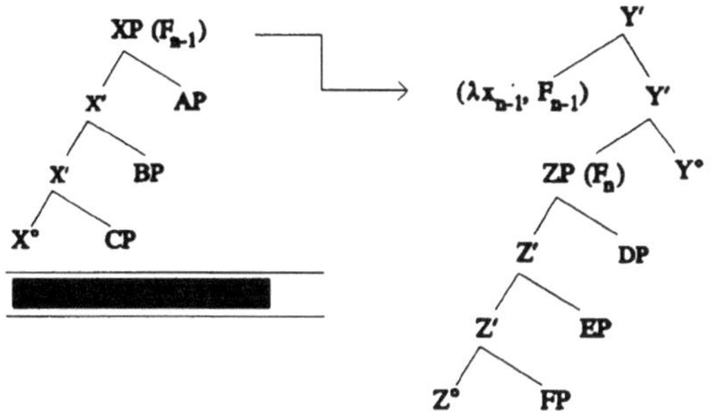

(53)

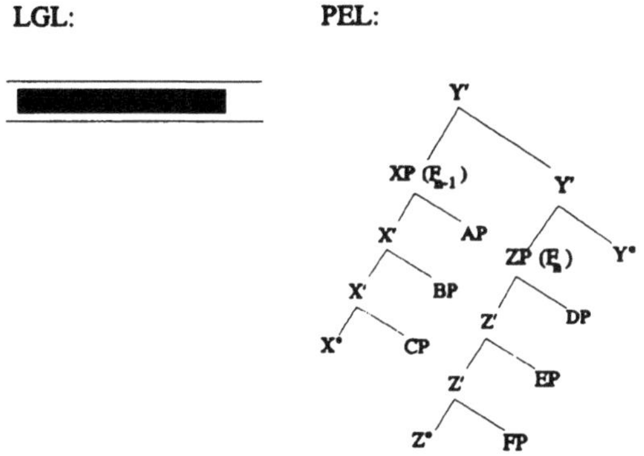

In PEL befindet sich sodann eine vollständige Projektion, die nun ihrerseits den Linking-Bedingungen unterliegt.

Rechtsorientierte Projektionen werden aufgebaut, ohne daß Linking-Relationen geprüft werden. Wenn Y^0 rechtsorientiert ist, ergibt sich aus sukzessiver Projektion die Struktur in:

(54)

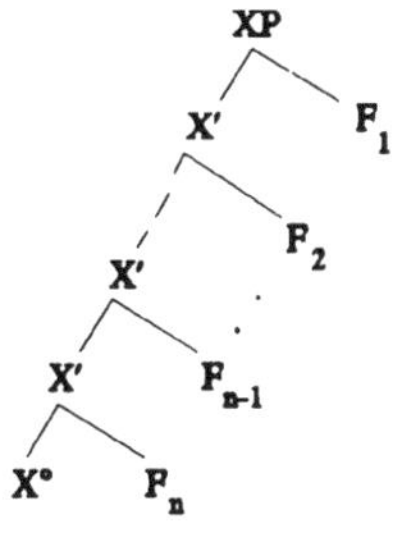

Diese wird oberstes Kellersymbol und wartet auf Maximalprojektionen, die die gleichen F_i aufweisen. Wenn diese auftreten, ist lastLGL unvollständig, und es wird geprüft, ob eine der Positionen in YP gleiche Merkmale F_i aufweist, wie die in PEL auftretende vollständige Projektion. Bei kanonischer Realisierung ist dies stets der Fall, so daß jede in PEL vollständige Projektion in lastLGL integriert wird. Dieser Prozeß wird fortgesetzt, bis lastLGL vollständig ist. Sodann wird lastLGL nach PEL versetzt, und der Algorithmus iteriert für maximale Projektionen.

Während die Positionierung interner Argumente durch die Rektionsrichtung spezifiziert ist, gilt dies nicht in gleicher Weise für externe Argumente und Spezifikatoren. D^0 und C^0 realisieren ein f-selegiertes Argument nach rechts, während sie eine Spezifikator-Position nach links lizenzieren. Agr^0 hingegen lizenziert eine V-Projektion und eine Spezifikator-Position unidirektional nach links, so daß die Projektionsdomänen für interne Argumente der Rektionsrichtung folgen, die Realisierung von Spezifikatoren aber in Abhängigkeit von den speziellen Bedingungen ihrer Links-Rechts-Positionierung abhängen. Der zugrundeliegende Linking-Prozeß bleibt jeweils gleich, wobei für Spezifikatoren die Position ihrer Realisierung jeweils spezifiziert werden muß.

7.5. Ein Beispiel

Betrachten wir nun zu einer anschaulicheren Erläuterung der Verarbeitungsprinzipien das folgende Beispiel:

(55) daß der Priester die Taufe vollzieht.

Die folgende Struktur wird wesentlich durch das C^0-Element und das Finitum determiniert:

(56)

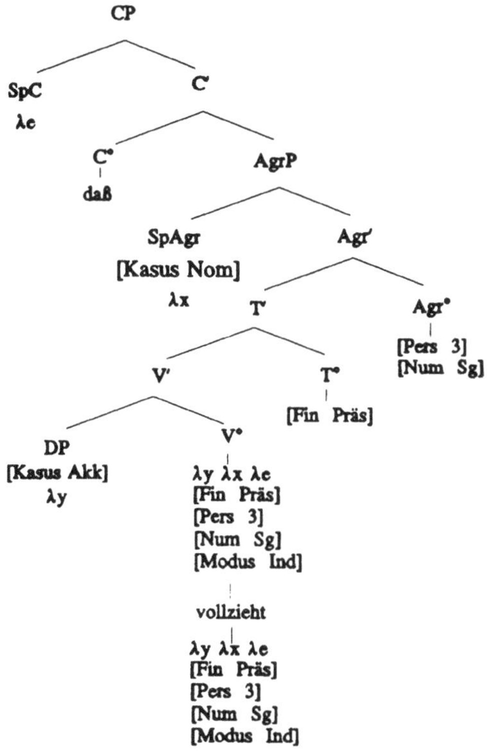

Beginnen wir beim untersten Terminalsymbol der V-Projektion: *vollzieht*. Da die Basiseinheiten der Analyse Wörter sind, kommt die voll flektierte Verbform aus dem Lexikon. Dies basiert auf dem Prozeß lexikalischer Identifikation. Sodann wird das Θ-Raster der identifizierten lexikalischen Einheit spezifiziert, so daß die Argumentstruktur dieses Lexems bekannt ist. Darüber hinaus stehen aber auch die morphosyntaktischen Merkmale dieses Elements zur Verfügung. Es ist klar, daß der Parser dabei die für die Flexionsmorphologie relevanten Berechnungsschritte ausführt, die wir hier allerdings nicht erörtern wollen.

Der Parser projiziert zunächst die Argumentstruktur von links nach rechts. Der Projektionshomomorphismus erzeugt dazu eine Kategorie V', die die verbalen Kategorienmerkmale [+V -N -F], die Komplexitäts-Merkmale [-min -max] trägt und zugleich die morphosyntaktischen Merkmale der Kategorie V^0 übernimmt. Sodann wird die erste Argumentposition des Θ-Rasters aufgebaut und dieser als default-Kasus strukturell Akkusativ zugewiesen. Die Kopf-Komplement-Abfolge geschieht abhängig von der Rektionsrichtung der Kategorie. Im Deutschen regiert V nach links, so daß die Komplementposition rechtsadjungiert wird. Der Mutterknoten V' enthält nur noch zwei Θ-Rollen, das externe und das referentielle Argument des zugrundeliegenden Verbs. Da der vollständige Komplementbereich aufgebaut ist -alle internen Rollen sind projiziert- verarbeitet der Parser im nächsten Schritt die morphosyntaktischen Merkmale. Diese bilden eine -im Prinzip ungeordnete- Menge, aus deren Elementen der Parser zunächst die funktionalen Köpfe 'Agr', 'Tense' und 'Modus' berechnet. Die dazu notwendige Information bezieht er aus einer Tabelle, in der die flexionalen Merkmale *Pers, Num, Fin, Mod* auf die jeweiligen funktionalen Köpfe bezogen sind. Sodann ist deren Realisierungssequenz festzulegen. Diese wird anhand der f-selektionalen Eigenschaften der beteiligten funktionalen Kategorien ermittelt. Da Agr^0 eine T-Projektion f-selegiert, wird die Agr-Projektion nach der T-Projektion aufgebaut. Damit beginnt nun die Projektion der funktionalen Köpfe: zunächst Agr^0, bis zur Projektionshöhe zwei, da diese Kategorie eine Spezifikatorposition lizenziert. Die dabei aufgespannten Projektionen sind hinsichtlich der -parametrisierten- Kopfposition in der entsprechenden links-rechts-Anordnung aufgebaut. Dabei werden die funktionalen Merkmale [Fin] und [Modus] entlang der Projektionslinie weitergereicht. An die Spezifikatorposition der Agr-Phrase wird sowohl das strukturelle Nominativ-Merkmal als auch die [Pers, Num]-Merkmale zugewiesen. Die Kasuszuweisung löst analog zur Realisierung der Argumente im Komplementbereich einen Suchprozeß im linken Kontext aus, der ein Argument mit gleicher Kasusmarkierung zu identifizieren versucht.

Sobald aus den funktionalen Merkmalen die jeweiligen Projektionen aufgebaut sind, verlieren diese ihre Funktion für die weitere Strukturbildung. Insbesondere ist oberhalb der Agr-Projektion nur noch das Verbmodus-Merkmal vorhanden. Es ist an dieser Stelle zu klären, welche Rolle dieses Merkmal in der Interaktion mit der durch das C^0-Element aufgebauten Projektion spielt, und wie die vom Verb gelieferte Ereignisvariable vergeben werden kann. Dazu betrachten wir in Kapitel 8 verschiedene Hypothesen über die Satzstruktur des Deutschen und beziehen diese auf ein Modus-System, das die linke Peripherie des deutschen Satzes bildet.

Im Anfangszustand sind sowohl LGL als auch PEL leer. LGL bildet den linken Kontext (LK), PEL den aktuellen Prozeßzeitpunkt und der noch nicht bekannte Restsatz den rechten Kontext (RK). Wir verwenden in diesem Beispiel Klammernotation anstelle von Baumdiagrammen.

(57)	LGL:	PEL:	RK:
	__________	( )	daß der Priester die Taufe vollzieht
	__________		

Der Parser liest nun zunächst das erste Element *daß*. Als C^0-Element f-selegiert *daß* ein finites sententiales Argument, das kategorial als Agr-Phrase realisiert ist. Dies führt zu einer Konfiguration wie:

(58) LGL: PEL: RK:

LGL:	PEL:	RK:
__________	(C' (C^0 (daß))	der Priester die Taufe vollzieht
__________	(AgrP))	

In einem zweiten Schritt wird die Spezifikator-Position projiziert und als linke Schwester von C' und linke Tochter von CP realisiert. PEL besitzt danach die Struktur:

(59) (CP (SpC)
(C' (C^0 daß)
(AgrP)))

Die Projektion bildet die maximal nutzbare Information, die mit dem Kopf *daß* verbunden ist, und kann zu diesem Zeitpunkt nicht weiter angereichert werden. Sie wird aus PEL entfernt und in LGL abgelegt. Zugleich bildet das nächste Lexem *der* den Inhalt von PEL:

(60)

LGL:	PEL:	RK:
__________	(der)	Priester die Taufe vollzieht
(CP (SpC) (C' (C^0 daß) (AgrP)))		
__________		

Als funktionale Kategorie f-selegiert *der* eine N'-Kategorie, die unter D' realisiert wird, und lizenziert eine Spezifikatorposition, die unter DP realisiert wird. PEL besitzt damit die Struktur in:

(61) PEL: (DP (SpD)
(D' (D^0 der)
(N')))

Da keine weitere Strukturbildung möglich ist, wird der Inhalt von PEL nach LGL versetzt und das nächste Element aus RK in PEL eingelesen. Dies ergibt die Konfiguration:

(62) LGL: PEL: RK:

LGL	PEL	RK
1__________ (DP (SpD) (D' (D^0 der) (N')))	(Priester)	die Taufe vollzieht
2__________ (CP (SpC) (C' (C^0 daß) (AgrP)))		

Die Projektion des Nomens führt zur Struktur (N' (N^0 Priester)). In dieser Situation ist nun der erste Linking-Prozeß möglich. Dieser basiert auf der Genus-Numerus-Kasus-Kongruenz zwischen der N'-Projektion in PEL und der N'-Position in LGL. Für die N'-Konstituente wird also keine weitere Zelle in LGL belegt, sondern diese wird direkt in Zelle 2 integriert, so daß sich dort nun die vollständige DP befindet.

(63) LGL: PEL: RK:

LGL	PEL	RK
1__________ (DP (SpD) (D' (D^0 der) (N' (N^0 Priester))))	(die)	Taufe vollzieht
2__________ (CP (SpC) (C' (C^0 daß) (AgrP)))		

Der analoge Prozeß wird nun für die Objekts-DP durchgeführt, so daß der Parser nach den entsprechenden Projektions- und Linkingprozessen die folgende Konfiguration aufweist:

(64) LGL:	PEL:	RK:
1____________________	(vollzieht)	ϕ
(DP (SpD)		
(D' (D^0 die)		
(N'(N^0 Taufe))))		
2____________________		
(DP (SpD)		
(D' (D^0 der)		
(N'(N^0 Priester))))		
3____________________		
(CP (SpC)		
(C' (C^0 daß)		
(AgrP)))		
____________________		

Da keine Lizenzierung für die bereits strukturierten D-Phrasen besteht, ist ihr Status bis zu diesem Prozeßzeitpunkt ungeklärt. Sie sind daher in LGL aufzubewahren. Erst mit dem Auftreten des verbalen Prädikats *vollzieht* und dem Bekanntwerden der damit verbundenen Argumentstruktur und der Flexionsmerkmale ist entscheidbar, ob der Parser die Strukturierung erfolgreich durchführen kann oder nicht. Tritt an dieser Stelle etwa ein intransitives Verb auf, so scheitert der Parser, da er eine Konstituente aus LGL nicht integrieren kann. Daraus resultiert ein Verstoß gegen das Θ-Kriterium.

Für das Finitum *vollzieht* wird nun zunächst die Argumentstruktur aufgebaut, d.h. die internen Argumentpositionen werden projiziert. Dies führt in PEL zur Struktur:

(65)

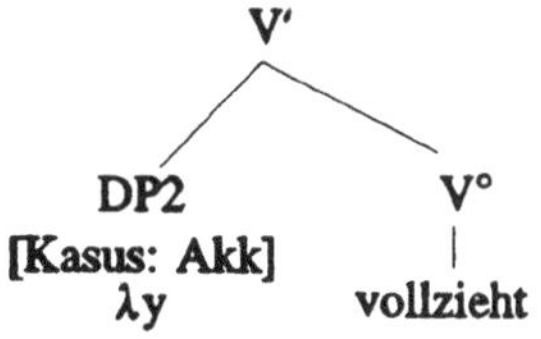

λy ist das im Θ-Raster am weitesten links stehende Argument. Dieser Position wird zugleich das Standard-Kasusmerkmal, struktureller Akkusativ, zugewiesen. Über dieses Merkmal wird das oberste Element aus LGL als zugehöriges Argument identifiziert. Dies wird mit einem Suchschritt der Länge 1 erreicht, d.h. es wird eine D-Struktur-Position identifiziert. Die oberste Konstituente in LGL wird daher aus dem Speicher genommen und ersetzt in PEL die akkusativmarkierte Position XP. Dies reduziert LGL um eine Zelle und führt zur Integration in PEL.

(66) LGL: PEL:

```
1________________________        (V'  (DP  (SpD)
(DP   (SpD)                                (D'  (D0 die)
      (D'  (D0 der)                             (N'  (N0 Taufe))))
           (N'(N0 Priester))))          (V0 vollzieht))
2________________________
(CP   (SpC)
           (C'  (C0 daß)
                (AgrP))
________________________
```

Der syntaktischen Anbindung dieses Arguments entspricht auf der simultan zu berechnenden Ebene der Semantischen Form der Prozeß der λ-Konversion. Die Argumentstruktur von *vollzieht* ist damit um einen λ-Operator reduziert.

Für die Bedingungen der Integration des externen Arguments bieten sich verschiedene Optionen an. Zum einen könnte angenommen werden, daß dieses Argument VP-intern realisiert wird (s. etwa Diesing 1990). Diese Position ist jedoch nicht kasusmarkiert, und der Parser würde aufgrund seiner Sensitivität für Kasus keinen Linking-Prozeß starten, sondern dieser würde erst einsetzen, wenn die Sp-Position der Agr-Phrase strukturell mit Nominativkasus markiert wird. Damit wäre die Θ-Position innerhalb der VP von der Kasusposition SpAgr getrennt, in die die nominativmarkierte Phrase aus LGL gelinkt wird, so daß mit Hilfe eines Indizierungsverfahrens die Identifikation der aus dieser 'NP-Bewegung' resultierenden Kette sichergestellt werden müßte. Eine alternative Behandlung besteht darin, abzuwarten, bis die Kasusposition zur Verfügung steht, um die externe Rolle erst zu diesem Zeitpunkt zu vergeben. Dies scheint angesichts der zugehörigen semantischen Operationen angemessen. Wenn die Subjekts-Θ-Rolle innerhalb der V-Projektion an eine bestimmte Position zugewiesen wird, so steht dem Parser bei der Projektion von AgrP keine Information zur Verfügung, um der SpAgr-Position Kasus zuzuweisen, da die Kasusmerkmale zugleich mit der Projektion der Argumentposition vergeben werden. Unter der ersten Alternative würde das Θ-Raster um eine Position reduziert, ohne daß ein Argument integriert werden kann. Damit würde die Situation auftreten, daß der Parser in einem nachträglichen Suchlauf beide Positionen aufeinander zu beziehen hat. Es bietet sich daher an, die Vergabe der externen Rolle sowohl von der Nominativ-Zuweisung und der Agr-Spezifikation abhängig zu machen, und sie erst innerhalb der Agr-Projektion zu vergeben.

Zu fragen ist also, wie der Parser nun, nachdem er die internen Argumente projiziert hat, weiterhin operiert. Neben der Argumentstruktur stehen ihm die flexionalen Merkmale, die das Finitum trägt, zur Verfügung. Diese bilden eine (ungeordnete) Merkmalskonfiguration wie in:

(67) [Fin . Präs]
[Pers . 3]
[Num . Sg]
[Modus . Ind]

Daraus berechnet der Parser zunächst die funktionalen Köpfe. Dabei sind die beiden Merkmale [Pers] und [Num] - universell oder parametrisiert- zur Etablierung der Agr-Kategorie zusammenzufassen, während das [Fin]-Merkmal den Kopf der T(ense)-Phrase festlegt. Das Verbmodus-Merkmal wollen wir für den Moment vernachlässigen.

Um die sich aus diesen Merkmalen etablierenden funktionalen Kategorien in richtiger Reihenfolge zu projizieren, berechnet der Parser aus den f-selektionalen Eigenschaften der jeweiligen Kategorien eine Rangfolge für die Projektionen. Da die T-Projektion keinen Spezifikator lizenziert, ist die höchste Projektionsstufe nach dem ersten Schritt erreicht. Damit wird die in PEL befindliche Struktur um eine funktionale Kategorie angereichert. Dies entspricht auf semantischer Seite der temporalen Situierung des durch das Verb ausgedrückten Ereignisses. Die referentielle Rolle des Verbs wird dabei nicht vergeben, sondern erst bei der Komposition mit der den Satzmodus markierenden C-Projektion.

Der Parser setzt sodann die Projektion der funktionalen Kategorien fort, und die Agr-Projektion wird aufgespannt. Der funktionale Kopf Agr^0 lizenziert eine Spezifikatorposition, was zu folgender Struktur in PEL führt:

(68)

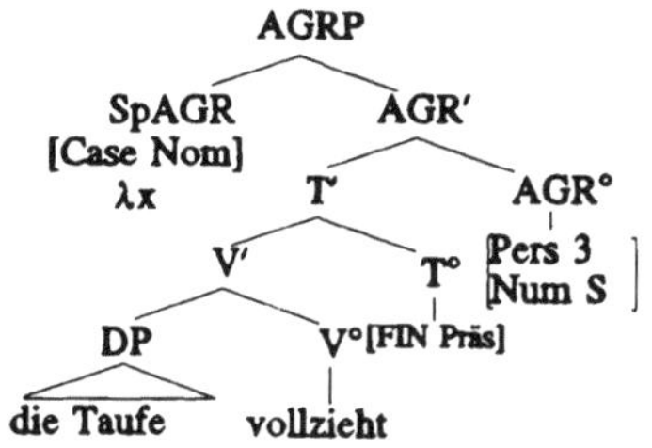

Da mit SpAgr nun eine strukturelle Kasusposition zur Verfügung steht, setzt erneut ein Linking-Prozeß ein, der das zugehörige nominativkasustragende Argument in LGL identifiziert. Der zugehörige Suchprozeß hat auch diesmal die Schrittlänge 1, da sich nun die nominativmarkierte Phrase in der obersten Zelle in LGL befindet. Damit wird auch bei diesem Anbindungsprozeß eine kanonische D-Struktur-Position identifiziert. Das Nominativargument wird aus LGL entfernt und in PEL in die kasusmarkierte Position SpAgr integriert. Dies führt zur Konfiguration:

(69) LGL:

1________________

(CP (SpC)
(C' (C^0 daß)
(AgrP)))

____

PEL:

(AgrP (DP (SpD)
(D' (D^0 der)
(N' (N^0 Priester))))
(Agr' (T' (V' (DP(SpD)
(D'(D^0 die)
(N'(N^{0}Taufe))))
(V^0 vollzieht))
(T^0))
(Agr^0)))

Der syntaktische Linking-Prozeß löst auf semantischer Seite erneut λ-Konversion dieses Arguments aus. Dabei wird das f-selegierte Argument des C^0-Elements AgrP mit der obersten Projektion in PEL AgrP gelinkt. Dieser Prozeß ergibt in einem letzten Schritt die vollständige Struktur wie in:

(70) LGL: PEL:

______

ϕ

______

(CP (SpC)
(C' (C^0 daß)
(AgrP (DP (SpD)
(D' (D^0 der)
(N'(N^0 Priester))))
(Agr' (T' (V' (DP (SpD)
(D' (D^0 die)
(N'(N^0 Taufe))))
(V^0 vollzieht))
(T^0)))
(Agr^0)))

Der Parsingprozeß ist damit abgeschlossen. Es befinden sich keine unlizenzierten Konstituenten in LGL, und alle Projektionen sind saturiert. Dieser Zustand kann interpretiert werden als die Erfüllung des Θ-Kriteriums bzw. des Saturationsprinzips. Zugleich erlauben alle Positionen eine vollständige Interpretation, was dem *principle of full interpretation* entspricht (s. Chomsky 1986a). In der Ableitung werden also insbesondere keine unmotivierten Strukturen generiert oder Knoten eingeführt, die keine Interpretation besitzen.

Die soeben erläuterte Arbeitsweise des Parsers hat von verschiedenen Aspekten der Merkmalszuweisung bisher abgesehen. So sind etwa die folgenden Punkte noch ungeklärt:

(71) (i) Welche Rolle spielt das Verbmodus-Merkmal beim Linking der C-Projektion?

(ii) Wie wird die referentielle Rolle des Verbs vergeben, und wie sind die Grundbewegungstypen der Finitumvoranstellung und Topikalisierung im Deutschen zu interpretieren?

(iii) Wie sind wh-bewegte Elemente zu behandeln?

(iv) Wie werden die für Infinitivkonstruktionen typischen Effekte (ECM, Anhebung, Kontrolle) erzielt, wenn diese nur V'-Projektionen sind?

Im weiteren werden wir diesen Fragen nachgehen.

8. Die Satzkategorie

In Chomsky (1981:51ff) wird angenommen, daß die Projektionen der Satzkategorien als eigenständige strukturelle Systeme aufzufassen sind, die von den lexikalischen Eigenschaften der Kategorie V weitgehend unabhängig sind. Die PS-Regeln unter (1) geben die Struktur dieser Kategorien an.

(1) (i) S → NP INFL VP
    (ii) S' → COMP S

(Chomsky 1981:52)

Die interne Struktur von COMP ist im Deutschen in verschiedenen Ansätzen (s. etwa Lenerz 1981, Olsen 1985, Scherpenisse 1986, Thiersch 1985) als "doppelköpfig" angenommen worden. Diese Konzeption führte jedoch zu einem Dilemma (s. Reis 1985), welches darin besteht, daß einerseits -bei direkten Fragesätzen- zwei Positionen in COMP bestehen müssen, andererseits -bei indirekten Fragesätzen- nur eine Position besetzt sein darf.

(2) (i) Ich frage: Wer hat dem Kind das Buch gegeben?
    (ii) Ich frage mich, wer dem Kind das Buch gegeben hat.

Haider (1984) nimmt nur eine C^0-Position an, die abhängig vom Auftreten eines lexikalischen C^0-Elements unterschiedlich gefüllt sein kann, entweder mit einem lexikalischen C^0-Element oder dem finiten Verb. Ist kein C^0-Element vorhanden, so bewegt sich das Verb als Träger der Finitheitsmerkmale nach C^0. Ist ein C^0-Element vorhanden, so 'verdrängt' dieses die INFL-Merkmale zum Verb. Die Vorfeld-Position im deutschen Hauptsatz wird über Adjunktion einer wh-Phrase oder einer anderen maximalen Projektion -als Träger des wh-Merkmals- an S' erzeugt. Diese Lösung birgt Probleme mit Nebensätzen im Bairischen:

(3) (i) Ich weiß nicht [$_{S'}$ wen daß [$_S$ der Bub gesehen hat]]
    (ii) Der Bub [$_{S'}$ der wo [$_S$ die Kuh gemolken hat]]

Beide eingebetteten Sätze haben eine doppelt besetzte Einleitungs-Struktur (s. Bayer 1984), die Haiders Analyse nicht erfaßt (s. Grewendorf 1988:217ff).

Thiersch (1985:40ff) schlägt nach Diskussion ähnlicher bairischer Daten und westflämischer Klitisierungen (s. Bennis & Haegeman 1984) wie in

(4) (i) ob-**ste** komm-**st**
    (ii) wenn-**ste** geh-**st**

die folgende Struktur (5) vor:

(5)

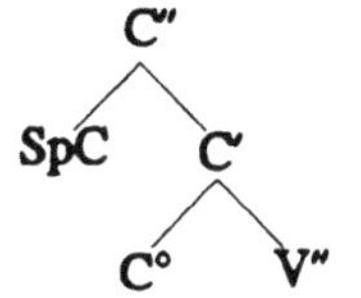

Thiersch (1985:45)

(5) erfaßt auch die Struktur von Relativsätzen, wobei C^0 im Neuhochdeutschen phonologisch leer ist, während es im Bairischen durch *wo* lexikalisch gefüllt sein kann. Thiersch leitet diese Struktur aus dem Paradigma (6) ab, welches sowohl die bairischen als auch die standarddeutschen Daten enthält.

(6)	(i)	X''	V^0	S	(Hauptsatz, W-Frage)
	(ii)		V^0	S	(Entscheidungsfrage)
	(iii)		daß	S	(eingebetteter NS)
	(iv)	X''	daß	S	(- " - , bair.)
	(v)	X''		S	(Relativsatz, nhdt.)
	(vi)	X''	wo	S	(Relativsatz, bair.)

Thiersch (1985:46)

Die aus dieser Beobachtung sich ergebenden Konfigurationen sind in Chomsky (1986b:3) auf die beiden Systeme IP und CP generalisiert. Damit stehen verschiedene Positionen zur Verfügung, die in Abgrenzung zur traditionellen Analyse in unterschiedlicher Weise gefüllt werden können. Folgende Beschränkung restringiert die möglichen Elemente, die in die jeweiligen Positionen eingesetzt werden können (s. Chomsky 1986b:71):

(7) Kopfbewegung:
Nur X^0 - Kategorien können in Kopfpositionen bewegt werden.

Die Beschränkung über Kopfbewegung gewährleistet, daß C^0 nicht von maximalen Projektionen besetzt sein kann. Wh-Bewegung hat als Landeposition also nicht C^0, sondern die Spezifikator-Position SpC von CP.

Eine andere Position vertritt Baltin (1982). Derzufolge sind drei Typen von Bewegungsregeln zu unterscheiden:

(8) (i) Bewegungsregeln, die Elemente in definierte strukturelle Positionen innerhalb eines Satzes versetzen.

(ii) Bewegungsregeln, die Elemente nicht in definierte strukturelle Positionen bewegen, sondern diese so weit wie möglich ohne Subjazenzverletzung verschieben.

(iii) Lokale Regeln, die sich auf nicht mehr als zwei adjazente Kategorien beziehen, von denen eine nicht-phrasal ist. Diese Bewegungsregel permutiert die beiden Kategorien ohne Chomsky-Adjunktion.

Baltin (1982:2)

Daraus leitet Baltin Topikalisierung (8)(i) in der folgenden Weise ab: Bewege ein Element an die linke Peripherie von S und (Chomsky-)adjungiere es dort. Der Landeplatz wird durch zwei Koordinaten festgelegt (s. Baltin 1982:2):

(9) (i) die Kategorie, an die adjungiert wird,
(ii) die linke oder rechte Peripherie dieser Kategorie.

Die mit (9)(ii) spezifizierte periphere Position, die als Landeplatz der bewegten Kategorie fungiert, weist im Rahmen der X-bar-Theorie keinen systematischen Status auf, da sie nicht notwendigerweise eine Spezifikatorposition bezeichnet, sondern nur hinsichtlich der Linearität als linksperipher charakterisiert ist.

Die linksperipheren Positionen des deutschen Satzes werden derzeit unter zwei Hypothesen diskutiert: der Uniformitätshypothese und der Differenzhypothese[1].

Die Uniformitätshypothese faßt den deutschen Satz einheitlich als eine auf einer fixierten Struktur basierende Konfiguration wie in (10) auf:

(10)

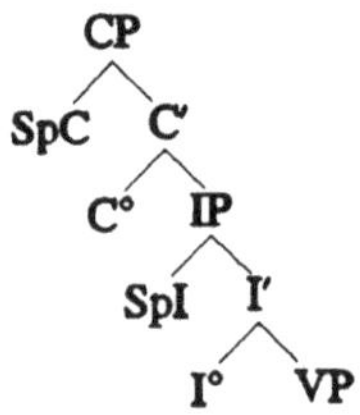

Die Ableitung der im Deutschen auftretenden drei Satztypen (V/1-, V/2-, V/E-Satz) geschieht durch Finitums-Bewegung nach C^0 und, abhängig von V/1 oder V/2-Struktur, durch Bewegung einer Maximalprojektion aus dem Mittelfeld nach SpC.

Die Differenzhypothese (s. Reis 1985, Reis & Rosengren 1988, Brandt, Reis, Rosengren & Zimmermann 1991) andererseits nimmt für Haupt- und Nebensatz verschiedene Strukturen an. Dem deutschen Hauptsatz ist demnach die Struktur in (11) zuzuweisen:

---

1 Siehe von Stechow & Sternefeld (1988), Grewendorf (1988) zur ausführlichen Diskussion beider Hypothesen.

(11)

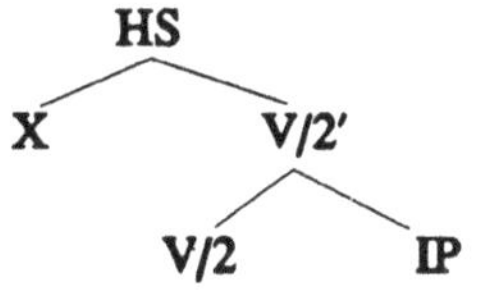

Der Unterschied zwischen beiden Hypothesen liegt in der Antwort auf die Frage, ob die Positionen V/2 und C^0 identifiziert werden können oder nicht.

Wenn wir diese Fragestellung auf die Arbeitsweise des Parsers beziehen, so tritt unter der Differenzhypothese das Problem auf, aufgrund welcher Evidenz im Signal der Parser die verschiedenen Satzstrukturen diagnostizieren kann. Unter der Sichtweise, daß die syntaktischen Konfigurationen aus den beteiligten Lexemen projiziert werden, ist die Beantwortung dieser Frage zunächst problematisch, da diese Hypothese nicht die Bedingungen angibt, unter denen eine bestimmte Satzstruktur anzunehmen ist. Diese wird in der linguistischen Analyse zwar stets als implizites Wissen vorausgesetzt, die relevante Frage ist jedoch, aufgrund welcher Eigenschaften der Terminalkette dieses Wissen in der Prozeßsituation aktiviert werden kann.

Vertritt man die Uniformitätshypothese, so ist zu fragen, warum verschiedene Positionen in der Satzstruktur unter bestimmten Umständen nicht besetzt werden dürfen, und es stellt sich das Problem, wie die Bedingungen zu spezifizieren sind, denen die Nicht-Besetzung unterliegt. Die Struktur von Chomsky (1986b:3) liefert erstens für das Deutsche diejenigen Positionen, die für Verbvoranstellung und Topikalisierung notwendig sind, und sie unterliegt zweitens den Prinzipien der X-bar-Theorie. Sie sagt drittens für gewisse süddeutsche Dialekte die Abfolgen einerseits von Comp-Elementen und vorangestellten wh-Phrasen und andererseits von Relativpronomina und *wo* voraus:

(12) (i) Ich weiß nicht, wen daß du gesehen hast.
(ii) Das ist der Mann, der wo kommt.

Viertens liefert sie eine Erklärung für die durch das topologische Feldermodell empirisch wohlmotivierte Verteilung von lexikalischen C^0-Elementen und finitem Verb. Wenn C^0 besetzt ist, kann das finite Verb nicht in diese Position bewegt werden[2].

Daß auch das Subjekt in 'einfachen' deutschen Hauptsätzen in der SpC-Position steht, zeigen die Daten in (13), so daß es in dieser Position, wie andere XP-Phrasen auch, weglaßbar ist, während es in Basisposition realisiert werden muß (s. Fanselow & Felix 1987:152):

---

[2] Siehe Thiersch (1978) und zu einer Diskussion der sog. komplementären Verteilung von Finitum und C^0-Elementen von Stechow & Sternefeld (1988:402ff).

(13) (i) Den Typ hab' ich schon gesehen.
(ii) Hab' ich schon gesehen.
(iii) Hab' den Typ schon gesehen.
(iv) *Den Typ hab' schon gesehen.

Während Fanselow & Felix in diesen Daten die Bestätigung für Sujekt-Voranstellung sehen, nimmt Haider (1988:90) an, daß das Konzept der *kongruenten Projektion* hier eine Rolle spielt. In *vacuous movement*-Kontexten (s. Chomsky 1986b:48) wie in (14) können die jeweiligen Konfigurationen isomorph aufeinander abgebildet werden, wie in (15), wo eine kongruente Projektion vorliegt.

(14)

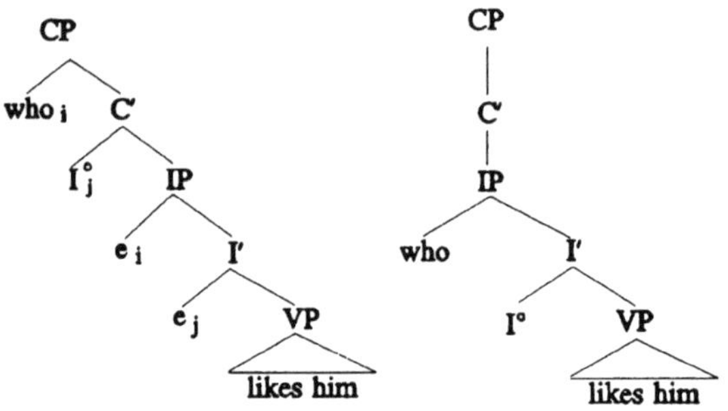

(15)

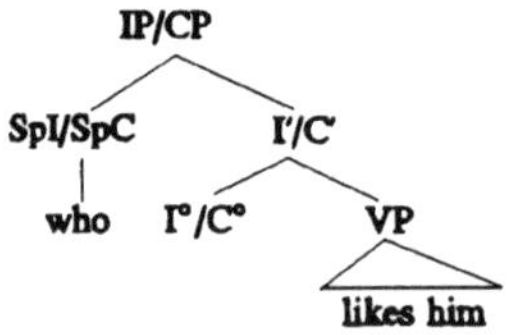

Sie erlauben damit, D-strukturelle Konfigurationen direkt auf S-Struktur abzubilden. Damit entfällt das Problem, das mit der Projektion leerer Kategorien verbunden ist. Der deutsche Hauptsatz ist also nicht als Projektion eines leeren C-Elementes aufzufassen, sondern kann direkt als kongruente Projektion des I-Systems auf das C-System betrachtet werden.

Das Konzept der kongruenten Projektion erlaubt nun, den deutschen Hauptsatz mit initialem Subjekt ohne die Annahme leerer Projektionen abzuleiten. Während dies zwar für subjektinitiale Strukturen prinzipiell gelten kann, zeigt sich doch für andere Fälle von XP-Voranstellung, daß das Konzept der kongruenten Projektion keine Anwendung findet, da aus der Menge der möglichen Fälle von XP-Voranstellung nur der Spezialfall der Subjektvoranstellung erfaßt wird. Da die Struktur in (10) zwar hinreichend viele Positionen zur Verfügung stellt, ist also zu fragen, unter welchen Bedingungen diese Positionen wie besetzt werden dürfen.

Nun haben Reis & Rosengren (1988) (im folgenden abgekürzt als R&R) auf einen Effekt bei wh-Imperativen hingewiesen, der nahelegt, daß die Skopusdomäne von Elementen mit einem [+wh]-Phrasen-Merkmal (wh-P-Merkmal) in Abhängigkeit von einem linksperipheren wh-Satztypmerkmal (wh-ST-Merkmal) festgelegt wird. Insbesondere wird die Skopusdomäne eines wh-Operators nicht ausschließlich durch die Position der wh-Phrase selbst festgelegt. Bei langer Bewegung einer [+wh]-Phrase in einen Matrixsatz im Imperativmodus bleibt die Skopusdomäne des Operators auf den eingebetteten Satz beschränkt:

(16) Wen sag mir doch mal gleich daß Peter gestern besucht hat!

Obwohl die extrahierte [+wh]-Phrase den Gesamtsatz c-kommandiert, bleibt der Matrixsatz im Imperativmodus und weist keine Fragecharakteristik auf, sondern diese beschränkt sich auf den eingebetteten Komplementsatz. Diesen Effekt führen R&R auf die Abhängigkeit der Skopusdomäne des wh-Operators von der [±wh]-Spezifikation eines linksperipheren Satztyp-Merkmals zurück. Daraus ziehen R&R (1988:35) folgende Schlüsse:

(17) S1: Topikalisierung und [+wh]-Bewegung ist XP-Bewegung in eine A-bar-Position, wobei die Spur **keine** syntaktische Variable ist.
S2: Der Unterschied zwischen den Bewegungsprozessen besteht in der Interaktion von [+wh]-P-Merkmal mit [+wh]-ST-Merkmal.
S3: Wh-Phrasen sind XPn, wobei [+wh]-Phrasen Operatoren sind, deren Skopus durch das wh-ST-Merkmal festgelegt wird.
S4: Die A-bar-Position mit [+wh]-ST-Merkmal legt die Skopusdomäne und den Landeplatz der wh-Phrase an, die sie c-kommandiert.
S5: [+wh]-Bewegung einer Phrase ist im Deutschen aufgrund einer Sichtbarkeitsbedingung für Skopuszuweisung notwendig.
S6: Damit wird der Skopus von wh-Phrasen auf S-Struktur ablesbar.

Aus der Verschiedenheit von [+wh]-Bewegung bei Imperativsätzen einerseits und Fragen andererseits können zwei mögliche Konsequenzen gezogen werden. Entweder sind für [+wh]-Bewegung und Topikalisierung zwei verschiedene Prozesse anzunehmen, oder A-bar-Bewegung ist derart zu definieren, daß der zugrundeliegende Bewegungsmechanismus gleich bleibt, daß aber die wh-Spezifikation verschiedener Phrasen hinsichtlich dieses Bewegungsprozesses unterschiedliche Eigenschaften hat (s. R&R 1988:23). R&R verfolgen die zweite Alternative, die die folgenden Annahmen erfordert:

(18) A1: Das [±wh]-ST-Merkmal in der A-bar-Position wird für Interrogativ- und Deklarativsatz unterschiedlich spezifiziert,
A2: Imperativsätze haben eine optionale, linksperiphere A-bar-Position, die durch kein Merkmal markiert werden kann.

Daraus ergeben sich unter Hinzunahme von Nebensätzen die folgenden Konsequenzen über die im Deutschen zu unterscheidenden Satzstrukturen und ihre jeweiligen Merkmalsverteilungen (s. R&R 1988:41)[3]:

(19) K1: V/E-Sätze sind CPs.
K2: V/2-Sätze sind IPs, mit [±wh] in SpI. [+wh]-V/2-Sätze sind Hauptsätze.
K3: Imperativsätze sind weder CPs noch IPs, sie haben kein Merkmal in der linksperipheren Position und sind möglicherweise AgrPs (vgl. Rosengren in. prep.).
K4: [+wh]-Phrasen können nach SpI bewegt werden.
K5: [-wh]-Phrasen können nach SpI bewegt werden, falls SpI [-wh]-markiert ist.
K6: Beide können nach SpAgr bewegt werden, im Falle von Imperativen.
K7: SpC scheint nur für Operatorphrasen ([+wh], [rel], 'je') zugänglich.
K8: [-wh]-Phrasen können nicht nach SpC bewegt werden.

Aus parsingtheoretischer Sicht sind verschiedene Fragen hinsichtlich der Berechnung dieser Strukturen und der Herleitung der darin enthaltenen Merkmale zu stellen:

(20) F1: Aufgrund welcher Kenntnis kann der Parser diagnostizieren, ob in der linksperipheren Satzposition ein [+wh]- oder ein [-wh]-ST-Merkmal vorhanden ist?
F2: Aus welchen Indizien läßt sich für den Parser schließen, welche Satzstruktur er zu generieren hat (CP, IP, AgrP, TP)?
F3: Stehen dem Parser 6-7 Strukturalternativen zur Auswahl, die sukzessiv hinsichtlich des passenden Satztyps zu überprüfen sind, oder lassen sich aus der Kombinatorik der beiden linksperipheren Phrasen/Lexeme die jeweiligen Satztypen bzw. die damit verbundenen Merkmale ableiten?

F1 und F2 sind nur so zu beantworten, daß der Parser diese Merkmale nur unter Rekurs auf das linksperipher vorhandene Phrasen- oder Wortmaterial induzieren kann. Jede andere Berechnungsweise setzt eine Variante von merkmalsannotierten PS-Regeln voraus, die einem Projektions- und Linking-Parser nicht zur Verfügung stehen. F3 bietet zwei Alternativen. Die erste zu verfolgen, setzt voraus, daß der Parser zwischen verschiedenen strukturellen Optionen auswählt. Da die Anzahl der zur Verfügung stehenden Strukturen klein ist, ließe sich diese Strategie prinzipiell verfolgen.[4] Jedoch ist auch damit die Annahme fest vorgegebener Strukturen verbunden, die letztlich nur über PS-Regeln hergeleitet werden können, so

---

[3] Zu leichten Modifikationen dieser Annahmen s. Brandt, Reis, Rosengren & Zimmermann (1991:33). Die Satztypen bilden dort hybride Varianten sog. *matching projections* (= kongruente Projektionen). Am zugrundeliegenden Konzept ändert sich jedoch nichts.

[4] Berwick (1990) hat gezeigt, daß Berechnungssysteme, deren Variablenbelegung drei bis vier Möglichkeiten nicht überschreitet, effizient arbeiten, so daß eine Strukturauswahl dieser Größenordnung durchaus ins Kalkül gezogen werden könnte.

daß diese Variante unter der Projektionsperspektive abzulehnen ist. Die zweite Alternative in F3 führt zu den Fragen:

F4: Welche Merkmale sind zur Bestimmung der Satztypen relevant?
F5: Wie werden sie induziert?
F6: Welche Positionen werden dabei wie besetzt?

Die Beantwortung von F4, F5 und F6 klärt zugleich F1, F2 und F3. Um diese Klärung herbeizuführen, schlage ich einen anderen, jedoch an R&R orientierten Interaktionszusammenhang vor.

Zur Veranschaulichung dient uns die Diskussion in R&R (1988:32ff). Einerseits wird ein einheitlicher A-bar-Bewegungsprozeß angenommen, andererseits ist [+wh]-Bewegung von [-wh]-Topikalisierung aufgrund der Imperativ-Fakten zu trennen. Naheliegenderweise führen R&R dieses unterschiedliche Verhalten auf die Eigenschaften der bewegten Phrase selbst zurück und nehmen daher an, daß die Spezifikation [+wh] nicht gleichrangig mit der negativen oder Nullspezifikation [-wh] ist. [+wh] spezifiziert eine Phrase als Operator, [-wh] sagt lediglich aus, daß diese Phrase keine Operatoreigenschaften hat. Die Operator-Eigenschaft erhält eine XP durch spezifische lexikalische Füllung. Daraus -so R&R- erklärt sich das analoge Verhalten von [+wh]-, Quantoren- und Relativ-Phrasen, die eigentlich [-wh]-spezifiziert sind, aber durch lexikalische Besetzung (etwa mit einem [+wh]-Element) zu Operatorphrasen werden.

Zugrundeliegend für die Bewegung dieser Phrasen ist der allgemeine Prozeß der A-bar-Bewegung einer (maximalen) XP in eine A-bar-Position. Die Skopuszuweisungs-Eigenschaft führen R&R auf die Interaktion des [-wh]-P-Merkmals der XP-Phrase mit dem jeweils unabhängig davon zu spezifizierenden wh-ST-Merkmal zurück. Die relevanten Effekte ergeben sich daraus wie folgt: Satzskopus erhalten [+wh]-Operatoren aufgrund ihrer Interaktion (c-Kommando) mit dem [+wh]-ST-Merkmal, und da dieses Merkmal nur in Interrogativsätzen anzutreffen ist, die A-bar-Position des Imperativsatzes darüber hinaus aber für alle XPs offen ist, folgt:

(21) (i) daß eine [+wh]-Phrase jeweils in die A-bar-Positionen beider Sätze bewegt werden kann,
(ii) aber nur beim Interrogativsatz Skopus über den Satz hat.

Satzskopus wird also nicht allein durch Bewegung eines wh-Operators induziert, sondern resultiert erst aufgrund von c-Kommando durch das wh-ST-Merkmal. A-bar-Bewegung einer [+wh]-Phrase ist daher weder hinreichend ([+wh]-Imperative) noch notwendig ([+wh]-Phrasen in situ) für Satzskopus. Letztlich erfordert nur die fürs Deutsche spezifische Sichtbarkeitsbedingung für Skopusmarkierung S5 (s. (17)) die Bewegung eines wh-Operators, um die Skopusdomäne anzuzeigen[5].

Da sich bei wh-Imperativen die wh-Phrase in linksperipherer Position befindet und damit den Gesamtsatz c-kommandiert, hat sie -per Definition- strukturell Skopus über diesen Bereich. R&R nehmen daher an, daß ein anderer Faktor, nämlich das Auftreten des [+wh]-ST-Merkmals in der linksperipheren Satzposition für die Skopuseigenschaften der Operatoren verantwortlich ist. Für eine Terminalkette wie:

(22) wen er gesehen hat.

weist das linksperiphere ST-Merkmal abhängig vom jeweiligen Satztyp unterschiedliche Wertbelegungen auf (s. R&R 1988:35):

(23) (i) [-wh Jetzt sagst du [+wh wen$_i$ [er t$_i$ gesehen hat]]]
(ii) Sag [+wh wen$_i$ [er t$_i$ gesehen hat]]
(iii) [+wh Was sagst du [-wh wen$_i$ [er t$_i$ gesehen hat]]]
(iv) [+wh Sagst du [+wh wen$_i$ [er t$_i$ gesehen hat]]]

Das zugrundeliegende wh-ST-Merkmal in (23)(iii) alterniert gegenüber den anderen Fällen, obwohl die durch das Matrixverb gelieferten Selektionsanforderungen nicht variieren, da dieses jeweils dasselbe ist. Einziges unterscheidendes Merkmal ist das wh-ST-Merkmal des eingebetteten Satzes. Nun hängt diese Spezifikation aber nicht von der Merkmalsverteilung im Matrixsatz ab, da dieser auch in (23)(iii) ein [+wh]-ST-Merkmal aufweist, d.h. daß keine Interaktion zwischen dem Satztyp des Matrixsatzes und dem des eingebetteten Satzes besteht, sondern vielmehr, daß die Verteilung der wh-ST-Merkmale unabhängig von anderen Faktoren vorgenommen wird. Die jeweilige Spezifikation wird dabei ohne deduktive Ableitung vorgenommen, sondern -ad hoc- postuliert. Für den Parser bedeutet dies, daß keinerlei Evidenz im Signal vorliegt, die die Annahme einer bestimmten Merkmalsbelegung induziert. Darüber hinaus wird unter der c-Kommando-Hypothese für (23)(iv) (s. R&R 1988:Anm. 18) ein Skopusverhalten des wh-Operators vorausgesagt, welches fälschlicherweise W- und nicht E-Fragecharakteristik induziert. Da der Matrixsatz linksperipher das [+wh]-ST-Merkmal aufweist, welches die Operatorposition des eingebetteten Satzes c-kommandiert und diese Position einen wh-Operator enthält, liegt c-Kommando zwischen [+wh]-ST-Merkmal und [+wh]-P-Merkmal vor, so daß die Bedingungen zur Interpretation als W-Frage erfüllt sind. Tatsächlich kann (23)(iv) aber ausschließlich als E-Frage interpretiert werden und läßt keine Ambiguitätsvariante als W-Frage zu. Es scheint daher nicht angemessen, die sich jeweils

[5] Die Notwendigkeit der Skopusmarkierung durch Bewegung einer [+wh]-Phrase ist jedoch fragwürdig. Sprachen wie Japanisch oder Chinesisch weisen keine overte wh-Bewegung auf. Die Operatoren werden jedoch durch LF-Bewegung in ihre jeweiligen Positionen versetzt. Sichtbare Skopusmarkierung scheint daher kein generelles Prinzip natürlicher Sprachen zu sein. Im Deutschen weisen darüberhinaus die wh-Imperativ-Fakten darauf hin, daß die Bewegung eines wh-Operators gerade nicht die Skopusdomäne anzeigt.

ergebende Fragebedeutung mit der über c-Kommando zwischen wh-ST-Merkmal und wh-P-Merkmal festgelegten Skopusdomäne zu identifizieren. Die Festlegung der Satztypen/-modi ist m. E. so vorzunehmen, daß diese von den Skopuseigenschaften der wh-Phrasen getrennt erfaßt und auf ein eigenständiges Satzmodus-System bezogen werden müssen.

8.1. CP als Modussystem

Auf der Grundlage der von R&R festgestellten Beobachtungen läßt sich nun die Ableitung der Satzstrukturen im Deutschen auf eine Interaktion von Merkmalen zurückführen, die einerseits aus einem einfachen System von Prinzipien deduziert werden kann, und die andererseits die sich aus der Parsingperspektive ergebende Frage der Diagnostik der Satztypen beantwortet. Außerdem wird die Vergabe der referentiellen Rolle der finiten Verben und der Status des verbalen Modusmerkmals erfaßt. Fünf interagierende Prinzipien ergeben die verschiedenen Merkmalsverteilungen, die daraus resultierenden Satztypen und die unterschiedlichen Skopusvarianten. Die Bezeichnungen der Merkmale sind zunächst als heuristische Abkürzungen aufzufassen, die inhaltlicher Füllung bedürfen. Die grundlegende Idee basiert auf der Annahme, daß neben den funktionalen Köpfen T^0 und Agr^0 (s. Pollock 1989, Chomsky 1989) der Verbmodus ein für die Satzkategorie relevanter funktionaler Kopf ist. Das folgende Prinzipiensystem leitet die jeweiligen Satztypen ab:

(24)

P1: Verbmodi sind funktionale Köpfe, die eine Spezifikator-Position lizenzieren. Sie projizieren damit ein autonomes Modus-System mit dem Verbmodus M^0 als funktionalem Kopf und einer SpM-Position als Spezifizierer.

P2: V_{fin} in M^0-Position induziert [+wh] als ST-Merkmal, falls V_{fin} nicht morphologisch markiert ist (Imperativ).

P3: Die Besetzung der SpM-Position legt den Satzmodus in Interaktion mit der Besetzung der M^0-Position fest.

P4: Gleichartige Merkmale in M^0 und SpM interagieren; nicht-gleichartige Merkmale interagieren nicht.

P5: Weitere Informationsstrukturen (Akzentuierung, Prosodie, Modalpartikeln, Modalverben usw.) sind für die Interpretation der syntaktischen Spezifikation des Satzmodus relevant und können diesen modifizieren (weiter Skopus von Modalpartikeln).

P1 - P5 stellen ein modulares System zur Distribution der wh-ST-Merkmale, der wh-P-Merkmale und der Imperativ-Markierung dar, aus dem sich die Verteilung der wh-Merkmale aus der Kombinatorik der beiden zur Verfügung stehenden Positionen SpM und M^0 deduzieren läßt.

P1 garantiert, daß die Projektion von Sätzen ohne lexikalische C^0-Einleitung anhand der morphologischen Markierung am Finitum sichtbar ist, d.h. einen Oberflächenreflex zeigt, den der Parser zum Strukturaufbau benötigt.

P2 besagt, daß die Bewegung des Finitums -qua Bewegung- ein Satzmodus-Indikator ist, analog zu, aber in anderer Weise als lexikalische C^0-Elemente. Die Besetzung der M^0-Position durch das finite Verb geschieht damit nicht aufgrund der Finitheit der C^0-Position, sondern aufgrund der Satzmodusfestlegung in dieser Position. Imperativ-Markierung am Verb legt den Satzmodus direkt fest, während Konjunktiv-Markierung zusätzliche Bedingungen einführt[6]; der Indikativ ist dabei der unmarkierte Fall.

P3 bezieht die beiden Positionen SpM und M^0 aufeinander, wobei die in P4 ausgedrückten Interaktionszusammenhänge so zu konstruieren sind, daß sich die satzmodustypischen Effekte bei Interrogativ-, Deklarativ- und Imperativsätzen ergeben.

P5 blendet die vielschichtige Diskussion weiterer satzmodusrelevanter Faktoren aus (s. Altmann 1988, Meibauer 1987, Oppenrieder 1989, Wunderlich 1988), läßt aber die Interaktion mit diesen Faktoren prinzipiell zu.

Aus der Anwendung von P1 - P5 ergibt sich somit das folgende Bild für die Kombinatorik der Besetzung von SpM- und M^0-Position:

(25)

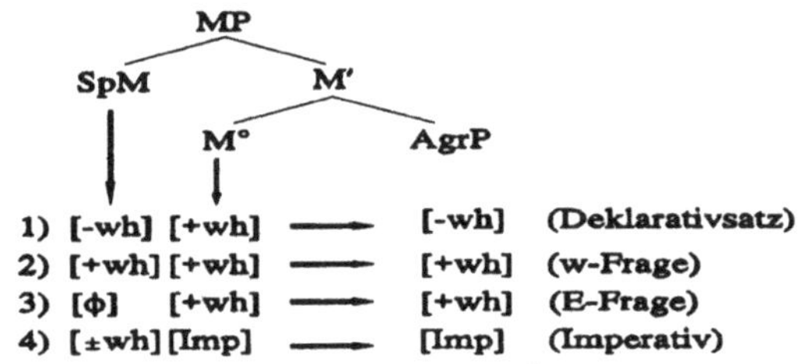

Auszuschließen in 4) ist kurze [+wh]-Imperativ-Extraktion (26)(i), während kurze [-wh]-Extraktion (26)(ii) und lange [+wh]-Extraktion (26)(iii) zulässig sind.

(26) (i) *Wo komm morgen an.
(ii) Den Wagen fahr in die Garage!
(iii) Wen sag mir daß du getroffen hast!

---

[6] Zu spezifizieren ist dabei der Charakter der Konjunktiv-Markierung bei bedingungsgebundenen Fragen
(i) Wäre Paul gekommen?
sowie den Optativ-Lesarten
(ii) Wäre Paul (doch) gekommen.
Assertive V/1-Sätze wie
(iii) Kommt 'ne Frau zur Tür 'rein
sind aufgrund ihrer Textsortenrestriktion anders zu behandeln. Dabei scheint der Äußerungskontext und fallende Intonation relevante Bedingung zur Auslassung der SpM-Position zu sein.

Die folgenden Beispiele zeigen die sich aus P1 - P5 ergebenden Effekte:

(27) (i) Morgen kommen hier drei Männer an.
(ii) Es kommen hier morgen drei Männer an.
usw.
(iii) Wer kommt hier morgen an?
(iv) Kommen hier morgen drei Männer an?
(v) Kommt hier morgen an!
(vi) Morgen kommt ihr hier an!

(vii) Wer sag mir daß hier morgen ankommt!
(viii) Wer sag mir kommt hier morgen an!

(ix) Was sagst du wer hier morgen ankommt?
(x) *Was sag mir wer hier morgen ankommt?
(xi) Sagst du wer hier morgen ankommt? (E-Frage)

Die Hauptsätze (27)(i) bis (27)(vi) ergeben sich direkt aus P1 - P5. Die 'Skopuserweiterung' gemäß der c-Kommando-Hypothese in (27)(ix) ergibt sich ebenfalls unter der Modussystem-Hypothese. Dabei kann das suppletive *was* als wh-Korrelat analog zum *es*-Korrelat aufgefaßt werden.[7] (27)(ix) fragt danach, 'was gesagt wird'. Das suppletive *was* spezifiziert das Modussystem des Matrixsatzes als W-Frage und bezieht sich über die für Korrelat-Elemente typische Kongruenz auf das eingebettete propositionale Komplement. Dieses Element kann in (27)(x) aus dem gleichen Grund nicht auftreten, aus dem kurze wh-Imperativ-Extraktion (s. (26)(i)) nicht zulässig ist. Die Bedingungen für die Blockierung dieser Strukturen sind in der semantischen Struktur des Imperativs einerseits und der spezifischen Konfiguration des Modussystems andererseits zu suchen.

Für (27)(xi) sagt die c-Kommando-Hypothese w-Fragecharakteristik voraus (s. R&R 1988:Anm.18). Wie oben bereits erörtert, ergibt sich tatsächlich nur die E-Frage-Lesart. Die Modussystem-Hypothese hingegen sagt aber gerade den E-Frage-Modus voraus, da der Modus des Matrixsatzes invariant bleibt, analog zum Imperativmodus bei langer wh-Extraktion in (27)(vii) und (27)(viii). Damit sind zunächst die Standardfälle erfaßt.

Unabhängig motiviert wird diese Interaktion durch Beobachtungen zum Sprachwandel. Wie Lenerz (1985a:113) feststellt, wird mit der Einsetzung expletiver Elemente (insbesondere des [-wh]-Topik-*es*) eine syntaktische Option (Verb-Zweit-Stellung) erst gewährleistet. Die Einsetzung einer [-wh]-Phrase in die SpM-Position hat nun gerade die Funktion, das aufgrund von Verbbewegung induzierte [+wh]-ST-Merkmal zu neutralisieren, um Deklarativsätze zu ermöglichen. Ohne diese Einsetzung resultieren E-Fragen (s. Lenerz 1985a:119):

---

[7] Diesen Hinweis verdanke ich Jürgen Lenerz.

(28) (i) Es darf getanzt werden.
(ii) Darf getanzt werden?
(iii) Es zogen drei Burschen (wohl) über den Rhein.
(iv) Zogen drei Burschen (wohl) über den Rhein?

Die overte syntaktische Bewegung einer [+wh]-Phrase zur Bildung von W-Fragen ist daher auf eine Parametrisierung des MP-Systems im Deutschen zurückzuführen und dient der Satzmodus-Determination. Genau eine [+wh]-Phrase muß bewegt werden, um die Merkmalsspezifikation [+wh] im Modussystem festzulegen. R&R führen die obligatorische Bewegung genau einer [+wh]-Phrase auf die Notwendigkeit der Indizierung der Skopusdomäne auf S-Struktur zurück. Nun tritt aber bei wh-Imperativen der Tatbestand auf, daß die Landeposition des wh-Operators die Skopusdomäne gerade nicht festlegt. Identifiziert man nun, wie R&R, die Skopusdomäne des wh-Operators mit dem resultierenden Satztyp/modus, so muß auf LF die S-strukturelle wh-Bewegung soweit rückgängig gemacht werden, daß der Operator nur Skopus über den eingebetteten Satz hat. Das bedeutet aber, daß der wh-Operator auf LF wieder abgesenkt werden muß. Wenn wh-Bewegung also nicht aus Sichtbarkeitsgründen für Skopuszuweisung geschieht, so gibt es in der Analyse von R&R keine Erklärung dafür, warum wh-Bewegung überhaupt stattfindet. Aus diesen Gründen schließe ich, daß der Skopus von wh-Phrasen nicht mit dem Satztyp/modus identifiziert werden kann, sondern daß letzterer aufgrund eines autonomen Modussystems durch Interaktion der auftretenden Merkmale spezifiziert wird.

Für Quantorenphrasen anderer Art (*alle*, *jeder*, *einige* usw.) ist syntaktische Bewegung nicht obligatorisch, da diese ein [-wh]-P-Merkmal aufweisen bzw. hinsichtlich des wh-Merkmals überhaupt nicht spezifiziert sind. Sie verhalten sich daher syntaktisch wie andere [-wh]-Phrasen auch und können, da sie für die Modusspezifikation nicht relevant sind, in situ realisiert werden oder, in der SpM-Position auftretend, den Deklarativsatzmodus induzieren.

Andere Interpretationsvarianten des V/1-Hauptsatzes, die zunächst mit dem [+wh]-ST-Merkmal und der Modussystem-Hypothese nicht kompatibel zu sein scheinen, sind auf zusätzliche, durch Intonation, Einsetzung von Modalpartikeln und Kontextbedingungen induzierte Effekte zurückzuführen, die den syntaktisch markierten Satztyp modifizieren können. Unter Auslassung dieser Mittel sind E-Fragen jedoch prinzipiell möglich, wenn der Verbmodus ungleich Imperativ ist. Für den Konjunktiv gilt dies ebenfalls.

(29) (i) Wäre Peter doch/nur/usw. gekommen!
(ii) Wäre Peter gekommen?

Die Bedingungsabhängigkeit der Frage in (29)(ii) ist aus der spezifischen Bedeutung des Konjunktivs weiter herzuleiten. Zugleich muß sich daraus unter Verwendung geeigneter Modalpartikeln und gegebenenfalls intonatorischer Information der Optativ-Satz rekonstruieren lassen.

Assertive V/1-Sätze wie:

(30) (i) Kommt 'ne Frau zur Tür rein.
(ii) Geht 'n Mann zum Psychologen.

erlauben kontextunabhängig und bei geeigneter Intonation ebenfalls Frageinterpretation, scheinen aber durch ihre Textsortenrestriktion (typischerweise Erzählstil, Witze usw.) klar markiert und vom Äußerungskontext abhängig zu sein. Bei diesen Konstruktionen scheinen wesentlich die kontextuellen und textsortenspezifischen Bedingungen dafür verantwortlich zu sein, daß die vom Finitum zur Verfügung gestellte Ereignisvariable in spezifischer Weise instantiiert wird, was die Nicht-Besetzung der SpM-Position zuläßt, so daß für diese Konstruktionen weitere Prinzipien der Interpretation angesetzt werden können. Analoges gilt für den Exklamativsatz, der ebenfalls wesentlich durch nicht-syntaktische Interpretationsfunktionen induziert wird (s. Fries 1988):

(31) (i) Hat die vielleicht Beine!
(ii) Kommt der aber angerannt!
(iii) Was der alles trinken kann!
(iv) Daß der aber auch immer zu spät kommen muß!

Diese durch die jeweiligen, erweiterten Informationsstrukturen hervorgerufenen Interpretationen sind durch P5 abgefangen und auf semantisch/pragmatischer Ebene zu rekonstruieren. Sie werden im weiteren nicht verfolgt.

Das System (24) erlaubt, den jeweiligen Satzmodus auf der Basis der durch die funktionale Kategorie *Verbmodus* etablierten M-Projektion effektiv zu rekonstruieren, da einerseits der funktionale Kopf an der morphologischen Markierung des Finitums ablesbar ist, andererseits aber auch die Kombinatorik der Besetzung der beiden M-Positionen unter strikter Adjazenz lokal rekonstruiert werden kann. Die Bewegung des Finitums wird -qua Bewegung- als Modusindikator aufgefaßt. SpM kann -außer bei Imperativmodus- durch eine [$\pm$ wh]-Phrase besetzt sein.

Die f-selektionalen Bedingungen des Kopfes der MP verlangen eine Agr-Phrase, die ihrerseits eine [+fin]-spezifizierte Tempusprojektion verlangt. Diese Annahme ist naheliegend, da Verbmodus-Markierung morphologisch stets bei den finiten Verbformen auftritt.

8.2. Satzmodus, Verbmodus und Ereignisvariable

Erinnern wir uns nun, wie die Konfiguration des Parsers aussieht, wenn er die Agr-Projektion aufgebaut hat.

Erstens ist die Ereignisvariable des Verbs noch nicht instantiiert, und zweitens ist das Verbmodusmerkmal über AgrP hinaus zu behandeln. Die verbale Flexionsmorphologie des Deutschen umfaßt die Merkmale *Tempus*, *Person*, *Numerus* und *Modus*. Das Tempus-Merkmal etabliert den funktionalen Kopf der TP, Person- und Numerus-Merkmal stellen gemeinsam den Kopf der AgrP dar. Das verbale Modusmerkmal hat bisher keinen systematischen Status im System der morphosyntaktisch motivierten funktionalen Kategorien.

(32)

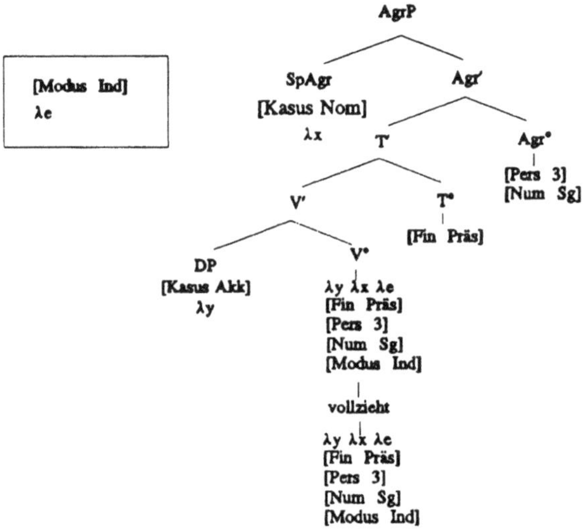

Ich nehme nun an, daß dieses Merkmal der funktionale Kopf einer Modus-Phrase ist. Verbbewegung geschieht nicht aufgrund des [+Fin]-Merkmals -wie in der Literatur allgemein angenommen (s. etwa Grewendorf 1988)-, sondern aufgrund der Festlegung des Satzmodus. Dies geschieht durch die Projektion des M-Systems, also nachdem die gesamte Agr-Phrase projiziert ist. Insbesondere liegt zu diesem Prozeßzeitpunkt die gesamte Struktur des Satzes fest, so daß Bewegungsprozesse innerhalb von AgrP (scrambling) keine Relevanz für die Spezifikation des Modus-Systems besitzen. Den einzig relevanten Faktor zur Modusdiagnose stellen daher Bewegungsprozesse dar.

Bis zum Zeitpunkt der Projektion von M^0 ist die Ereignisvariable des Finitums nicht instantiiert. Diese Instantiierung geschieht über das zweistellige Prädikat *INST*,

(33) e INST p

das eine Proposition mit der Repräsentation einer Situation im konzeptuellen System (CS) verknüpft (s. Bierwisch 1986 und Kapitel 6.2).

Da das Modussystem wesentlich die Sprechereinstellung zu der durch das Verb ausgedrückten Proposition spezifiziert, nehme ich an, daß diese Variable innerhalb von MP abhängig vom Verbmodus und der Besetzung der zur Verfügung stehenden Positionen in spezifischer Weise instantiiert wird. Dabei ist zu gewährleisten, daß einerseits das [+wh]-ST-Merkmal bei V/1-Sätzen im Indikativ induziert wird, daß andererseits im Imperativsatz jedoch nicht induziert wird und im Konjunktiv der Interpretationsspielraum zwischen Optativ und Frage erhalten bleibt. Ohne die letztere Möglichkeit genauer zu differenzieren, ist dabei die für die Instantiierung der Ereignisvariablen relevante semantische Form der Verbmodi zu betrachten und ihre Interaktion mit der Bewegung des Finitums in Zusammenhang zu bringen. Als Resultat soll erreicht werden, daß indikative und konjunktive V/1-Sätze prinzipiell E-Fragecharakteristik aufweisen können, Imperativsätze hingegen nicht. Von der Besetzung der SpM-Position hängt es ab, welcher Satzmodus jeweils induziert wird.

Wir können die folgenden heuristischen Abkürzungen für die semantischen Komponenten der Verbmodi annehmen:

(34) (i) Indikativ: λX [IND X]
(ii) Konjunktiv: λX [KONJ X]
(iii) Imperativ: λX [IMP X e]

Die Konstanten *IND, KONJ, IMP* besitzen zusätzliche interne Strukturkomponenten, die die für die Verbmodi spezifischen Relationen zu der durch die Proposition ausgedrückten Situation weiter festlegen, die für die hier zu behandelnde Thematik aber nicht interessant sind. Dabei spielt der Imperativ eine designierte Rolle, da nur dort die Ereignisvariable instantiiert wird. Dies trägt dem Faktum Rechnung, daß in diesem Fall Verbmodus und Satzmodus zusammenfallen.

Für die beiden anderen Verbmodi wird zusätzlich die Besetzung der SpM-Position relevant. Aus der Anwendung der beiden ersten Fälle von (34) ergibt sich damit, daß die Ereignisvariable bei Indikativ und Konjunktiv nicht instantiiert wird, so daß die Einstellung zur Proposition hinsichtlich einer bestehenden Situation nicht feststeht. Diese kann als E-Fragecharakteristik, die auf der Stellung des Finitums in M^0-Position basiert, interpretiert werden:

(35) λe [IND [PRÄS [e INST [PETER SCHLAG PAUL]]]]

Die Instantiierung der Ereignisvariablen bei Indikativ und Konjunktiv wird nun wesentlich auf die Besetzung der SpM-Position bezogen. Diese löst als separat zu betrachtender Prozeß die Instantiierung aus und erhält damit eine eigenständige Interpretation, so daß wir in (34)(i) und (34)(ii) die Bedingungen der Besetzung dieser Position zu integrieren haben.

Zugleich ist dabei zu berücksichtigen, daß sich bei der Verbindung mit lexikalischen C^0-Elementen in V/E-Sätzen mit den beiden Verbmodi kompatible Resultate ergeben. Insbesondere ist sicherzustellen, daß einerseits aufgrund der Besetzung der SpM-Position in V/2-Sätzen die Ereignisvariable instantiiert wird und daß dies in V/E-Sätzen von einem lexikalischen C^0-Element in M^0-Position bzw. von der Besetzung der SpM-Position (im Falle von Relativsätzen und indirekten Fragen) durch einen wh/d-Operator geleistet wird.

Was dazu benötigt wird, ist lediglich die Verfügbarkeit der Ereignisrolle, so daß wir deren Instantiierung abhängig von der Besetzung der M-System-Positionen und der Verbmodi vornehmen können, was zu einer leichten Modifikation von (34) führt, wie in:

(36) (i) Indikativ: λX [IND X ($_{\alpha SpM}$ e)]
(ii) Konjunktiv: λX [KONJ X ($_{\alpha SpM}$ e)]

Für $\alpha \in \{ +, - \}$ steht bei unbesetzter SpM-Position (der Fall α = -) die e-Variable weiterhin zur Verfügung, analog zu C^0-eingeleiteten Nebensätzen. Die Instantiierung findet damit nur bei besetztem Vorfeld oder bei C^0-eingeleiteten Sätzen durch das C^0-Element statt. Konsequenterweise ergibt sich, daß bei eingebetteten V/1-Sätzen diese Variable erst aufgrund der Kombination mit dem Matrixverb instantiiert wird.

In diesem Zusammenhang hat Jacobs (1991:216ff) eine kategorialgrammatische Analyse vorgeschlagen, die wesentlich darauf basiert, daß aufgrund der Besetzung der Prämittelfeldposition (PMP) (Jacobs Terminologie) vorbereitend eine Argumentstelle eröffnet wird, die je nach Einbettung oder Selbständigkeit durch den Matrixsatz oder die Vorfeldkonstituente besetzt wird. Fragesätze werden demzufolge abgeleitet wie in:

(37) (i) w-Frage:

Wen$_2$ [heiratet$_1$ [Luise e$_2$ e$_1$]]?
λT[T(LUISE X HEIRATET)](λp [FRAGE(λX[p])])
|
heiratet$_i$ [Luise wen e$_i$]
(*) λT [T (Luise Peter heiratet)]
|
Luise wen heiratet
LUISE X HEIRATET

= FRAGE(λX [LUISE X HEIRATET])

{ bzw. bei [-wh]-Bewegung:
= ASSERT(LUISE PETER HEIRATET) }

(ii) E-Frage:

Heiratet$_1$ [Luise Peter e$_1$]?
$\lambda T[T(LUISE\ PETER\ HEIRATET)](\lambda p\ [FRAGE(\lambda X_G\ [X_G(p)])])$
|
heiratet$_1$ [Luise Peter e$_1$]
(*) $\lambda T\ [T\ (Luise\ Peter\ heiratet)]$
|
Luise Peter heiratet
LUISE PETER HEIRATET

$= FRAGE(\lambda X_G\ [X_G\ (LUISE\ PETER\ HEIRATET)])$
{ bzw. bei Imperativ:
= DIR(GILT(ADRESSAT PETER HEIRATET)) }

T ist dabei eine Variable für Prädikate über Propositionen. Die Ausdrücke der Form (λp [FRAGE(λX[p])]) sind Einstellungprädikate. Diese Analyse scheint mir von der intuitiven Herleitung im wesentlichen richtig zu sein. Sie weist allerdings verschiedene Punkte auf, die revisionsbedürftig sind. Erstens repräsentieren die Zwischenschritte (*) der Ableitungen in (37) nicht die E-Frage-Bedeutung, die allein aus Finitumvoranstellung bei geeignetem Verbmodus hervorgeht. Zweitens werden die W-Elemente nur im Hinblick auf ihre syntaktische Position interpretiert, so daß offen bleibt, wie die lexikalische Repräsentation von wh-Operatoren in situ (multiple w-Fragen) aussieht. Drittens wird der für die λ-Konversion benötigte Einstellungsoperator (λp [FRAGE(λX[p])]) (bzw. (λp [ASSERT (p)]) für W-und E-Fragen unabhängig von der Kombinatorik der linksperipheren Positionen eingesetzt, so daß aus der Sequenz der Ableitungsschritte nicht ersichtlich wird, inwieweit die Gesamtrepräsentation kompositionell entsteht. Somit legt auch diese Analyse in analoger Weise zur Annahme der wh-ST-Merkmale in Reis & Rosengren (1988) die jeweilige Spezifikation des Satzmodus nicht deduktiv fest, so daß die Frage offen bleibt, unter welchen Bedingungen jeweils die Einstellungsoperatoren ASSERT, FRAGE usw. einzusetzen sind. Viertens wird die Semantik der Verbmodi nicht berücksichtigt, aus denen -zumindest beim Imperativ- der Einstellungsoperator DIR direkt ablesbar ist.

Diese Nachteile werden mit dem in (24) angegebenen Prinzipien P1 - P5 zur Spezifikation des Modussystems vermieden, da Finitumvoranstellung und XP-Bewegung jeweils eine eigene semantische Interpretation erhalten.

Temporale Markierung der Proposition resultiert aus der Projektion der funktionalen Kategorie T[8]. Diese Kategorie ist in einer weitergehenden semantischen Analyse mit den strukturellen Bedingungen zur Realisierung der Tempora im deutschen Tempussystem zu versehen. Insbesondere ergibt sich dabei der Effekt, daß die durch die Proposition bezeichnete Situation im temporalen Koordinatensystem fixiert wird. Dabei kann die Ereignisvariable allerdings noch nicht endgültig instantiiert werden, da sie aufgrund der Art der Instantiierung zum Ausdruck des Einstellungsbezugs vorhanden sein muß. Approximativ kann das SF-Muster für temporale Markierung angesetzt werden wie:

(38) FINIT: λX λe [FIN X e],

wobei FIN ∈ { PRÄS, PRÄT, FUT, ... }

so daß mit der Projektion des Finitheitsmerkmals simultan der Prozeß der Tempusspezifikation durch zweifache λ-Konversion einhergeht wie in:

(39) λX λe [PRÄS X e] [e' INST [PETER GIB MARIA [INDEF BUCH]]]

→ λe [PRÄS [e INST [PETER GIB MARIA [INDEF BUCH]]]]

Peter Maria ein Buch gibt.

Die Verbindung mit den Verbmodi in (34) ergibt sich während der Berechnung des M-Systems in Abhängigkeit von der SpM-Besetzung. Bei nicht besetzter SpM-Position wird die Ereignisvariable nicht instantiiert und es resultiert die Struktur:

(40) (i) λX [IND X ($_{\text{-SpM}}$ e)] λe' [PRÄS [e' INST [PETER GIB MARIA [INDEF BUCH]]]]

→ λe [IND [PRÄS [e INST [PETER GIB MARIA [INDEF BUCH]]]]]

(ii) [$_{\text{SpM}}$ ϕ [$_{\text{M}^\circ}$ Gibt$_j$ [$_{\text{T'}}$ [$_{\text{AgrP}}$ Peter Maria ein Buch t$_j$]]]]

(iii) Gibt Peter Maria ein Buch?

[8] Das in (34) auftretende X ist kategorial beschränkt auf temporal spezifizierte Propositionen, wie es an der morphologischen Realisierung des Finitums ablesbar ist. Insbesondere ergibt sich daraus, daß infinite Komplemente selbst keinen syntaktisch induzierten Satzmodus aufweisen, sondern daß die durch ein infinites Komplement ausgedrückte Proposition durch ein Matrixprädikat hinsichtlich der Sprechereinstellung spezifiziert wird. Diese Annahme liegt der Analyse für AcI-, Kontroll,- und Anhebungsverben in Kapitel 9 zugrunde.

Diese Repräsentation kennzeichnet die Proposition hinsichtlich ihrer Instantiierung durch eine bestehende Situation in gewisser Weise als offen (s. Brandt, Rosengren & Zimmermann 1989) (im folgenden als BRZ abgekürzt). Während die Autorinnen jedoch einen speziellen Operator OFFEN annehmen, kann auf diese Annahme hier verzichtet werden, da die 'Offenheit' der Proposition durch das λ-Präfix gekennzeichnet ist. Diese Maßnahme hat folgenden Grund: Da die Bedeutungsrepräsentation von V/1- und V/2-Sätzen wesentlich von der Kombinatorik der Besetzung der beiden M-Positionen abhängt, kann in der Analyse von BRZ, die ja ebenfalls wh-spezifizierte Satztypen voraussetzen, kein deduktiver Mechanismus die verschiedenen Varianten von Satztypen derart ableiten, daß strikte Kompositionalität gewährleistet ist. Bindet man nun den OFFEN-Operator zunächst an die linksperiphere Finitumsposition, so muß dieser Operator bei [-wh]-besetzter SpM-Position wieder aus der Repräsentation entfernt werden bzw. bei [+wh]-besetzter SpM-Position eine andere Variable binden, nämlich nicht die die Proposition instantiierende Ereignisvariable, sondern die vom wh-Operator zu bindende Individuenvariable. Es besteht aber offensichtlich überhaupt kein Anlaß, den OFFEN-Operator einzusetzen, um ihn sodann wieder aus der Struktur zu entfernen. Die Hauptschwierigkeit, die die Analyse von BRZ mit sich bringt, liegt erneut darin, daß die Existenz und die Spezifikation der Satztypen vorausgesetzt werden, ohne sie kompositionell abzuleiten.

Das Resultat in (40) entspricht nun der semantischen Interpretation des [+ wh]-ST-Merkmals bei V/1-Sätzen. Es ergibt sich aufgrund der Verbbewegung, der Spezifikation der beiden Verbmodi IND und KONJ und der unbesetzten SpM-Position, so daß Finitumvoranstellung und damit das [+wh]-ST-Merkmal so zu interpretieren sind, daß diese Prozesse die Ereignisvariable des Finitums zu einer spezifischen Art der Instantiierung zur Disposition stellen. Diese Situation tritt bei verbaler Imperativ-Markierung nicht auf, da dieser verbale Modus zugleich einen eigenständigen Satzmodus bildet und damit die Variable *e* unabhängig von der Besetzung der SpM-Position instantiiert:

(41) (i) λX [IMP X e] λe'' [PRÄS [e'' INST [PETER DO e' : e' VERURSACH [WERD [MARIA HAT [DEF BUCH]]]]]]

→ [IMP [PRÄS [e'' INST [PETER DO e' : e' VERURSACH [WERD [MARIA HAT [DEF BUCH]]]]]]

(ii) $[_{SpM}$ ϕ $[_{M'}$ Gib_j $[_{T'}$ $[_{AgrP}$ Maria ein Buch t_j]]]]

(iii) Gib Maria das Buch!

Der Satzmodus bleibt unter XP-Bewegung somit invariant. Die gleiche Repräsentation ergibt sich nun bei IND-Markierung mit [-wh]-besetzter SpM-Position, was zum Deklarativsatz führt. Dabei tritt der Fall $\alpha = +$ auf:

(42) (i) λX [IND X e] $\lambda e'$ [PRÄS [e' INST [PETER GIB MARIA [INDEF BUCH]]]]

→ [IND [PRÄS [e INST [PETER GIB MARIA [INDEF BUCH]]]]]

(ii) $[_{SpM}$ Peter$_i$ $[_{M^\circ}$ gibt$_j$ $[_{T'}$ $[_{AgrP}$ t_i Maria ein Buch t_j]]]]

(iii) Peter gibt Maria ein Buch.

Und ganz analog dazu ergibt sich aus [+wh]-besetzter SpM-Position die Form des w-Fragesatzes:

(43) (i) λX [IND X e] $\lambda e'$ [PRÄS [e' INST [PETER GIB MARIA [INDEF BUCH]]]]

→ λx [IND [PRÄS [e INST [[... x ...] GIB MARIA [INDEF BUCH]]]]]

(ii) $[_{SpM}$ Wer$_i$ $[_{M^\circ}$ gibt$_j$ $[_{T'}$ $[_{AgrP}$ t_i Maria ein Buch t_j]]]]

(iii) Wer gibt Maria ein Buch?

Dabei ist der die Fragebedeutung induzierende λ-Operator auf SF in die linksperiphere Position angehoben. Die Umgebung der von diesem Operator gebundenen Variablen lassen wir für den Moment unspezifiziert und erörtern sie in Kapitel 10.1 genauer.

8.3. Die Struktur des Nebensatzes

Bisher haben wir nur deutsche Hauptsätze behandelt, und wir wollen diese Analyse nun auf eingebettete Sätze einheitlich übertragen. Das M-System dieser Sätze wird durch die selektionalen Forderungen der Matrixverben in Bezug auf das [± wh]-Merkmal festgelegt.

(44) (i) P. fragt, ob Otto am Sonntag kommt.
(ii) P. fragt, wer am Sonntag kommt.
(iii) *P. fragt, daß Otto am Sonntag kommt.
(iv) P. glaubt, daß Otto am Sonntag kommt.
(v) *P. glaubt, wer am Sonntag kommt.
(vi) *P. glaubt, ob Otto am Sonntag kommt.
(vii) P. weiß, daß Otto am Sonntag kommt.

(viii) P. weiß, ob Otto am Sonntag kommt.
(ix) P. weiß, wer am Sonntag kommt.

Demnach selegiert *fragen* ein sententiales [+wh]-Komplement (s. (44)(i) - (44)(iii)), *glauben* ein sententiales [-wh]-Komplement (s. (44)(iv) - (44)(vi)), während *wissen* für beide Merkmalswerte spezifiziert ist (s. (44)(vii) - (44)(ix)). Die positive Spezifikation des wh-Merkmals kann einerseits durch das [+wh]-markierte C^0-Element *ob* in M^0-Position oder andererseits durch eine [+wh]-Phrase in SpM realisiert sein. Für den unmarkierten [-wh]-Fall kommen zur Festlegung des [-wh]-Merkmals nur das lexikalische C^0-Element *daß* oder Relativpronomina in Frage. Andere [-wh]-Phrasen sind in dieser Position offensichtlich ausgeschlossen, so daß die linksperiphere Position SpM in eingebetteten C^0-losen Sätzen nur durch einen (w- bzw. d-) Operator besetzt werden kann, wobei das Finitum notwendigerweise in Endstellung auftritt.

(45) (i) *Peter glaubt der Schornsteinfeger am Samstag kommt.
(ii) Der Schornsteinfeger, der am Samstag kommt,...
(iii) Peter weiß nicht wer am Samstag kommt.
(iv) *Peter weiß nicht wer kommt am Samstag.

Andererseits erlaubt eine gewisse Klasse von Verben (Brückenverben) V/2-Komplemente:

(46) (i) Peter fragt: Wen hat Maria gesehen?
(ii) Peter glaubt: Maria hat Otto getroffen.

Andere Matrixprädikate erlauben diese Variante nicht, obwohl sie sich hinsichtlich der [+wh]-Selektion analog zu *fragen* verhalten.

(47) Allen ist unklar ...

(i) wann hier drei Männer ankommen.
(ii) ob hier morgen drei Männer ankommen.
(iii) *wann kommen hier drei Männer an.
(iv) *drei Männer kommen hier morgen an.
(v) *kommen hier morgen drei Männer an.
(vi) *drei Männer hier morgen ankommen.

Die Konstruktionen (47)(iii) - (47)(v) sind ausgeschlossen, weil ihr M-System die typische Hauptsatzkonfiguration aufweist. Der sich einstellende Satzmodus beim Lesen des Komplementsatzes ist in (47)(iii) eine W-Frage, in (47)(iv) der Deklarativmodus und in (47)(v) eine W-Frage. Aufgrund der hauptsatztypischen Modusindikation können diese Konfigurationen nicht eingebettet auftreten, da die e-Variable bereits instantiiert ist. Wir können, da das

Modussystem durch die spezifische Kombinatorik seiner Besetzung die jeweiligen Effekte induziert, davon ausgehen, daß für eingebettete Sätze andere Besetzungsvarianten notwendig sind. Insbesondere erzwingt die Bewegung des Finitums ja gerade eine Hauptsatzinterpretation, so daß V/E-Stellung in eingebetteten Sätzen notwendig ist, um Abhängigkeit anzuzeigen.

Auszuschließen bleibt daher die Besetzung der SpM-Position des Komplementsatzes in (47)(vi) durch eine [-wh]-Phrase. Es muß also erklärt werden, warum diese Position auf Operatoren beschränkt ist. Diese Beschränkung ist nun derart zu rekonstruieren und auf (47)(i) und (47)(ii) zu beziehen, daß die lexikalischen Eigenschaften von [+wh]-Phrasen sowohl in der SpM-Position als auch im Mittelfeld (multiple-w-Fragen) identisch sind, daß diese aber aus der Komposition von XP-Bewegung in die SpM-Position mit der lexikalischen Eigenschaft des wh- (bzw. d-) Operators derart hervorgeht, daß sie mit den lexikalischen Eigenschaften von *ob* in der Position M^0 hinsichtlich der Spezifikation des M-Systems identisch ist. Das hat zur Folge, daß die Voranstellung von wh-Operatoren im V/2-Satz aufgrund der Verbbewegung andere Effekte zeigt als XP-Bewegung von [-wh]-Phrasen im eingebetteten Satz (s. (47)(vi)).

Betrachten wir dazu die Struktur der C^0-Elemente und deren Interaktion mit den Verbmodusmerkmalen. Wir haben bereits angemerkt, daß Imperative niemals eingebettet auftreten können[9], was auf den spezifischen Eigenschaften dieses Verbmodus, insbesondere auf seinem Status als Satzmodus und der damit verbundenen Instantiierung der Ereignisvariablen basiert. Das gilt für IND und KONJ nicht, bei denen die Instantiierung der Ereignis-Variablen durch das C^0-Element stattfindet. Das vorläufige semantische Muster für diese Einheiten sieht dann aus wie in:

(48) (i) /daß/: λX [DAß X e]
(ii) /ob/: λX [OB X e]

Der relevante Effekt dieser Formen besteht darin, daß die e-Variable vom C^0-Element gebunden wird, wobei weitere semantische Effekte in den nicht notwendigerweise atomaren Konstanten *DAß* und *OB* jeweils zusammengefaßt sind. Die Formen in (48) sind jedoch so zu modifizieren, daß eine Interaktion mit den Verbmodi ausgedrückt wird. Insbesondere muß ja verhindert werden, daß sowohl die C^0-Elemente als auch der Verbmodus je eigene Projektionen aufspannen, was in C^0-eingeleiteten Sätzen zur Doppelprojektion eines C- und eines M-Systems führen würde. Zugleich wäre damit natürlich verbunden, daß die identischen Positionen für C^0-Elemente und Finitum aufgegeben werden müßten. Dies soll jedoch gerade im Sinne der Uniformitätshypothese vermieden werden. Da in C^0-eingeleiteten Sätzen eine leere SpM-Position vorliegt (von den bairischen Konstruktionen abgesehen, die einer speziellen Parametrisierung unterliegen), ist daher anzunehmen, daß C^0-Elemente den Kopf des

[9] Abgesehen von den quotationellen Fällen mit explizit performativen Formeln wie *Ich befehle Dir: Sei pünktlich*, die ich hier nicht weiter besprechen werde und die anders zu analysieren sind.

Modussystems in spezifischer Weise lexikalisieren.

Die wesentliche Funktion der C^0-Elemente besteht damit ebenfalls darin, die Ereignisvariable zu instantiieren. Es ergibt sich als zwanglose Folgerung, daß Imperativsätze nicht mit lexikalischen C^0-Elementen kompatibel sind, da dieser Verbmodus zugleich ein Satzmodus ist.

Die selektionalen Restriktionen dieser Einheiten sind also ebenfalls für die beiden Verbmodi *Indikativ* und *Konjunktiv* zu spezifizieren. Die semantischen Formen der C^0-Elemente sind daher neu anzusetzen wie in:

(49) (i) daß: λVM λX [DAß X VM e]
(ii) ob: λVM λX [OB X VM e]

wobei X auf temporal spezifizierte Propositionen und VM auf Indikativ und Konjunktiv beschränkt sind. Die Formen (36) dieser Verbmodi, hier wiedergegeben als:

(50) (i) Indikativ: λX [IND X ($_{\alpha SpM}$ e)]
(ii) Konjunktiv: λX [KONJ X ($_{\alpha SpM}$ e)]

sind daher erneut so zu modifizieren, daß bei C^0-Elementen die Ereignisvariable unabhängig von der Besetzung der SpM-Position instantiiert wird. Um die Ergebnisse der Diskussion der Hauptsätze invariant zu halten, ist daher der spezifische Effekt der Finitumvoranstellung für die Komponente ($_{\alpha SpM}$ e) verantwortlich zu machen und diese aus den SF-Mustern der Verbmodi wieder zu lösen. Die Unterscheidung zwischen Imperativ als Satzmodus einerseits und Indikativ und Konjunktiv als reine Verbmodi andererseits geht dabei nicht verloren, da der Imperativ die ihn von den beiden anderen Modi unterscheidende Form behält. Wir erhalten damit die zu Beginn angesetzten Formen der Verbmodi in (34), hier wiedergegeben als:

(51) (i) Indikativ: λX [IND X]
(ii) Konjunktiv: λX [KONJ X]
(iii) Imperativ: λX [IMP X e]

und führen die in (50) ausgedrückte Modifikation dieser Formen auf die Bewegung des Finitums zurück, die die Komponente ($_{\alpha SpM}$ e) liefert, so daß die durch SpM-Besetzung stattfindende Instantiierung der Ereignisvariablen genau dann auftritt, wenn auch Finitumvoranstellung stattgefunden hat, während unter C^0-Einleitung diese Instantiierung vom C^0-Element vorgenommen wird. Wir erhalten somit in vier Schritten die folgende SF-Ableitung:

(52) (i) λVM λY [DAß VM Y e] λX [IND X] [λe' [PRÄS [e' INST [PETER GEB MARIA [INDEF BUCH]]]]]

→ λY [DAß [λX [IND X]] Y e] λe' [PRÄS [e' INST [PETER GEB MARIA [INDEF BUCH]]]]

→ [DAß [λX [IND X]] (λe' [PRÄS [e' INST [PETER GEB MARIA [INDEF BUCH]]]]) e]

→ [DAß [λX [IND X]] ([PRÄS [e INST [PETER GEB MARIA [INDEF BUCH]]])]

→ [DAß [IND [PRÄS [e INST [PETER GEB MARIA [INDEF BUCH]]]]]]

(ii) $[_{SpM}$ ϕ $[_{M^0}$ daß $[_{T'}$ $[_{AgrP}$ Peter Maria ein Buch gibt]]]]

(iii) daß Peter Maria ein Buch gibt.

Auf das bis zum Zeitpunkt der T'-Projektion offene Verbmodus-Merkmal kann dabei nicht verzichtet werden, da dieses von den lexikalischen C^0-Elementen selektional gefordert wird.

Wir haben bisher erreicht, daß V/1, V/2 und C^0-eingeleitete Sätze im Rahmen einer Modussystem-Analyse, die wesentlich von der Art der Instantiierung der Ereignisvariablen Gebrauch macht, einheitlich erfaßt werden. Darüber hinaus läßt sich auch ohne weitere Zusatzannahmen ableiten, warum eingebettete Sätze mit initialer [+w]-Phrase analog zu C^0-eingeleiteten Sätzen Verbendstellung aufweisen.

(53) Peter fragt wen Maria gesehen hat

Da die SpM-Position besetzt ist, wird die e-Variable in Übereinstimmung mit den Prinzipien in (24) instantiiert. Damit wird die Anwesenheit eines C^0-Elements von vornherein ausgeschlossen, da dessen Anwesenheit mit der Besetzung der SpM-Position funktional äquivalent ist. Aber auch das Auftreten des Finitums in der M^0-Position wird ausgeschlossen, da sich daraus die typischen Moduseffekte des Hauptsatzes ergeben (s. (47)(iii) - (47)(v)).

Die Frage, warum nur Operatoren in der SpM-Position bei nicht C^0-eingeleiteten Sätzen auftreten können, ist nach wie vor offen. Diese Beschränkung gilt sowohl für abhängige wie selbständige V/E-Sätze.

(54) (i) a. Wen der wieder alles kennt.
b. *Die Leute der wieder alles kennt.

(ii) Hinz ist egal
a. wen Kunz morgen trifft.
b. *den Hausmeister Kunz morgen trifft.

Unter den Annahmen P1-P5 in (24) sollten die b.-Konstruktionen genauso möglich sein, wie die a.-Konstruktionen. Die SpM-Position ist im V/E-Satz jedoch generell auf Operatoren-Phrasen beschränkt. Bei der Einbettung von [+wh]-Komplementsätzen wird standardmäßig die Selektion eines [+wh]-Komplements dafür verantwortlich gemacht, daß das eingebettete M-System die entsprechenden Merkmale aufweist. Im Falle von [-wh]-Selektion gilt dies jedoch nicht.

(55) (i) *Hinz glaubt den Fremden Kunz kennt.
(ii) Hinz fragt wen Kunz kennt.

Darüber hinaus steht bei selbständigen V/1-Sätzen keine Erklärung über Selektionsrestriktionen zur Verfügung, da überhaupt kein selegierendes Prädikat auftritt.

(56) (i) Was der wieder alles weiß.
(ii) *Die ganze Literatur der wieder kennt.

Weiterhin kann die [-wh]-Selektion in Konstruktionen mit suppletivem Korrelat-*was* unterlaufen werden.

(57) Was glaubst du [wen Maria geküßt hat]

Es ist schwierig zu sehen, in welcher Weise diese Beschränkung aus der hier vorgeschlagenen Modussystem-Analyse deduziert werden kann. Eine Möglichkeit bietet die in Jacobs (1991) vertretene Sichtweise, der Besetzung der Prämittelfeldposition die Eröffnung einer Argumentstelle zuzuschreiben, die im Falle von eingebetteten Konstruktionen vom Matrixsatz besetzt werden muß. Diese Konzeption muß aber gerade aufgrund der Operator-Eigenschaft der dort zu positionierenden Phrase bezogen werden, was bei Jacobs allerdings nicht geschieht, da er ungrammatische Fälle wie (55)(i) nicht diskutiert. Ein weiterer Schritt im Rahmen der hier vorgeschlagenen Analyse basiert darauf, daß die Ereignisvariable aufgrund der V/E-Stellung bei gleichzeitiger SpM-Besetzung nicht instantiiert ist. Damit kann sie in (55)(ii) und (57) durch das Matrixprädikat und in (56) kontextuell instantiiert werden. Ungeklärt bleibt dabei immer noch die Restriktion auf Operator-Phrasen in dieser Position, wofür ich derzeit keine Lösung sehe.

Die folgenden Beispiele zeigen, daß das [+wh]-ST-Merkmal eines eingebetteten Satzes nicht äquivalent mit dem durch *ob* bzw. einer [+wh]-Phrase gelieferten wh-P-Merkmal ist:

(58) Mir ist egal

(i) ob Peter Maria getroffen hat.
(ii) wen Peter getroffen hat.
(iii) *hat Peter Maria getroffen.

Der Bezug zwischen Matrixprädikat und Komplement wird durch lexikalische C^0-Elemente bzw. die Besetzung der SpM-Position durch eine [+wh]-Phrase in anderer Weise hergestellt. Betrachten wir die folgenden Varianten.

(59) (i) Peter fragt ob Maria den Igel gestreichelt hat.
(ii) ... wer den Igel gestreichelt hat.

(iii) Uli behauptet daß Katharina den Nikolaus geküßt hat.
(iv) ... *Maria den Nikolaus geküßt hat.

(v) Wen fragt Peter habe Maria gestreichelt?
(vi) Wen behauptet Uli habe Katharina geküßt?

(vii) *Wen bedauert Uli hat/habe Katharina geküßt?
(viii) ... daß Katharina geküßt hat/habe?

Die linksperiphere Position der Komplementsätze von Brückenverben (s. (59)(i) - (59)(vi)) kann, abhängig von der Selektion des Matrixverbs, durch lexikalische C^0-Elemente mit den Merkmalen [±wh] eingeleitet werden (s. (59)(i), (59)(iii)). Sie kann von einer Operatorphrase besetzt sein (s. (59)(ii)), aber nicht von einer [-wh]-Phrase (s. (59)(iv)). Darüberhinaus kann sich das Finitum dort befinden, wenn ein Brückenverb die Extraktion zuläßt (s. (59)(v), (59)(vi)). Dabei ist die [±wh]-Selektion dieses Verbs irrelevant. Ist das einbettende Matrixprädikat kein Brückenverb, so ist Extraktion (59)(viii) und damit auch Finitumvoranstellung ausgeschlossen (59)(vii).

Relativsätze erlauben in ihrer linksperipheren Position nur (D-) Operatoren, [-wh]-Phrasen sind ebenso ausgeschlossen, wie [+wh]-Phrasen, die die Relativpronomen-Eigenschaft nicht aufweisen.

(60) (i) Sie zerriß das letzte Buch [das sie besaß]
(ii) *Sie kaufte ein neues Buch [sie das lesen wollte]
(iii) Sie verursachte einen Unfall [welcher sie teuer zu stehen kam]
(iv) *Sie fuhr einen Wagen [wem der gehörte]

Damit ergibt sich folgendes Gesamtbild für die Besetzung der linksperipheren Position SpM und M^0 in eingebetteten Sätzen:

(61)	SpM:	M^0:	Satztyp:
(i)	ϕ	[±wh]-C^0	C^0-Einleitung
(ii)	[+d]	ϕ	Relativsatz
(iii)	[+wh]	ϕ	indirekte Frage
(iv)	[+wh]-t	V_{fin}	Brückenverb mit Extraktion
(v)	[±wh]	V_{fin}	Brückenverb ohne Extraktion

Unter (61)(iii) sind darüber hinaus auch die Fälle von Komplementsätzen von Wahrnehmungsverben zu subsumieren.

(62) (i) Er sieht wie/daß/ob Karl die Pferde füttert.
(ii) Peter hört wann/daß/ob Otto nach Hause kommt.

Offensichtlich sind derartige Matrixprädikate in keiner Weise für das [± wh]-Merkmal spezifiziert. Zu fragen ist also, aufgrund welcher Relation die jeweils unterschiedlich spezifizierten Komplementsätze auf das Matrixverb bezogen werden können.

Wir wollen uns nun der Frage zuwenden, warum im Extraktionsfall die M^0-Position entweder durch ein lexikalisches C^0-Element oder durch das Finitum realisiert sein kann. Nur eine designierte Klasse von Verben (Brückenverben) erlaubt Extraktion aus ihren Komplementsätzen, womit zugleich die Lizenzierung von V/1-Komplementsätzen unter wh-Bewegung stattfindet. Dies basiert offenbar auf einer lexikalischen Besonderheit dieser Verben.

Aus (24) läßt sich als erste Heuristik ableiten, daß im Falle von M^0-Besetzung ohne gleichzeitige Vorfeldfüllung die Ereignisvariable nicht instantiiert ist. So kann man erwarten, daß -ganz analog zu infiniten Konstruktionen- Brückenverben die Eigenschaft besitzen, die Ereignisvariable ihrer Komplementsätze zu instantiieren. Brückenverben denotieren ja mentale Einstellungen von Individuen zu Situationen. In den Beispielen mit typischen Brückenverben

(63) Wen glaubt/weiß/meint/behauptet/usw. Peter habe Otto gestern getroffen.

wird der Einstellungsbezug zu der durch den Komplementsatz ausgedrückten Proposition gerade durch die Matrixverben festgelegt. Im Matrixsatz ist daher die Einstellung *Peters* verankert, daß er *glaubt/weiß/meint/behauptet, wen Otto gestern getroffen hat*. Die Besetzung der M^0-Position durch das Finitum und der SpM-Position durch eine Phrase mit [-wh]-P-Merkmal zeigt dabei den gleichen Effekt wie im Hauptsatz, nämlich ein aus der Interaktion der beiden wh-Merkmale resultierendes [-wh]-ST-Merkmal. Auch in dieser Konfiguration muß das resultierende [-wh]-Merkmal von dem [-wh]-Merkmal des C^0-Elements *daß* unterschieden werden, da diese Konstruktion auf Brückenverben beschränkt ist. Diese sind dabei stets mit konjunktivisch eingebetteten Komplementsätzen möglich, im Gegensatz zu faktiven Verben, die diese Art der Einbettung nie erlauben; weder mit V/2-Komplement noch mit Konjunktivmarkierung des Komplementverbs, sondern nur unter *daß*-Einbettung im Indikativ:

(64) (i) *Peter entschuldigt er hat Maria geküßt.
(ii) *Peter entschuldigt er habe Maria geküßt.
(iii) *Peter entschuldigt daß er Maria geküßt habe.
(iv) Peter entschuldigt daß er Maria geküßt hat.

Insbesondere diese Daten scheinen mir nahezulegen, daß zur Klärung der verschiedenen Varianten der Satztyp/-modus-Bestimmung auf die unterschiedliche Interpretation der Konfigurationsvarianten des M-Systems und ihrer Abhängigkeit vom verbalen Modus nicht verzichtet werden kann.

Brückenverben denotieren mentale Zustände von Individuen zu Situationen, d.h. der Einstellungsbezug, der im Matrixsatz durch die spezifischen Konfigurationen des M-Systems geleistet wird, findet unter Brückenverb-Einbettung innerhalb der SF des Brückenverbs selbst statt. Der Unterschied zu den faktiven Verben besteht darin, daß die durch den Komplementsatz ausgedrückte Proposition als Situation unabhängig von der mentalen Disposition eines Individuums bereits etabliert ist bzw. deren Gültigkeit in der Äußerung vorausgesetzt ist. Die spezifische Eigenschaft von Brückenverben scheint daher auf ihrer Fähigkeit zu beruhen, die Ereignisvariable des Komplementsatzes instantiieren zu können. Es ist daher die folgende generelle Form für Brückenverben anzusetzen, in Kontrast zur Form faktiver Verben:

(65) (i) /glaub/ $\lambda v\ \lambda x\ \lambda e$ [e INST [x GLAUB [v e']]]
(ii) /bereu/ $\lambda v\ \lambda x\ \lambda e$ [e INST [x BEREU v]]

Der Ausdruck λv ... *[v e']* repräsentiert das sententiale Komplement von *glauben*, wobei durch *e'* die Instantiierung der im Komplementsatz offenen Ereignisvariablen vorgenommen wird. Dies geschieht bei faktiven Verben nicht, da diese ja gerade voraussetzen, daß das durch den Komplementsatz ausgedrückte Ereignis stattgefunden hat.

Wir hatten bei der Interpretation der Finitumsstellung in M^0-Position in (35) angenommen, daß diese gerade bewirkt, daß die Ereignisvariable zu einer spezifischen Art der Instantiierung zur Disposition gestellt wird. Daraus läßt sich nun für die Klasse der Brückenverben erklären, warum gerade diese V/2-Komplemente zulassen. Dies basiert offensichtlich auf der bei Brückenverben anzutreffenden und durch (65)(i) ausgedrückten innerlexematischen Relation zwischen der durch den Komplementsatz zu realisierenden Ereignisvariablen und der durch das Brückenverb ausgedrückten mentalen Disposition zu diesem Ereignis (s. Barwise & Perry 1987:283ff). Es ist m.E. nicht unplausibel, das Verhalten der Brückenverben auf diese lexikalische Eigenschaft zu beziehen. Ich will über diesen Punkt hier jedoch nicht weiter spekulieren.

In diesem Kapitel haben wir die Besetzung der linksperipheren Positionen in der deutschen Satzstruktur als Parametrisierung eines universellen[10] Modussystems analysiert und die verschiedenen Varianten auf spezifische Eigenschaften der dabei beteiligten Prozesse bezogen. Verbbewegung und overte wh-Bewegung legen den Satzmodus abhängig vom Verbmodus fest, während C^0-Elemente den verbalen Modus absorbieren und selbst den funktionalen Kopf der MP bilden[11].

Für den Parser ergibt sich daraus die Notwendigkeit, zu bestimmen, an welcher Position das Finitum auftritt, um die Satztypen zu bestimmen. Wir wenden uns nun daher der Frage zu, aufgrund welcher Informationen er entscheiden kann, wo sich das Finitum befindet. Das mit dieser Fragestellung verbundene Problem liegt darin, daß der Parser wortweise voranschreitet, ohne daß seine Aktionen durch eine zusammenhängende Menge von Regeln genau festgelegt sind. Der Parser weiß daher stets nur auf welchem Terminalelement er sich befindet, hat aber -wegen des Fehlens von Regeln- über die Position dieses Elements zunächst keine Kenntnis. Insbesondere die Position des Finitums muß daher aus Umgebungsbedingungen, d.h. dem linken Kontext abgeleitet werden.

---

10 s. Cheng (1991)

11 In Sprachen ohne overte wh-Bewegung wird die Spezifikation des Modussystems anders festgelegt. So verwendet etwa das Japanische eine satzfinale Partikel *ka*, um Fragen zu kennzeichnen (s. Shibatani 1990:871):

(i)	Taroo ga kita.	
	Taroo ist gekommen	
	Taroo ist gekommen.	
(ii)	Taroo ga kita	*ka*?
	Taroo ist gekommen	Q
	Ist Taroo gekommen?	

Das Běijīng-Mandarin besitzt zwei Partikeln *ma* und *ne* zur Kennzeichnung von E-Fragen (s. Li & Thompson 1990:828):

(iii)	nǐ xǐhuan Xīān *ma*?				
	Du magst Xian Q.				
	Magst Du Xian?				
(iv)	nǐ jiějie	shì gōnchèngshi,	nǐ	mèimei	*ne*?
	Deine ältere Schwester	ist Ingenieur,	deine	jüngere Schwester	Q
	Deine ältere Schwester ist Ingenieur, was ist deine jüngere Schwester?				

8.4. Zur Diagnose der Finitumsposition und der Ableitung der Satztypen

Die Positionen, in denen das Finitum im Deutschen auftreten kann, sind in dem folgenden topologischen Modell (s. auch Thiersch 1978) zusammengestellt:

(66)

	VF	l.S.	MF	r.S.
1	+ wh	V_{fin}		ϕ
2	— wh	V_{fin}		ϕ
3	ϕ	V_{fin}		ϕ
4	ϕ	C^0		V_{fin}
5	+ wh (bzw. OP)	ϕ		V_{fin}

Von der bairischen Datenlage wird dabei abgesehen. VF steht für Vorfeld, MF für Mittelfeld, r.S. bzw. l.S. für rechte bzw. linke Satzklammer. Zeile 5 besagt, daß in C^0-losen V/E-Sätzen die SpM-Position nur durch einen [wh-/d-] Operator besetzt werden kann. Die linke Satzklammer identifizieren wir mit der M^0-Position. Das Nachfeld interessiert uns in diesem Zusammenhang nicht. Die linke bzw. rechte Satzklammer sind die relevanten Positionen, in denen das Finitum auftreten kann. Das dazwischen intervenierende Mittelfeld kann aber prinzipiell beliebig viele Konstituenten enthalten, so daß die linke Satzklammer beliebig weit von ihrem rechten Pendant entfernt sein kann. Gerade diese beiden Positionen sind nun aber aufeinander zu beziehen, um die Position des Finitums zu ermitteln, d.h. der Parser muß zu dem Zeitpunkt, zu dem er auf das Finitum trifft, beide Positionen lokal berechnen können. Nun haben wir bereits gesehen, daß der Parser mit dem Auftreten des Finitums und der damit zur Verfügung stehenden morphologischen Information eine Projektion aufbauen kann, die sowohl die linke als auch die rechte Satzklammer einschließt. Er muß also während der Projektion der verbalen funktionalen Kategorien entscheiden, ob der aktuelle Prozeßzeitpunkt in der linken oder in der rechten Satzklammer liegt, und er kann sich dabei nur auf den linken Kontext beziehen, bzw. nur auf das oberste Element im Kellerspeicher. Nachdem die T-Projektion aufgebaut ist und der Satzmodus im M-System zu bestimmen ist, steht somit in jedem Fall die Projektion des Finitums adjazent zu einem C^0-Element oder zu einem Element in SpM-Position.

Wir betrachten die Fälle aus (66), die hinsichtlich der Finitumsposition auftreten können und beginnen mit den Zeilen 1 bis 3, d.h. das Finitum wurde bewegt. Wenn der Parser auf das Finitum trifft, kann er nicht wissen in welcher Position er sich befindet. Er baut daher zunächst sukzessiv die Projektion des Komplementbereichs und dann die von den morphosyntaktischen Merkmalen induzierten funktionalen Projektionen auf. Während dieser Projektionen versucht er, Konstituenten aus LGL zu integrieren. Da sich das Finitum in der linken Satzklammer befindet, ist entweder eine Konstituente oder keine Konstituente in LGL. Ist dort keine Konstituente, so wird V/1-Stellung diagnostiziert, und das verbale Modusmerkmal projiziert das in den vorhergehenden Kapiteln spezifizierte M-System. Befindet sich in der obersten Zelle von LGL eine [± wh]-Konstituente, so wird diese in die SpM-Position gelinkt und spezifiziert abhängig von ihrer Operatoreigenschaft den Modus des V/2-Satzes. Tritt das Finitum in Endstellung auf, so ergibt sich die folgende Situation: Wenn der Parser die funktionalen Projektionen, insbesondere die Agr-Projektion, aufgebaut hat, so ist das gesamte Mittelfeld notwendigerweise aufgrund der on-line-Verarbeitung in die vom Finitum ausgehende Projektion integriert. Da wir 'NP-Bewegung' über Verbkomplexbildung analysieren, durch diesen Prozeß keine Phrase aus der Agr-Projektion bewegt worden sein. Da andererseits *scrambling* ebenfalls nicht über die Agr-Projektion hinausbewegt (s. etwa Grewendorf & Sternefeld 1989), kann sich nur eine wh-bewegte Phrase außerhalb dieser Domäne befinden. Diese Diagnose muß nun genau nach der Projektion des Agr-Systems und vor der Projektion des M-Systems stattfinden, d.h. genau in der Position der linken Satzklammer. Da alle Mittelfeld-Konstituenten aus LGL entfernt sind, muß sich als oberstes Element in LGL entweder ein C^0-Element oder ein wh- bzw. d-Operator befinden. Wir haben also für V/End-Sätze wie:

(67) Ihm ist egal, ...
 (i) ... ob Maria die Katze streichelt.
 (ii) ... wen Maria streichelt.

die folgende Konfiguration vorliegen, bevor das Verb prozessiert wird:

(68) LGL:

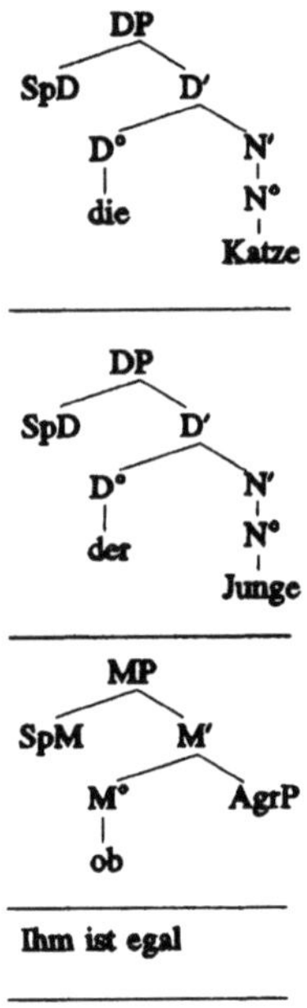

PEL:

streichelt

und während der Projektion schließlich eine Konfiguration der folgenden Art:

(69)

LGL:

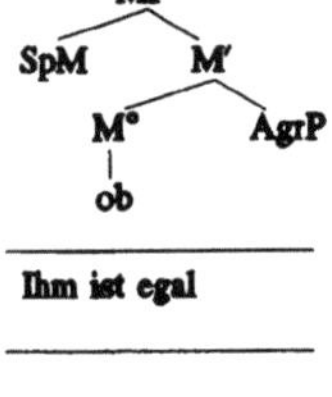

PEL:

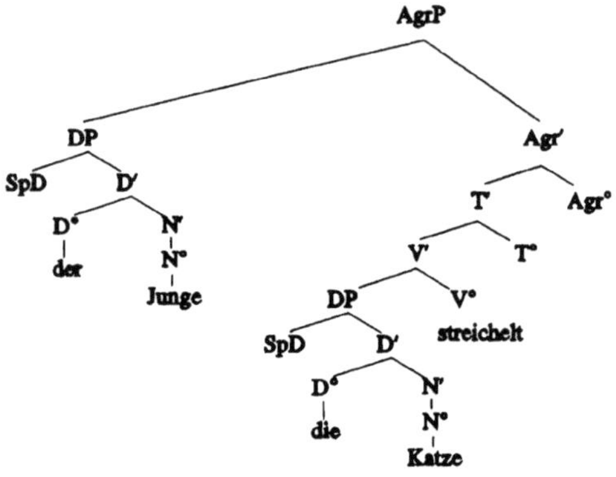

Da die Projektion eines C^0-Elements die oberste Projektion in LGL liefert, wird kein Modussystem aus dem verbalen Kopf projiziert, da das C^0-Element selbst eine MP projiziert und den verbalen Modus absorbiert. Da wir Finitumsvoranstellung als Modusindikator analysiert haben, dieses Modussystem in LGL aber bereits existiert, nimmt der Parser V/Endstellung an.

Befindet sich hingegen eine wh-Phrase in der obersten Zelle von LGL wenn die Agr-Projektion aufgebaut ist, so wird das Modussystem projiziert und die wh-Phrase in die SpM-Position gelinkt:

(70)

LGL: PEL:

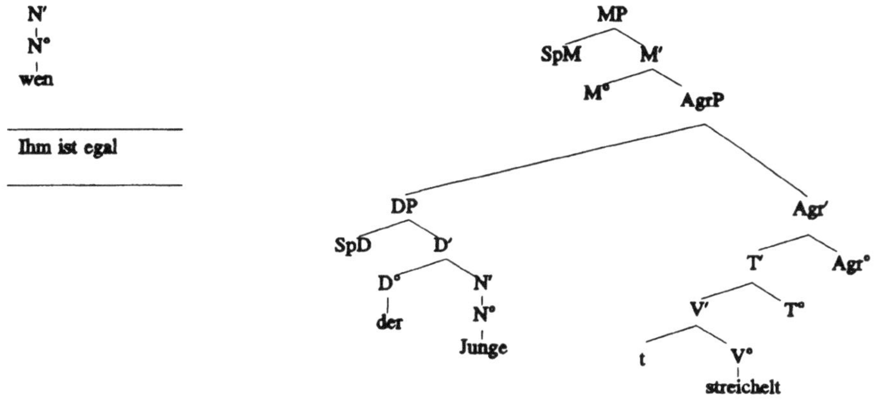

Problematisch für den Parser ist nun allerdings die Diagnose für seine eigene Position, wenn er das Finitum verarbeitet. Aus den Zeilen 1 bis 3 der Tabelle (66) ist ersichtlich, daß das Finitum unabhängig von der Besetzung der SpM-Position in Zweitstellung auftreten kann, während die beiden letzten Zeilen zeigen, daß es in der rechten Satzklammer stehen bleibt, wenn sich eine Operatorphrase in der SpM-Position oder ein C^0-Element in der linken Satzklammer befindet. Aus den Zeilen 1 bis 4 läßt sich die Hypothese ableiten, daß das Finitum stets bewegt wird, wenn kein anderer Modusindikator, d.h. kein C^0-Element auftritt. Bewegung des Finitums wäre damit der unmarkierte Fall: Sie findet stets statt, wenn der Satzmodus nicht anders markiert ist, d.h. wenn kein C^0-Element auftritt. Der Parser kann dann davon ausgehen, daß -falls kein C^0-Element auftritt- stets Finitumsbewegung stattgefunden hat, so daß allein die Anwesenheit von C^0-Elementen als markierter Fall beachtet werden muß. Damit wäre die Bestimmung der Finitumsposition auch für komplex geschachtelte Satzstrukturen denkbar einfach:

(71) (i) Nimm bei Projektion von V_{fin} Finitumsbewegung an.
(ii) Nimm nach Projektion eines C^0-Elements V/E-Stellung an.

Problematisch ist allerdings die Integration von Zeile 5, d.h. das Finitum steht in Endposition, ohne daß vorher ein C^0-Element prozessiert wurde. Der Parser nimmt bei diesen Konstruktionen wegen (71)(i) also Finitumsbewegung an, was verhindert werden muß. Nun muß im Deutschen einerseits eine wh-Phrase obligatorisch bewegt werden, und andererseits können nur Operatorphrasen die linksperiphere Position in V/E-Sätzen besetzen, so daß (71)(ii) um (72) erweitert werden könnte.

(72) Nimm nach der Projektion einer (wh-/d-) Operatorphrase V/E-Stellung an.

Man beachte, daß bei den Konstruktionen, die durch Zeile 5 erfaßt werden, auch für multiple Fragen die richtige Diagnose gestellt wird, und darüber hinaus auch für Echo-w-Konstruktionen, da Echo-w-Phrasen wie [-wh]-Phrasen zu analysieren sind und damit nicht in den Geltungsbereich von (72) fallen. Mit (72) ergeben sich natürlich Probleme mit den in Zeile 1 angegebenen Konstruktionen, so daß wir, wenn (71) und (72) gemeinsam gelten, ein Kriterium zur Unterscheidung der Konstruktionen in Zeile 1 von denen in Zeile 5 benötigen. Der Parser steckt also im Reis'schen Dilemma, nur aus einer anderen Perspektive: Er weiß nicht, ob er sich in der linken oder rechten Satzklammer befindet, wenn er einen (wh-/d-) Operator prozessiert hat. Vergleiche etwa (73)(i) mit (73)(ii):

(73) (i) Wer ▸ tanzt?
(ii) (Ich frage,) wer ▸ tanzt.

Das Signal stellt hierbei keinerlei Information zur Verfügung, die der Parser nutzen könnte, um zu entscheiden, in welcher Position er sich befindet. Diese Ambiguität kann nur durch Intonationsinformation aufgelöst werden.

Unproblematisch ist die Diagnose, wenn eine Mittelfeldkonstituente auftritt:

(74) (Ich frage,) wer morgen ▸ tanzt.

Am Punkt ▸ ist klar, daß das Finitum nur in Endstellung auftreten kann, da die zweite Phrase innerhalb von AgrP realisiert sein muß. Der Parser hat damit Evidenz für die Position des Finitums in Endstellung. Wir haben daher in (75) eine Stipulation zu integrieren, die den Unterschied zwischen Zeile 1 und Zeile 5 in Tabelle (66) erfaßt, so daß (72) formuliert werden muß wie:

(75) Nimm nach der Projektion einer (wh-/d-) Operatorphrase und einer dazu rechtsadjazenten [-fin]-Konstituente V/E-Stellung an.

Damit lassen sich alle Verteilungen der Tabelle (66) berechnen, wobei die in (73) angegebene Ambiguität nicht aufgelöst werden kann. Es ergibt sich bei diesen Integrationsprozessen die in den vorangegangenen Kapiteln erörterte Interpretation der Satzmodi als semantischer Reflex der Komplexbildung der beteiligten Einheiten und der Position des Finitums.

9. Infinitkonstruktionen

Die Infinitkonstruktionen im Deutschen können mit der von Bech (1955/57) gegebenen Klassifikation verbaler Status beschrieben werden.

Im Deutschen regieren AcI- und Modalverben sowie *lassen* den ersten Status.

(1)	(i)	weil Maria den Kerl kommen sah.	(AcI)
	(ii)	weil Otto Bier holen muß/kann/soll.	(Modalverben)
	(iii)	weil Otto Peter den Wagen waschen läßt.	(lassen)

Anhebungs- und Kontrollverben regieren den zweiten Status.

(2)	(i)	weil Peter zu schlafen scheint.	(Anhebung)
	(ii)	weil Karl einzuschlafen droht.	(Anhebung)
	(iii)	weil Eva zu schwimmen versucht.	(Kontrolle)
	(iv)	weil Clara zu singen befiehlt.	(Kontrolle)

Auxiliarverben regieren jeweils konstruktionsabhängig den zweiten oder dritten Status:

(3) (i) weil Uli gearbeitet hat.
(ii) weil die Blume erblüht ist.
(iii) weil Uli zu arbeiten hat.
(iv) weil zu arbeiten ist.
(v) weil gearbeitet wird.
(vi) weil zu arbeiten bleibt.

Das externe Argument eingebetteter infiniter Verben wird abhängig vom Matrixprädikat in unterschiedlicher Weise affiziert. Dabei kann aufgrund der lexikalischen Eigenschaften der Matrixprädikate die folgende Konstruktionsklassifikation vorgenommen werden:

(4) (i) Kontrollinfinitive
(ii) ECM-Konstruktionen
(iii) Anhebungskonstruktionen

Im Rahmen der GB-Theorie werden diese Konstruktionen derart analysiert, daß in den durch die Infinita aufgebauten Domänen keine Agr-Merkmale auftreten. Diese sind aber für die Kasusmarkierung der SpI-Position notwendig. Die phonetische Realisierung des externen Arguments des Infinitums ist aufgrund des Kasusfilters ausgeschlossen (s. Chomsky 1981:49):

(5) Kasusfilter:
   *NP, falls NP mit phonetischer Matrix aber ohne Kasus.

Der Kasusfilter fordert also für phonetisch realisierte NPn, daß sie in einer Position auftreten, die Kasusmerkmale trägt. Sind diese Merkmale nicht oder negativ spezifiziert, so sind NPn in dieser Position nicht lizenziert. Die in infiniten Konstruktionen 'verstandenen' Subjekte erhalten in der GB-Theorie einen systematischen Status. Aufgrund des erweiterten Projektionsprinzips (extended projection principle (EPP)) (s. Chomsky 1982:8ff, Chomsky 1986a:116) ist in infiniten Konstruktionen für das externe Argument daher eine leere Kategorie anzunehmen:

(6) Extended Projection Principle:
   (i) The Θ-marking properties of each lexical item must be represented categorially at each syntactic level: at LF, S-structure, and D-structure.
   (ii) Clauses have subjects.

Diese Kategorie wird prognostiziert durch (6)(ii). Sie ist leer aufgrund des Kasusfilters. Das EPP stellt jedoch sicher, daß alle in der Argumentstruktur auftretenden Elemente und damit insbesondere das externe Argument interpretiert werden können. "Then, the EPP is a particular way of expressing the general principle that all functions must be saturated." (Chomsky 1986a:116) Die infiniten Konstruktionen weisen daher in der traditionellen IP-Analyse eine leere Kategorie *e* in der SpI-Position des Infinitivsatzes auf.

(7) (i) Peter überredet Maria $[_{IP}$ e zu kommen]
   (ii) Maria verspricht Peter $[_{IP}$ e zu kommen]
   (iii) Clara scheint $[_{IP}$ e zu kommen]

Die leere Kategorie *e* in (7)(i) und (7)(ii) ist *PRO*. Sie unterscheidet sich von aus dem NP-Bewegungsprozeß in (7)(iii) resultierenden leeren Kategorien *t* (= trace) dadurch (s. Chomsky 1981:60), daß

(8) (i) PRO mit dem jeweiligen Antezedenten keine Kette bildet, da beide Positionen unabhängig Θ-markiert sind,
   (ii) PRO unregiert ist,
   (iii) PRO und sein Antezedenz nicht der Subjazenzbedingung unterliegen.

Für die Beispiele in (7) werden daher die folgenden Analysen angesetzt:

(9) (i) $Peter^{j}$ überredet $Maria^{i}$ $[_{CP}$ $[_{IP}PRO^{i/*j}$ zu kommen]]
   (ii) $Maria^{i}$ verspricht $Peter^{j}$ $[_{CP}$ $[_{IP}PRO^{i/*j}$ zu kommen]]
   (iii) $Clara_{i}$ scheint $[_{CP}$ $[_{IP}$ t_{i} zu kommen]]

In (9)(i) ist das durch *e* ausgedrückte externe Argument des Infinitivs mit dem Objekt des Matrixsatzes referenzidentisch (Objektkontrolle), während es in (9)(ii) mit dem Subjekt des Matrixsatzes referenzidentisch ist (Subjektkontrolle). Die referentielle Festlegung geschieht dabei offensichtlich in Abhängigkeit vom jeweiligen Matrixverb, während die thematische Interpretation durch das Infinitum determiniert wird, d.h. daß *PRO* vom Infinitum Θ-markiert wird.

In der Anhebungskonstruktion (9)(iii) ist die leere Kategorie *t* ebenfalls vom Infinitum Θ-markiert. Das zugehörige syntaktische Argument befindet sich aber in der Subjektposition des Matrixsatzes, da diese von *scheinen* nicht Θ-markiert wird. Das externe Argument des Infinitivs kann daher, um den Kasusfilter zu passieren, in die Subjektposition des Matrixsatzes angehoben und dort kasusmarkiert werden. Die Spur t_i muß dabei von der angehobenen Phrase *Clara* streng regiert werden (s. etwa Fanselow & Felix 1987b:251):

(10) strenge Rektion:
α regiert ß streng gdw.
(i) α Θ-regiert ß oder
(ii) α antezedens-regiert ß.

Da sich die Spur t_i in der SpI-Position befindet, ist sie vom Verb nicht lexikalisch regiert und unterliegt damit der Bedingung der Antezedensrektion. Die Rektion wird aber durch die intervenierende C-Projektion (= S' in der traditionellen Analyse) blockiert, so daß keine Antezedensrektion vorliegt. Eine zyklische Bewegung durch die SpC-Position ist nicht möglich, da diese Position eine A-bar-Position ist, die zur Bildung von A-Ketten nicht zur Verfügung steht und zu *improper movement* führt. In der traditionellen Analyse (s. Chomsky 1981:100, v. Stechow & Sternefeld 1988:180) wird Anhebungsverben daher ein lexikalisches Merkmal [+ S'-Tilgung] zugewiesen, aufgrund dessen das Matrixprädikat in der Lage ist, den intervenierenden Rektionsblockierer zu tilgen, um die ordentliche Rektion der Spur zu garantieren. In der Barrierentheorie wird Antezedensrektion über einen Koindizierungsmechanismus zwischen Matrixprädikat und Matrixsubjekt einerseits und Spur und Subjekt andererseits ermöglicht (s. Sternefeld 1991:68), was eine Erweiterung der Definition der ordentlichen Rektion bedeutet.

In ECM-Konstruktionen wird das externe Argument ebenfalls vom infiniten Verb Θ-markiert, Akkusativ-Kasus wird aber durch das Matrixverb von außen zugewiesen. AcI-Konstruktionen werden in der traditionellen Analyse analog zu Anhebungskonstruktionen über die Zuweisung des [+ S'-Tilgung]-Merkmals erfaßt. Der Grund dafür liegt in der Rektion der SpI-Position von außen, die aufgrund ordentlicher Rektion nicht durch eine Barriere blockiert sein darf. Der relevante Unterschied zwischen Anhebungs- und AcI-Verben basiert auf ihrer Fähigkeit, Kasus zuzuweisen und damit auf einer Eigenschaft ihrer Argumentstruktur. Nur transitive Verben können daher außerordentlich Kasus zuweisen, während nur intransitive Verben mit dem Merkmal [+S'-Tilgung] Anhebung erlauben (s. v. Stechow & Sternefeld 1988:180ff). Im Rahmen der Barrierentheorie kann keine maximale

C-Projektion in ECM-Konstruktionen vorliegen, da deren Barrierenstatus die außerordentliche Kasuszuweisung blockiert. Für ECM-Verben ist daher anzunehmen, daß IP die maximale Projektion des Infinitivsatzes bildet (s. etwa Fanselow & Felix 1987b:252).

Die Festlegung des Projektionstyps infiniter Komplemente ist nicht unproblematisch, wenn wir berücksichtigen, daß die funktionalen Kategorien aufgrund morphosyntaktischer Merkmale induziert werden. Da die Infinitmorphologie im Deutschen diese Merkmale aber nicht aufweist, kann unter der Perspektive, daß die zugehörigen funktionalen Köpfe durch genau diese Merkmale motiviert sind, nicht davon ausgegangen werden, daß infinite Verben T-, Agr- und M-Projektionen aufspannen. Daraus ergibt sich dann allerdings, daß diese Projektionen überhaupt nicht existieren und daß innerhalb der durch das Infinitum aufgespannten Domäne weder dessen externes noch dessen referentielles Argument lizenziert werden kann. Das externe Argument wäre ja in der Position SpAgr durch Nominativkasus-Zuweisung zu lizenzieren und das referentielle Argument innerhalb des M-Systems zu binden. Wenn diese Systeme aber nicht auftreten, so sind die beiden Θ-Rollen in anderer Weise zu behandeln. Insbesondere der Status von *PRO* muß damit anders erfaßt werden.

Ob Infinitivkonstruktionen eine T-Projektion aufweisen, hängt ab vom Status des [Fin]-Merkmals. Interpretiert man dieses als binäres Merkmal mit {+ -}-Spezifikation, so könnten Infinitive auch als [-fin]-spezifizierte T-Projektionen aufgefaßt werden. Dabei bleibt allerdings unklar, welche Interpretation dieses Merkmal erhält. Im Gegensatz zur positiven Spezifikation findet durch die [-fin]-Markierung ja keine temporale Situierung des durch die Proposition ausgedrückten Ereignisses statt. Die Knoten des T-Systems besitzen dann aber keine Interpretation, was dem Prinzip der vollständigen Interpretation (Principle of full interpretation) (s. Chomsky 1986b:98) widerspricht. Ich werde im folgenden davon ausgehen, daß das [-fin]-Merkmal nicht auftritt, sondern daß Infinitive eine Statusmarkierung aufweisen. Dies führt zu der Annahme, daß Infinitive V'-Projektionen ohne funktionalen Überbau sind. Die beiden ranghöchsten Θ-Rollen sind somit nicht in der Projektionsdomäne des Infinitivs zu vergeben. Auf die Vergabe dieser beiden Rollen kommen wir später zurück.

Wir wollen nun wieder der Frage nachgehen, aufgrund welcher Evidenz im Signal der Parser diagnostizieren kann, welche dieser Konstruktionen vorliegt. Dazu betrachten wir zunächst die Verben, die den zweiten Status regieren, also Anhebungs- und Kontrollverben. Die folgenden Anfangsketten:

(11) (i) Peter überredet Maria ▸ ...
(ii) Maria verspricht Peter ▸ ...
(iii) Clara scheint ▸ ...

können fortgesetzt werden wie:

(12) ... ▸ lange zu schlafen.

Dabei ist der traditionellen Analyse zufolge an der durch '▸' markierten Position zu entscheiden, ob entweder *PRO* oder *t* einzusetzen ist. Im Falle von (11)(i) ist *PRO* einzusetzen und aufgrund der Objekt-Kontroll-Eigenschaft des Matrixverbs *überreden* mit dem Objekt zu koindizieren. In (11)(ii) ist ebenfalls *PRO* einzusetzen, jedoch ist dieses *PRO* mit dem Subjekt *Maria* zu koindizieren, da *versprechen* Subjekt-Kontroll-Eigenschaften aufweist. Zugleich muß eine C-Projektion intervenieren, um die Rektion von *PRO* zu verhindern. Diese Projektion muß nun vom Matrixverb selegiert werden. Sie müßte aber vom Matrixverb auch vollständig aufgebaut werden, da die gleiche Fortsetzung ja auch für die Anhebungskonstruktion (11)(iii) möglich ist, bei der keine CP intervenieren darf. Nun setzen die Projektions- und Linkingprinzipien allerdings voraus, daß eine CP nicht nur selegiert sondern auch von einem Kopf projiziert werden muß. Unter der Modussystem-Analyse erhalten wir mit der Projektion einer CP über der Infinitkonstruktion aber einige Knoten, die keine Interpretation besitzen, da ein morphosyntaktisch unmotivierter, leerer Kopf diese Projektion aufspannt. Die C-Projektion scheint daher nur aus rein strukturellen Gründen zur Aufrechterhaltung des PRO-Theorems angenommen zu werden, so daß daraus ebenfalls ein Verstoß gegen das Prinzip der vollständigen Interpretation resultiert, da dieses C-System keine Merkmale enthält. Zugleich muß aber auch für den Anhebungsfall verhindert werden, daß ein C-System projiziert wird, damit Antezedensrektion möglich ist. In (11)(iii) hat der Parser ja eine Spur einzusetzen und eine A-Kette zum Antezedens *Clara* zu rekonstruieren.

Zu fragen ist nun, aufgrund welcher Evidenz der Parser jeweils die angemessene dieser drei Möglichkeiten wählt. Aufgrund der Fortsetzungen kann die Entscheidung nicht getroffen werden, da diese jeweils identisch sind, so daß der relevante Unterschied der Konstruktionen in (11) offensichtlich aus den Eigenschaften der Matrixprädikate herleitbar sein muß. Wir wollen daher die Argumentstrukturen und die semantischen Formen der jeweiligen Matrixprädikate genauer betrachten und eine Möglichkeit der Komplexbildung erörtern, die auf syntaktischer Seite das Status-Merkmal verwendet, um Linking-Prozesse zu induzieren, und die andererseits die jeweiligen Kasus- und Θ-Verhältnisse bezüglich des externen Arguments der Infinitive einheitlich zu behandeln erlaubt. Da die Kontroll-, Anhebungs- bzw. ECM-Eigenschaft für die jeweiligen Verben auf jeden Fall lexikalisch zu repräsentieren ist, greifen wir dazu auf die Analyse Bierwischs (1990a) zurück und erfassen die Kombinatorik dieser drei Konstruktionen im Rahmen der lexikalischen Semantik. Damit werden wir erreichen, daß der Parser einen für alle infiniten Konstruktionen einheitlichen syntaktischen Linking-Prozeß (Status-Linking) ausführt und daß sich die relevanten Effekte bei der Realisierung und Interpretation des externen und referentiellen Arguments als semantische Reflexe ergeben. Damit wird auch erreicht, daß der Parser die Entscheidung über subjekt- vs. objektkontrolliertes PRO einerseits und NP-Spur andererseits nicht treffen muß und daß NP-Bewegung nicht rekonstruiert zu werden braucht.

9.1. Kontrolle

Im Fall von Kontrolle liegt eine leere Kategorie mit eigener Θ-Rolle im Infinitivsatz vor, die die Subjektstelle besetzt.

(13) (i) Otto überredet Maria^{i} [PRO^{i} zu kommen]
(ii) Maria^{i} verspricht Otto [PRO^{i} zu kommen]

Die Superskripte zeigen die Kontrollbeziehung an. Eine mit dieser Repräsentation kompatible Analyse muß diesen Bezug ebenfalls ausdrücken. Wir setzen für die Lexikoneinträge für das Subjektkontrollverb *versprechen* bzw. das Objektkontrollverb *befehlen* die folgenden Strukturen an:

(14) /versprech/
λv λy λx λe [e INST [x VERSPRECH y [v x e']]]
[2.St]

(15) /befehl/
λv λy λx λe [e INST [x BEFEHL y [v y e']]]
[2.St]

Beide Verben regieren ein Argument im 2. Status, das durch λ*v* repräsentiert wird. Die Kontrollbeziehung als lexikalische Eigenschaften dieser Verben wird nun dadurch ausgedrückt, daß in der SF von *versprechen* die Variable x und in der SF von *befehlen* die Variable y zweimal auftritt. Die Interpretation von PRO ergibt sich nun aus der Bindung der jeweiligen Variablen durch den dem Subjekt oder Objekt entsprechenden λ-Operator. In beiden Fällen ergibt sich aufgrund dieser Spezifikation des kontrollierten Elements im abhängigen Komplement die richtige Interpretation für das externe Argument des infiniten Verbs. Dieses kann aufgrund seiner morphosyntaktischen Markierung weder eine Agr- noch eine M-Projektion aufspannen und damit weder das externe noch das referentielle Argument in seiner Domäne lizenzieren. Dies geschieht nun durch funktionale Applikation des Matrixausdrucks auf den infiniten Verbalkomplex. Im Falle von Subjektkontrolle bindet λx in (14) sowohl die dem Subjekt entsprechende Variable im Matrixsatz x als auch die im Komplementsatz auftretende Subjekts-Variable. Im Falle von Objektkontrolle in (15) liegt die analoge Situation für die Objekt-Variable im Matrixsatz und die Subjekt-Variable im Komplementsatz vor. Aufgrund des Linking-Prozesses mit dem infiniten Komplement im 2. Status und zweifacher λ-Konversion ergibt sich die semantische Struktur mit der entsprechenden Variablenbindung des Subjekts:

(16) λv λy λx λe [e INST [x VERSPRECH y [v x e']]]
[2.St]
λx' λe'' [e'' INST [x' KOMM]]

→ λy λx λe [e INST [x VERSPRECH y [λx' λe''[e'' INST [x' KOMM]] x e']]]

→ λy λx λe [e INST [x VERSPRECH y [e' INST [x KOMM]]]]

bzw. des Objekts:

(17) λv λy λx λe [e INST [x BEFEHL y [v y e']]] λx' λe'' [e'' INST [x' KOMM]]
[2.St]
λx' λe'' [e'' INST [x' KOMM]]

→ λy λx λe [e INST [x BEFEHL y [λx' λe''[e'' INST [x' KOMM]] y e']]]

→ λy λx λe [e INST [x BEFEHL y [e' INST [y KOMM]]]]

Die Kontrolleigenschaft wird nun durch die jeweilige Variablenbindung in der SF der Matrixverben ausgedrückt, dabei bindet der jeweils dem Subjekt bzw. dem Objekt entsprechende λ-Operator die dem kontrollierten Element entsprechende Variable sowohl im Matrixsatz als auch im eingebetteten Satz. Die Realisierung des Matrixsubjekts geschieht dabei, wie bekannt, durch Linking in die SpAgr-Position und die Interpretation des Subjekts des eingebetteten Satzes ergibt sich als semantischer Reflex. Damit wird die Kontrolleigenschaft ausgedrückt, ohne unmotivierte Strukturkomponenten anzunehmen.

9.2. ECM (Exceptional Case Marking)

Die bei ECM-Konstruktionen zu beobachtenden Eigenschaften können analog zu den Kontrollkonstruktionen erfaßt werden. Nimmt man als Lexikoneintrag für *sehen* die folgende Struktur an (s. Bierwisch 1990a:14):

(18) λv λy λx λe [e INST [x SEH [v y e']]
[1.St]

so folgt sowohl die außerordentliche Kasuszuweisung als auch die Θ-Rollen-Identität für das außerordentlich kasusmarkierte externe Argument des Verbs des Inifinitivkomplements aus den Bedingungen über die Kasusverteilung im Θ-Raster.

Wird *sehen* transitiv verwendet, so erhält die Variable v den Status eines Parameters, der konzeptuell als Relation spezifiziert werden muß, die e' auf y bezieht. Die Analyse besagt dann, daß Objekte stets in Situationen wahrgenommen werden (s. Bierwisch 1990a). Dieser Sachverhalt liegt jedoch nicht für alle Perzeptionsverben gleichermaßen vor:

(19) (i) ??Ich fühle ihn mich streicheln.
(ii) ??Ich rieche ihn stinken.
(iii) ??Ich schmecke die Suppe salzig.

In (19)(iii) kann -falls überhaupt- nurmehr ein Adjektiv eingebettet werden. Die finiten Pendants sind dagegen alle grammatisch.

(20) (i) Ich fühle, daß er mich streichelt.
(ii) Ich rieche, daß er stinkt.
(iii) Ich schmecke, daß die Suppe salzig ist.

In der Tat scheint diese Datenlage darauf hinzuweisen, daß im Falle von *sehen* und *hören* eine Relation zwischen Ereignisvariable und wahrgenommenem Individuum besteht, während dies für die Verben in (19)(i) nicht anzunehmen ist. Bei *schmecken* ist zudem überhaupt keine Ereignisvariable möglich, wie aus der ausschließlichen Verwendung eines Adjektivs in (19)(iii) und der Kopulakonstruktion in (20)(iii) deutlich wird.

Die zugehörigen Lexikoneinträge enthalten daher die Absorptionsfähigkeit der Ereignisvariable nicht. Dies drückt sich dadurch aus, daß e' fehlt:

(21) λv λy λx λe [e INST [x SCHMECK/FÜHL/RIECH [v y]]]

Die Komplexbildung etwa mit einem infiniten Komplement *kommen* geschieht nun erneut durch Linking über das Merkmal *[1. Status]*.

(22) /komm/ λx λe' [e' INST [x KOMM]]

Damit ergibt sich für die ECM-Konstruktion die folgende Ableitung, die ein Θ-Raster aufweist, welches genau die gewünschten Kasusverteilungen hat:

(23) λv λy λx λe [e INST [x SEH [v y e']]] λx' λe'' [e'' INST [x' KOMM]]
[1.St]

→ λyλxλe[e INST [x SEH[λx'λe''[e''INST [x' KOMM]] y e']]]

→ λyλxλe [e INST [x SEH [λe'' INST [y KOMM]] e']]

→ λyλxλe [e INST [x SEH [e' INST [y KOMM]]]]

λy besetzt danach die Position des direkten Objekts des resultierenden Verbkomplexes, das im hier vorliegenden unmarkierten Fall Akkusativ trägt. Zugleich bindet dieser Operator die im Komplement auftretende Variable des Komplementverbs, was den Θ-Verhältnissen der AcI-Konstruktion entspricht. Die Ereignisvariable e' von *kommen* wird in einer durch das Matrixverb spezifizierten Relation instantiiert. Voraussetzung dafür ist die Abwesenheit eines C^0-Elements, das seinerseits ohne finites Komplement nicht auftreten kann. Mit dieser Kombinationsvariante ist also nicht nur eine adäquate Ableitung und Repräsentation der AcI-Konstruktion erreicht worden, sondern es ergibt sich auch zwanglos, daß die referentielle Rolle des infiniten Verbs des Komplements überhaupt vergeben werden kann, obwohl das dafür verantwortliche M-System nicht projiziert wird. Die Kasusmarkierung für das externe Argument des eingebetteten infiniten Verbs ergibt sich nun aus den Eigenschaften des resultierenden Θ-Rasters.

9.3. Anhebung (Raising)

Die Anhebungsverben *scheinen/pflegen* regieren den zweiten Status. Sie besitzen bis auf den regierten Status ähnliche Eigenschaften wie epistemisch verwendete Modalverben, die ebenfalls Anhebungscharakteristik aufweisen aber den ersten Status regieren.

(24) (i) weil Uli Bier geholt haben soll/dürfte/könnte/müßte.
(ii) weil Uli Bier zu holen scheint/pflegt.

Die zugehörigen Paraphrasen zeigen die Parallelität zwischen *scheinen* und Modalverben in epistemischer Verwendung.

(25) Es soll/dürfte/könnte/müßte der Fall sein, ...
Es scheint/?pflegt der Fall zu sein, ...

... daß Uli Bier geholt hat.

Für *scheinen* ist ein Lexikoneintrag anzusetzen wie:

(26) /schein/ λv λx λe [e INST [SCHEIN [v x e']]]
[2.St]

Dabei tritt im Falle eines finiten Komplementsatzes das externe Argument von *scheinen* als Argument auf, das unabhängig vom Komplement keine Interpretation besitzt, da λx die Variable x nur in Abhängigkeit von der Realisierung eines infiniten Komplements bindet. Im Falle eines finiten Komplements wird λx zu einer uneigentlichen Θ-Rolle, die als expletives *es* zu realisieren ist. Im Falle eines infiniten Komplements findet 'Anhebung' der im infiniten Komplementsatz nicht zu lizenzierenden externen Θ-Rolle in die Skopusdomäne des im Θ-Raster des Matrixverbs befindlichen λ-Operators statt.

(27) (i) Es scheint, daß Peter kommt.
(ii) Peter scheint zu kommen.

Linking eines Elements im zweiten Status ergibt auch hier sowohl die korrekte Interpretation als auch die richtige Kasuszuweisung:

(28) λv λx λe [e INST [SCHEIN [v x e']]] λx' λe'' [e'' INST [x' KOMM]]
[2.St]

→ λx λe [e INST [SCHEIN [λx'λe''[e''INST [x' KOMM]] x e']]]

→ λx λe [e INST [SCHEIN [x KOMM]]]

λv ist dabei im Gegensatz zur ECM-Konstruktion (18) obligatorisch. Die uneigentliche Θ-Rolle λx ist in jedem Fall nominativmarkiert und bindet im infiniten Fall die dem externen Argument entsprechende Variable des eingebetteten Verbs.

Damit ist die Komposition der Argumentstrukturen der in (4) genannten Infinitivkonstruktionen in einheitlicher Weise erfaßt. Der Status ist dabei stets das relevante Linking-Merkmal zur Einbindung der infiniten V'-Projektion. Die Interpretation der beiden im Infinitkomplement nicht vergebenen Θ-Rollen folgt als semantischer Reflex.

10. Rekonstruktion von wh-Bewegung

10.1. Wh-Bewegung auf LF

Wir haben in den vorangegangenen Kapiteln den auf S-Struktur sichtbaren Bewegungsprozessen *Finitumvoranstellung* und *A-bar-Bewegung einer XP* eine Interpretation im Rahmen der Satzmodus-Analyse gegeben. Im Deutschen induziert ein wh-Operator in der Erstposition eines V/2-Satzes Fragemodus. Dieser Bewegungsprozeß hängt nicht notwendigerweise mit der Indikation einer Skopusdomäne zusammen, wie wh-Imperative zeigen.

In multiplen Fragen befindet sich im Deutschen auf S-Struktur genau ein w-Element in SpM-Position, während sich auf LF alle wh-Operatoren zur Markierung ihrer jeweiligen Skopusdomänen in dieser Position befinden (s. May 1985:5).

(1) The *scope* of α is the set of nodes that α c-commands at LF.

Wir wollen nun wh-Bewegung auf LF unter der Perspektive betrachten, welche Operationen der Parser auszuführen hat, um LF-Repräsentationen zu berechnen. Auch dabei ist wieder im Auge zu behalten, daß der Parser von links nach rechts arbeitet. Das hat im Falle von LF-Bewegung (also: S-strukturell unsichtbarer Bewegung nach links) die Konsequenz, daß die skopusrelevanten Operatorpositionen bereits durchlaufen sind, ohne daß an diesen Positionen Evidenz für die Einsetzung eines solchen Operators vorgelegen hat.

Für Skopusbindung ist die folgende Konfiguration relevant:

(2) $[_\alpha\ O_i\ [_\beta \ldots e_i \ldots]]$

Der Operator O_i tritt dabei u.U. früher auf als das Element, das gebunden werden muß. Die Frage ist daher, welche Strategie der Parser zur Berechnung von Skopusdomänen verfolgt. Dazu sind zunächst zwei Prozeßweisen denkbar: 1) Der Parser kehrt, wenn er eine Operatorphrase in situ antrifft, in eine linksperiphere A-bar-Position zurück und positioniert dort einen Operator, der die zurückbleibende leere Kategorie in der Basisposition bindet; 2) Der Parser setzt in der linksperipheren A-bar-Position stets einen leeren Operator ein, der nur dann interpretiert wird, wenn in seiner Skopusdomäne eine zu bindende Variable auftritt.

Verfolgt der Parser die erste Strategie, so muß er für jede auftretende Operatorphrase in eine linksperiphere Position zurückkehren, um dort den zugehörigen Operator einzusetzen, was den Parser in multiplen Fragen zu einem ineffizienten Hin-und-Her-Wandern zwischen linksperipheren Skopuspositionen und aktuellen Prozeßpositionen führt. Nach der zweiten Strategie positioniert der Parser leere Operatoren blind, d.h. ohne Evidenz für das Auftreten einer Variablen im rechten Kontext zu haben. Damit ist der Vorteil verbunden, daß der Parser nicht in eine Position zurückkehren muß, die er bereits passiert hat. Diese Strategie besitzt andererseits den entscheidenden Nachteil, daß in der linksperipheren Position absolut unklar ist, ob und wieviele Variablen im folgenden rechten Kontext auftreten und von welchem Typ diese jeweils sind. Da für deren Auftreten linksperipher nun keine Evidenz vorliegt, kann der Parser an dieser Position aber auch nicht wissen, wieviele und welche Operatoren überhaupt einzusetzen sind. Berwick & Weinberg (1985b:26ff) diskutieren diese Variante für Konstruktionen mit parasitären Lücken. Bei diesen Konstruktionen tritt ein ähnliches Problem auf, da zu dem Prozeßzeitpunkt, zu dem der leere Operator einzusetzen ist, die Existenz einer Lücke nicht feststeht.

(3) (i) Who$_i$ did you meet t$_i$ [O$_i$ without greeting e$_i$]
(ii) Who$_i$ did you meet t$_i$ [without greeting him]

Für den Fall, daß im rechten Kontext keine zu bindende Variable auftritt, nehmen Berwick & Weinberg an, daß der Algorithmus, der die semantische Repräsentation berechnet, den leeren Operator nicht interpretiert (s. Berwick & Weinberg 1985b:27).

Eine analoge Strategie wäre nun auch bei wh-Phrasen in situ denkbar. Treten im rechten Kontext jedoch mehrere Variablen auf, so muß der Parser linksperipher auch mehrere Operatoren einsetzen, was konsequenterweise zu der erweiterten Annahme führen muß, daß letztlich beliebig viele Operatoren einzusetzen sind, da (etwa im Deutschen) prinzipiell beliebig viele wh-Phrasen in situ auftreten können.

(4) Wer hat wen mit welchem Wagen wann wohin gefahren?

Der Parser muß also bereits nach *Wer* die folgenden Positionen besetzen, d.h. für jede potentiell zu bindende Variable einen Operator einsetzen.

(5) O_1 O_2 O_3 O_4 O_5 [e_1 ...]

Nun könnte der Satz in (4) nach *wer* aber auch fortgesetzt werden wie:

(6) Wer hat Egon mit dem blauen Wagen gestern in die Stadt gefahren?

so daß außer O_1 alle anderen Operatoren leer binden und somit keine Interpretation erhalten. Es könnten im rechten Kontext natürlich auch weitere wh-Phrasen auftreten, so daß diese nicht gebunden wären. Die zweite Strategie ist daher völlig arbiträr und scheint mir keine adäquate Maßnahme zur Behandlung von wh-Phrasen in situ darzustellen. Vielmehr ist anzunehmen, daß der Parser erst dann, wenn er auf eine Operatorphrase trifft, für diese die Skopusdomäne festlegt. In einer Konstruktion wie:

(7) Wer hat gestern wen getroffen?

ist erst mit dem Auftreten von *wen* klar, daß außer für *wer* ein zweiter Operator linksperipher einzusetzen ist, der die durch LF-Bewegung von *wen* zurückgelassene Variable bindet. Die Frage ist daher, auf welche Weise aus der Position von *wen* die linksperiphere Skopusposition erreicht werden kann, ohne daß der Parser an diese Position zurückkehrt. Die grundlegende Idee dazu basiert auf dem Konzept der Operatoren-Anhebung, die in Verbindung mit den semantischen Kompositionsprinzipien einen Reflex des syntaktischen Linkings darstellt. Insbesondere soll die (Operator-) Eigenschaft der beteiligten w-Lexeme ausgenutzt werden, um diesen Effekt zu erzielen.

Das die wh-Operatoren auszeichnende Merkmal [+wh] hat i. S. der X-bar-Theorie einen fragwürdigen Status. Es weist nicht die Perkolationseigenschaften von Kopfmerkmalen auf, sondern kann von jeder innerhalb einer Phrase lizenzierten Position dieser Phrase Operatoreigenschaften zuweisen. Dies gilt für Phrasen beliebigen Typs:

(8) (i) Mit welchem Messer (hat Paul das Brot geschnitten)
(ii) Wie alt (ist Peter geworden)
(iii) Wessen Hut (hat Clara bunt angemalt)

Von Merkmalsvererbung im Sinne der X-bar-Theorie kann also nicht die Rede sein. Das [+wh]-Merkmal in (8)(i) könnte X-bar-theoretischen Annahmen zufolge nur bis zur DP-Grenze perkolieren, aber nicht bis zur maximalen PP. Auch in (8)(ii) und (8)(iii) wird dieses Merkmal nicht vom Phrasenkopf geliefert. Die Operatoreigenschaft der PP *mit welchem Messer* in (8)(i) kommt ganz klar von der DP *welchem Messer* und diese Phrase erhält die Operatoreigenschaft aufgrund der lexikalischen Besetzung mit *welchem*. Insofern ist die Bemerkung von Reis (1991a:60) irreführend, daß die "Phrasen die [+w]- bzw. [-w]-Eigenschaft von den Lexemen in ihrer Kopfposition erben". Wir haben daher zunächst die lexikalische Struktur von w-Wörtern zu betrachten. Als Approximation wollen wir die folgenden SF-Muster für diese Elemente annehmen:

(9) wer: λx [[UNKNOWN x] : [PERSON x]]
wann: λx [[UNKNOWN x] : [TIME x]]
wo: λx [[UNKNOWN x] : [LOC x]]
usw.

w-Elemente besitzen somit eine Zweiteilung in einen Operatorteil, der die Fragebedeutung trägt und einen Nichtoperatorteil, der den spezifischen Bedeutungsteil darstellt (s. Reis 1991a:58, Brandt, Rosengren & Zimmermann 1989:11). Motiviert wird diese Annahme durch das Verhalten von Echo-w-Elementen, die S-strukturell alle Eigenschaften von [-wh]-Phrasen aufweisen, obwohl sie oberflächlich ein [+wh]-Element enthalten und sich daher wie Operatorphrasen verhalten sollten (s. Reis 1991a:58ff). Ein charakteristisches Merkmal von Echo-w-Phrasen besteht darin, daß sie Operatorteil-fokussiert (O-fokussiert) sind (s. Reis 1991a:61), was zur Folge hat, daß der Skopus des Frageoperators w-Phrasen-intern festgelegt wird. Daraus läßt sich das zu [-wh]-Phrasen analoge Verhalten von Echo-w-Phrasen herleiten. Aufgrund der O-Fokussierung wird der Skopus des Frageoperators auf den inneren Bereich der wh-Phrase festgelegt, so daß letztere phrasenextern keine Operatoreigenschaft mehr aufweist. Mehrsilbige w-Elemente und komplexe w-Phrasen illustrieren den Effekt bei entsprechender Fokussierung:

(10) (i) Otto hat WArum die Fete abgesagt.
(ii) *Otto hat waRUM die Fete abgesagt.
(iii) Franziska hat sich inWIEfern falsch verhalten.
(iv) *Franziska hat sich inwiefern falsch verhalten.
(v) Maria hat eine Reise WOhin geplant.
(vi) *Maria hat eine Reise wohin geplant.

Wenn keine O-Fokussierung vorliegt, besitzen die w-Elemente Operatoreigenschaft und können im Deutschen nicht in situ realisiert werden. Offensichtlich gilt dies für die O-fokussierten w-Elemente nicht, was ihren Status als [-wh]-Phrasen begründet. Die Skopusdomäne des wh-Operators in O-fokussierten w-Elementen ist daher festzulegen, wie in:

(11) wer: [λx [UNKNOWN x] : [PERSON x]]
wann: [λx [UNKNOWN x] : [TIME x]]
wo: [λx [UNKNOWN x] : [LOC x]]
usw.

Das hat zur Folge, daß der Operator keine phrasenexterne Relevanz mehr hat. Das charakteristische Merkmal eines wh-Operators ist somit nicht durch das [+wh]-Merkmal zu erfassen, sondern durch seine spezifische semantische Form als λ-Term. Nimmt man zur Markierung dieser Phrasen das [+wh]-Merkmal an, so ist bei O-Fokussierung eine Tilgung dieses Merkmals vorzunehmen, was mindestens ein unschöner Prozeß ist. Da außerdem die Perkolation des wh-Merkmals aus X-bar-theoretischer Sicht nicht gerechtfertigt werden kann, ist dieses Merkmal bestenfalls als Abkürzung einer komplexen semantischen Eigenschaft aufzufassen.

Unter der Operator-Sichtweise erhält eine komplexe [+wh]-Phrase die Operatoreigenschaft nicht in Form eines via Perkolation zu vererbenden [+wh]-Merkmals, sondern aufgrund der Anhebung eines λ-Operators. Da dieser Operator in Echo-w-Phrasen phrasenintern abgebunden wird, ergibt sich zwanglos, daß diese keine Operatoreigenschaften aufweisen, was ihr Verhalten als [-wh]-Phrasen erklärt.

Es ist nun nicht ohne weiteres klar, ob LF als eine für die Repräsentation der wh-Bewegung notwendige *syntaktische* Ebene angenommen werden muß (s. Koster (1987:76ff) zu verschiedenen Argumenten gegen diese Annahme) oder ob LF-Bewegung von wh-Operatoren direkt aus den kombinatorischen Prinzipien der semantischen Form ableitbar ist. Wie Koster (1987:85) bemerkt, bestehen zwei Möglichkeiten, die Annahme von *move α* zwischen S-Struktur und LF zu motivieren. Erstens, indem gezeigt wird, daß LF-Bewegung den gleichen Restriktionen unterworfen ist wie overte wh-Bewegung, d.h. durch Subjazenz; zweitens, indem gezeigt wird, daß die unter LF-Bewegung entstehenden leeren Kategorien die gleichen Eigenschaften aufweisen wie leere Kategorien auf S-Struktur. Die erste Möglichkeit scheidet aus, da die Skopusdomäne von wh-Operatoren nicht durch die Subjazenzbedingung beschränkt ist (s. Chomsky 1977).

Wie Koster (1987:235) weiterhin zeigt, kann aber auch keine Identifikation von S-Struktur-Spuren und LF-Spuren angenommen werden, da LF-Spuren weniger starken Rektionsbedingungen unterliegen als S-Struktur-Spuren. Er kommt daher zu dem Schluß: "Since scope assignment of Wh-elements shows neither class of properties, the existence of LF movement and the level of LF (distinct from S-structure) cannot be justified on the basis of the distribution of Wh-elements in situ." (Koster 1987:235). Damit sind erneut zwei Alternativen möglich: Entweder interveniert LF zwischen S-Struktur und semantischer Form, oder S-Struktur wird direkt auf SF abgebildet. "Bezieht man die von Chomsky nicht explizit thematisierte Analyse lexikalischer Einheiten ein, dann fällt LF de facto mit *sem* (= SF) zusammen." (Bierwisch 1983a:66, Anm. 4)

Da wir die Struktur der Lexikoneinheiten als relevante Größe für die Berechnung der syntaktischen Struktur herangezogen haben, liegt zu jedem Prozeßzeitpunkt eine semantische

Interpretation vor. Wir analysieren LF-Bewegung daher nicht mittels *move* α, da uns die damit verbundenen Prozesse nicht effizient erscheinen und in einer LR-Analyse wenig Plausibilität beanspruchen können. Vielmehr wollen wir den Bewegungsprozeß in die skopusanzeigende A-bar-Position durch sukzessive Operatorenanhebung in diese Position erfassen.

Dieser Prozeß bildet eine Sequenz sukzessiver Anhebungen des λ-Operators. Dabei entsteht eine Kette mit der Länge der Anzahl der Linking-Prozesse. Die PP *mit welchem Messer* erhält ihre Operatoreigenschaft somit aus der Verbindung der Operator-DP *welchem Messer* und der Präposition *von*, während erstere ihre Operatoreigenschaft von dem Fragedeterminierer *welche* erhält. Nehmen wir als lexikalische Formen der beteiligten Lexeme etwa die folgenden Repräsentationen an:

(12) (i) /mit/: λy λx [x MIT y]
(ii) /welch/: λY λx [UNKNOWN Y x]
(iii) /Messer/: λz [MESSER z]

Das SF-Muster für *welch* ergibt sich dabei analog zum SF-Muster von (in-)definiten D^0-Elementen, mit dem Unterschied, daß *welch* Frageeigenschaften besitzt. *X* ist der auf das selegierte Nomen zu übertragende Referenzindex. Somit resultiert allein aus den syntaktischen Linkingprozessen zwischen D^0-Element und N'-Projektion einerseits und der Verbindung von P^0 mit DP andererseits die syntaktische Struktur der PP und zugleich die Operatoreigenschaft dieser Phrase. Die Ableitung ergibt sich in folgenden Schritten:

(13) (i) λY λx [UNKNOWN Y x] [λz [MESSER z]]

LK → λx [UNKNOWN [λz [MESSER z]] x]
LK → λx [UNKNOWN [MESSER x]]
(= welchem Messer)

(ii) λz λy [y MIT z] [λx [UNKNOWN [MESSER x]]]
LK → λx [λy [y MIT [UNKNOWN [MESSER x]]]]
(= mit welchem Messer)

Der Linkingprozeß zwischen P^0 *mit* und der Dativ-DP *welchem Messer* geschieht über das syntaktische Linking-Merkmal *Kasus*. Die Variable z in (13)(ii) hat die Kategorie 1 und ist das interne Argument der Präposition. Die in diese Argumentstelle einzusetzende Dativ-NP ist aber von der Kategorie 0/1, so daß Anhebung von λx stattfindet, was zur Operatoreigenschaft der PP führt. Diese Anhebung findet in (13)(i) natürlich nicht statt, da der Fragedeterminierer *welch* genau die Kategorie 0/1 von *Messer* -analog zu anderen D^0-Elementen auch- semantisch selegiert. λy in (13)(ii) ist das durch modifikationelle Adjunktion zu vergebende zweite Argument von *mit*.

Ein Verb wie etwa *schneiden* verbindet sich mit dieser PP nun derart, daß die Instrument-PP *mit dem Messer* die Ereignisvariable e von *schneiden* modifiziert. *schneiden* impliziert die Verwendung eines Instruments, das aber nicht notwendigerweise syntaktisch realisiert sein muß. In der semantischen Form tritt die Instrumentalangabe daher als fakultatives Argument auf (s. Bierwisch 1988:52ff zur parallelen Behandlung von Adjunkt- vs. Komplement-PPn bei lokalen und direktionalen Verben, die der hier verfolgten Strategie zugrunde liegt). Das Verb *schneiden* besitzt somit eine semantische Form wie:

(14) /schneid/: (λZ) λy λz λe [e INST [z SCHNEID y : [Z e]]]

wobei Z durch die Instrumental-PP fakultativ besetzt werden kann. Dies ergibt durch λ-Konversion mit der PP und impliziter λ-Konversion mit e eine Repräsentation der V-Projektion wie in:

(15) λZ λy λz λe [e INST [z SCHNEID y : [Z e]]]

λx [λy [y MIT [UNKNOWN [MESSER x]]]]

LK → λx [λy λz λe [e INST [x SCHNEID y : [λy [y MIT [UNKNOWN [MESSER x]] e]]]]]

LK → λx [λy λz λe [e INST [z SCHNEID y : [e MIT [UNKNOWN [MESSER x]]]]]]

Erneut ist aufgrund der Einbindung des PP-Operators λx angehoben und in die linksperiphere Position der semantischen Form der V-Projektion versetzt worden, da die Variable Z vom Typ 0/1, die PP *mit welchem Messer* aber vom Typ 0/1/1 ist. Dies entspricht der syntaktischen Operation der Adjunktion an VP unter einer Bewegungsanalyse (s. Chomsky (1986b), der die Adjunktion an VP durch die in May (1985) vorgeschlagene Quantorenanhebung motiviert).

Sehen wir für den Moment von den Bewegungsprozessen *Finitumvoranstellung* und *A-bar-Bewegung* ab, so ist der Satz:

(16) Mit welchem Messer hat Paul den Käse geschnitten?

mit der Interpretation:

(17) Für welches x, x ein Messer: Paul hat den Käse mit x geschnitten

semantisch abzuleiten wie in :

(18) λx [e INST [PAUL SCHNEID [DEF KÄSE] : [e MIT [UNKNOWN [MESSERx]]]]]

Die Fragebedeutung resultiert aus der sukzessiven Anhebung des λ-Operators. Die zugrundeliegenden syntaktischen Linkingprozesse unterscheiden dabei nicht, ob die einzubindende Phrase Operatoreigenschaften aufweist, da Nichtoperator-Phrasen hinsichtlich ihrer Linking-Bedingungen analog behandelt werden. Die Präposition *mit* bindet auf die gleiche Weise eine operatorlose Dativ-DP ein, etwa *diesem Messer*.

Das Verfahren hat zur Konsequenz, daß der Parser keine Rekonstruktion komplexer wh-Phrasen in ihre Basisposition vornehmen muß, da die in Frage stehende Phrase nur auf diese Position bezogen wird. In einer Bewegungsanalyse wären die folgenden Schritte anzusetzen:

(19) (i) Bewege wh:
Mit welchem Messer [Paul hat den Käse t_i geschnitten]

(ii) Rekonstruktion:
Welches Messer [Paul hat den Käse [$_{PP}$ mit t_i] geschnitten]

Der Parser müßte im Falle komplexer wh-Phrasen also nicht nur in die linksperiphere Skopusposition zurückkehren, um die Phrase in die A-bar-Position zu versetzen. Er müßte darüber hinaus auch gewisse Teile der Phrase wieder in ihrer Basisposition rekonstruieren (s. auch Chomsky (1992) zu einer ähnlichen Analyse).

Die genannten Ableitungsschritte scheinen daher vermeidbar zu sein, wenn lediglich der Operator angehoben wird, und die syntaktischen Linking-Prozesse für [+wh]- und [-wh]-Phrasen nicht unterschieden werden. Die syntaktische Berechnung benötigt dann keine Kenntnis über die Operatoreigenschaft einer Phrase, da die Anhebung der Operatoren als semantischer Reflex zwangsläufig stattfindet. Insbesondere ist damit für wh-Phrasen in situ sichergestellt, daß 'wh-Bewegung' stets stattfindet. Zugleich ist aber auch erreicht worden, daß der Parser nicht in den linken Kontext zurückkehren muß, um die Skopusposition festzulegen. Diese ergibt sich aufgrund der semantischen Kompositionsprinzipien als Konsequenz der syntaktischen Linking-Prozesse. Diese Behandlungsweise befreit den Parser aber auch von einem blinden Einsetzen von Operatoren, die nur dann eine Interpretation erhalten, wenn tatsächlich Variablen auftreten.

Zusammenfassend ergibt sich damit für die Rekonstruktion von LF-Bewegung: Aufgrund der sukzessiven Anhebung des Operators resultiert nach jedem Linking-Prozeß eine komplexere Struktur mit Operatoreigenschaft. Nach vollständiger Strukturierung (d.h. nach allen Projektions- und Linkingprozessen) befinden sich die Operatoren in linksperipherer Position, ohne daß die Skopusdomäne explizit berechnet werden muß. Sie ergibt sich gewissermaßen automatisch aus der Interaktion der Struktur der lexikalischen Einheiten mit den Bedingungen des syntaktischen Linkings und den zugehörigen semantischen Kompositionsprinzipien. Obwohl die Berechnung von links nach rechts verläuft, ist damit auch für 'relativ spät' auftretende Operatoren deren Skopusdomäne direkt zu rekonstruieren.

10.2. Multiple Fragen und LF-Bewegung

In multiplen Fragen treten mehrere wh-Operatoren auf, die im Deutschen auf S-Struktur alle bis auf einen in situ verbleiben, während sie auf LF in eine linksperiphere Position bewegt werden. Bewegung in eine linksperiphere Position bedeutet dabei Bewegung in eine A-bar-Position. May (1985:118ff) verwendet zur Interpretation von relativ zu bestimmenden Skopusdomänen im Falle mehrerer Operatoren die in Pesetsky (1987:105) angegebene

Bedingung über eingebettete Abhängigkeiten (Nested Dependency Constraint (NDC)) für die Bindungsbeziehungen zwischen Operatoren und Variablen.

(20) NDC:
If two wh-trace dependencies overlap, one must contain the other.

NDC besagt, daß beim Auftreten mehrerer Operatoren die jeweils zwischen Operator und Variable auftretenden Beziehungen kontextfrei beschreibbar sind. Diese Eigenschaft ist einerseits äquivalent zum jeweiligen Enthaltensein der Abhängigkeitspfade und ist andererseits äquivalent zum deterministischen Kellerautomaten. Diese Äquivalenzen wollen wir nun nutzen, um die aus der mehrfachen Operator-Anhebung resultierenden Skopusdomänen relativ zueinander zu bestimmen. Das einzige, was wir dazu noch benötigen, ist, daß die Operatoren in der genau umgekehrten Reihenfolge ihres Auftretens auf S-Struktur linksperipher in SF auftreten. Die multiple Frage:

(21) ... wer wen wo trifft.

besitzt auf den jeweiligen Strukturebenen die Repräsentationen in:

(22) (i) S-Struktur: wer_i [t_i wen wo trifft]

(ii) LF: [wo_3 [wen_2 [wer_1 [t_1 t_2 t_3 trifft]]]]

(iii) SF: $\lambda x_3 \lambda x_2 \lambda x_1$ [[UNKNOWN x_1 : PERSON x_1] TREFF [UNKNOWN x_2 : PERSON x_2] [UNKNOWN x_3 : LOC x_3]]

Die Operatoren weisen in SF eine Reihenfolge auf, in der die jeweiligen Bindungsverhältnisse mit den Variablen dem NDC entsprechen, d.h, die Abhängigkeiten sind eingebettet. Um diese Repräsentation zu erreichen, ist die Anhebung der Operatoren in einer Ableitungssequenz so zu organisieren, daß der zuerst eingebundene Operator in die äußerste der relativen Skopuspositionen versetzt wird. Unter sukzessivem Linking ergeben sich damit die folgenden Ableitungsschritte:

(23)

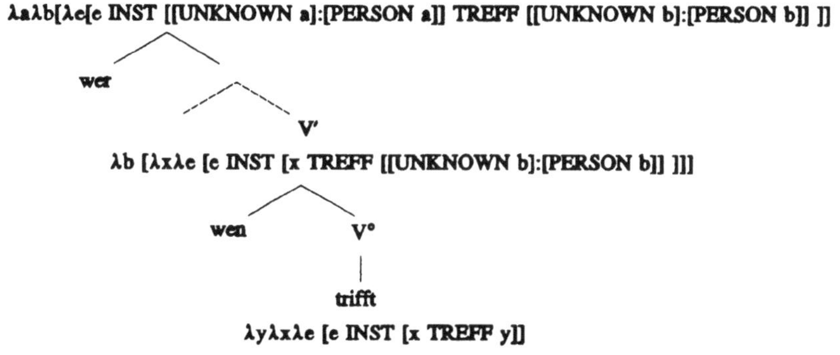

Betrachtet man nun Operatoren-Anhebung aus dieser Perspektive, so ist klar, daß ein analoges Verfahren auch für Quantoren anderer Art anwendbar ist. Die damit verbundenen Prozesse können hier aber nicht weiter erörtert werden (s. etwa Pafel (1991) zur relativen Interaktion verschiedener Quantorentypen).

10.3. Kurze wh-Bewegung auf S-Struktur

Wenden wir uns nun overter wh-Bewegung zu. Der Rekonstruktionsprozeß einer auf S-Struktur bewegten Phrase in ihre Basisposition kann derart vollzogen werden, daß der Parser nach dem Entdecken einer Lücke entlang der Projektionslinie das Fehlen eines Elements in die linksperiphere A-bar-Position transferiert. Da mit den funktionalen Projektionen eine direkte Linie bis in die M-Projektion führt, kann der Parser die Lückeninformation gewissermaßen 'in einem Zug' in die im M-System auftretende bewegte Phrase in der A-bar-Position beziehen.

(24) ... [$_{MP}$ wem$_i$ ϕ [Maria t$_i$ einen Stiefel ▸ schenkt]]

Die kurze S-Struktur-Bewegung der wh-Phrase liegt innerhalb der durch das Verb und seine funktionalen Merkmale aufgebauten Domäne und ist somit ein sukzessiv-lokal (subjazenter) rekonstruierbarer Prozeß. Die bewegte Phrase wird durch Koindizierung auf ihre Basisposition t$_i$ bezogen, die ihrerseits vom Verb lexikalisch regiert ist.

Dem Parser -indem er von links nach rechts die Kette bearbeitet- liegt bis zum Zeitpunkt '▸' keine Evidenz für die Struktur der V-Projektion vor, da das Verb noch nicht bekannt ist. Es ist eine offene Frage, inwieweit die Kasusinformationen der aufgetretenen NPn den Parser zu gewissen Erwartungen über die lexikalischen Eigenschaften des folgenden Verbs führen und ob daraus bereits strukturelle Konfigurationen aufgebaut werden. Das Problem besteht offenkundig nicht darin, daß ein Hörer Sätze eines Sprechers vervollständigen kann, ohne daß sie zu Ende gesprochen sind, sondern ob der syntaktische Prozessor davon systematisch Gebrauch macht.

Wenn der Parser in der syntaktischen Analyse Strukturen nur aufgrund von Projektionen im Sinne der X-bar-Theorie aufbaut, dürften derartige Erwartungen keine Rolle für die syntaktische Konfiguration spielen. Konsequenterweise haben die aufgetretenen NPn einen hinsichtlich ihrer strukturellen Integration ungeklärten Status und sind daher zwischenzuspeichern. Insbesondere ist bis zu diesem Zeitpunkt die Existenz einer Lücke in der linearen Kette nicht aufgrund des Fehlens eines Arguments in der zugehörigen D-Struktur-Position festzustellen, sondern nur aufgrund der Anwesenheit eines Elements in der linksperipheren A-bar-Position auf S-Struktur. Diese wird erst mit der Projektion der Argumentstruktur des Verbs bekannt und kann auch erst zu diesem Zeitpunkt diagnostiziert werden, d.h. wenn der Parser feststellt, daß mit einem Suchschritt der Länge 1 das zugehörige Argument nicht identifizierbar ist. Nun muß aber andererseits auch für bewegte Adjunkte die D-Struktur-Position diagnostiziert werden. Im Unterschied zu bewegten Argumenten liegt für diese mit dem Auftreten des Verbs allerdings keine Evidenz für Bewegung vor, da Adjunkte

-per Definition- lexikalisch nicht selegiert sind, sich innerhalb dieser Domäne aber ebenso frei bewegen wie Argumente auch.

(25) ... $wann_i$ Maria dem Kind einen Stiefel t_i ► schenkt.

Der relevante Punkt liegt darin, auf welche Weise der Parser die Koindizierung vornimmt. Einerseits muß er an der Stelle t_i eine Spur einsetzen und diese mit dem bewegten Element koindizieren. Koindizierung heißt aber in jedem Fall, das Antezedens in seiner S-Struktur-Position aufzusuchen und ihm einen Index zuzuweisen. Allerdings liegt dem Parser bei Adjunkt-Bewegung an der t_i-Position keine Evidenz für eine Lücke vor. Andererseits muß er das Adjunkt, wenn es nach der Integration der kanonisch realisierten Argumente angetroffen wird, auf genau diese bis dahin nicht diagnostizierte t_i-Position beziehen. Es ist schlechterdings nicht zu sehen, auf welche Weise der Parser diesen Bezug herstellen können soll, so daß die Frage auftritt, ob diese Elemente im Deutschen überhaupt positionell gebunden sind. Im Mittelfeld ist ja eine fast unrestringierte Verteilung dieser Adjunkte möglich.

(26) (i) weil morgen Maria dem Kind einen Stiefel schenkt.
(ii) weil Maria morgen dem Kind einen Stiefel schenkt.
(iii) weil Maria dem Kind morgen einen Stiefel schenkt.
(iv) weil Maria dem Kind einen Stiefel morgen schenkt.

Es scheint daher, daß diese Adjunkte an jeder beliebigen Mittelfeld-Position strukturell integrierbar sind, so daß eine eindeutige D-Struktur-Position nicht angenommen werden muß. Dieser Punkt ist für die Linking-Theorie recht problematisch und hauptsächlich von semantischen Bedingungen abhängig.

Der Parser ist in (25) an der Position ► in der Lage, eine Spur t_i einzusetzen, deren Antezedens nun in einer spezifischen Konfiguration (Rektionsdomäne) zur Koindizierung identifiziert werden muß. Dies kann auf verschiedene Weisen geschehen. Entweder startet der Parser direkt nach Entdeckung der Lücke einen Suchlauf durch den linken Kontext und versucht, das zugehörige Argument zu finden. Dieses Verfahren erfordert, daß der linke Kontext die Eigenschaft des Stapels verliert und daß damit zugleich die Eigenschaften des DPDA mit allen Konsequenzen verloren gehen. Insbesondere sind dann Zusatzmaßnahmen zu ergreifen, die Restriktionen über die Suchweite (im Sinne der Subjazenzbedingung) formulieren. Um von derartigen stipulativen Zusatzberechnungen abzusehen, wollen wir eine andere Strategie verfolgen: Perkolation. Wir erinnern uns dazu an Kaynes (1984) *Connectedness Condition* bzw. Kosters (1987) *Bedingung der Globalen Harmonie* und wiederholen die Struktur (18)(i) hier als:

(27)

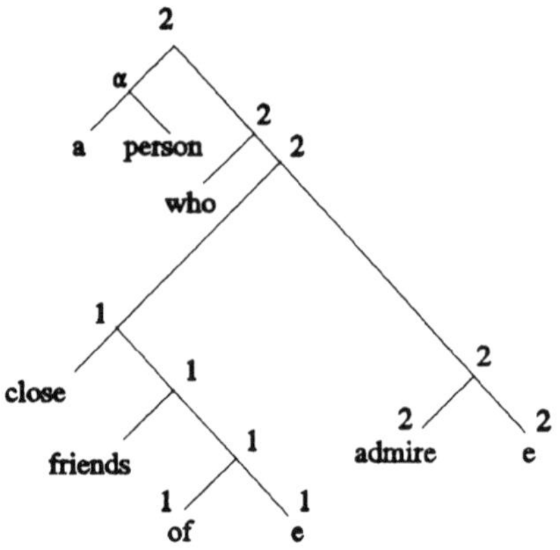

Der relevante Effekt besteht darin, daß der Index der leeren Kategorie entlang der Projektionslinien uniform orientierter Regenten verläuft und schließlich mit dem Antezedens einen Teilbaum bildet. Die Perkolation der Lücke in (24) geschieht über die V-Projektion und die damit verbundenen funktionalen Kategorien bis zur MP.

(28) ... ▸ wem$_i$ Maria t$_i$ einen Stiefel schenkt.

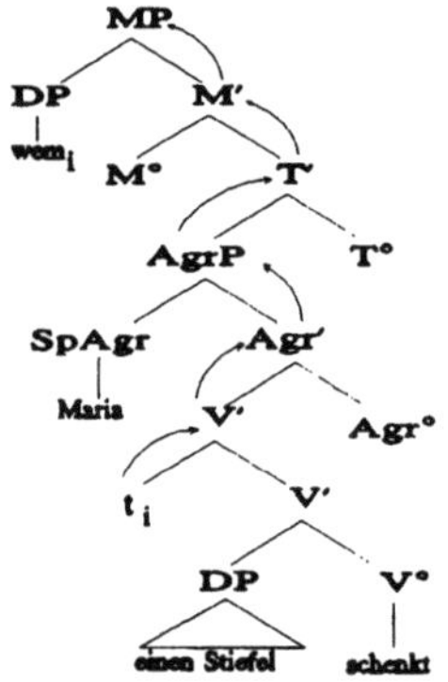

An dieser Stelle kann nun einerseits das M-System durch die wh-bewegte Phrase spezifiziert werden, andererseits ist aber auch die Antezedens-Spur-Beziehung direkt hergestellt.

Wir hatten in einem vorangegangenen Kapitel bereits erörtert, in welchen Konfigurationen zwischen PEL und LGL gegen die *Bedingung der Globalen Harmonie* verstoßen wird und daß der Parser dies lokal diagnostizieren kann. Damit sind zwei Konsequenzen verbunden. Erstens findet nur Perkolation über gleich orientierte Projektionen statt und zweitens muß die Projektion, die eine Lücke aufweist (damit also unvollständig ist), mit dem

Antezedens und den intervenierenden Projektionen einen Teilbaum bilden. Die Rekonstruktion dieses Teilbaums findet in der folgenden Konfiguration statt:

(29)

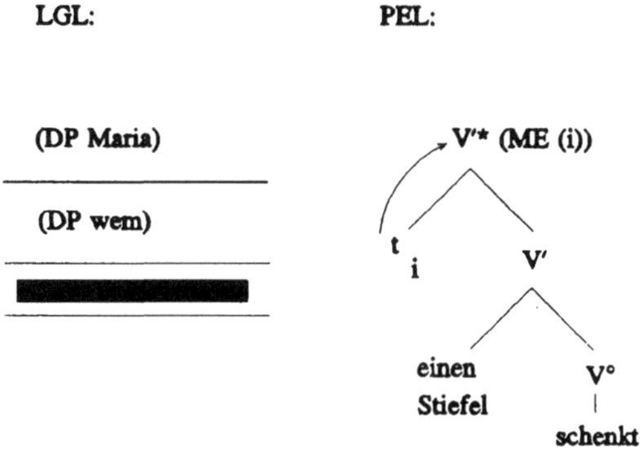

Von der Position der Lücke t_i wird an V'* der Index der Spur (bzw. des fehlenden Arguments) in die Projektionslinie des Kopfes der V-Projektion eingefügt. Dies geschieht mittels einer Datenstruktur ME (= Missing Elements), die diese Information trägt. ME perkoliert entlang der Projektionslinie, wobei der Parser nach jedem Linking-Prozeß, der LGL reduziert, versucht, die in ME enthaltenen Elemente mit dem obersten Element in LGL zu identifizieren. Nach der Projektion von AgrP befindet sich *(DP wem)* in der obersten Zelle in LGL, so daß der Inhalt dieser Zelle in die SpM-Position eingesetzt werden kann.

(30)

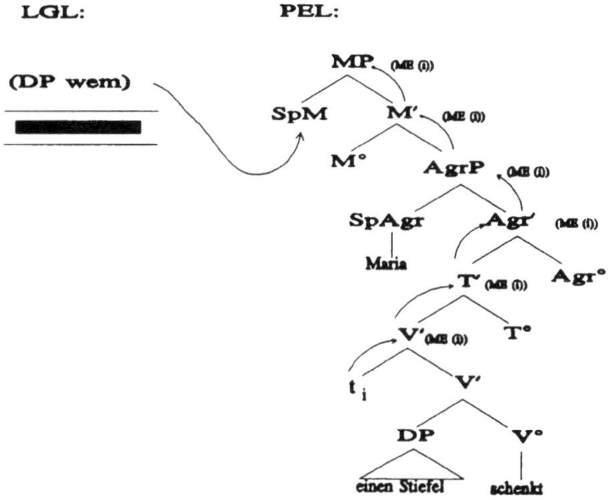

Kurze wh-Bewegung auf S-Struktur in die nächste SpM-Position wird somit durch Perkolation rekonstruiert. Zugleich ist durch die Einführung von ME aber auch *scrambling* erfaßbar. Gescrambelte Konstituenten müssen aber nach der Projektion von AgrP spätestens in die Struktur integriert worden sein, so daß sich bei der Spezifikation des Modussystems zwangsläufig nur eine wh-bewegte Phrase in LGL befinden kann.

10.4. Lange wh-Bewegung auf S-Struktur

Wir wollen nun die Rekonstruktion von langer Bewegung auf S-Struktur unter der Subjazenzbedingung diskutieren. Letztere ist in Chomsky (1986b) auf das Konzept der Barriere bezogen worden, welches die Kasustheorie und die *Bounding*-Theorie unifiziert (s. Sternefeld 1991 zu einer ausführlichen Erörterung der damit verbundenen Konzepte). Wir referieren kurz die relevanten Begriffe.

Kasus- und *Bounding*-Theorie charakterisieren das Verhältnis zwischen D-Struktur und S-Struktur. Während die *Bounding*-Theorie einerseits das Verhältnis zwischen d-strukturell determinierten Θ-Positionen und S-strukturell lizenzierten Kasuspositionen (NP-Bewegung) und andererseits zwischen kasusmarkierten Θ-Positionen und Θ-bar-Positionen (wh-Bewegung) charakterisiert, bezieht sich die Kasustheorie auf die Lizenzierung von Θ-Positionen durch Kasuszuweisung. Die Abhängigkeiten, die die *Bounding*-Theorie erfaßt, sind durch das Verhältnis zwischen Spur und Antezedens definiert. Beide dürfen nicht durch mehrere Knoten mit *Barrieren*-Eigenschaften getrennt sein. Zwei Barrieren-Konzepte sind zu unterscheiden (s. Chomsky 1986b:42):

(31) (i) $\ldots\alpha\ldots\ [_{\gamma}\ \ldots\beta\ldots\ ]$
(ii) $\ldots\alpha\ldots\ [_{\gamma'}\ \ldots\delta\ldots\beta\ldots\ ]$

(31)(i) entspricht dem Barrieren-Konzept für Bewegung. Derzufolge regiert α β nicht, wenn γ eine maximale Projektion ist. In (31)(ii), der Minimalitätsbedingung, regiert α unabhängig von der Maximalität von γ' β nicht, wenn δ β regiert. Minimalitätsbarrieren werden vom Parser ja automatisch berücksichtigt (s. Kapitel 7), und wir werden sie im folgenden nicht weiter betrachten, sondern nur die für Subjazenz und Bewegungsprozesse relevante Barrieren-Eigenschaft in (31)(i). Da maximale Kategorien nur unter gewissen Bedingungen und in spezifischen Konfigurationen Barrieren darstellen, führt Chomsky (1986b:14ff) die folgenden Begriffe ein:

(32) γ ist eine Blockierende Kategorie (BK) für β gdw.
(i) γ ist nicht L-markiert
(ii) γ dominiert β

(33) γ ist eine Barriere für β gdw. entweder
(i) γ dominiert unmittelbar δ und δ ist eine BK für β, oder
(ii) γ ist eine BK für β, $\gamma \neq$ IP.

(34) α L-markiert β gdw.

(i) α ist eine lexikalische Kategorie
(ii) α und β sind Schwestern
(iii) α Θ-markiert β.

Mit der Definition der *Barriere* wird ein lokaler Bereich festgelegt, der abhängig von den Selektionseigenschaften lexikalischer Köpfe variiert (L-Markierung) und relativ zu den abhängigen Elementen definiert ist. Insbesondere gilt damit, daß Θ-markierte Komplemente von V^0 stets L-markiert und daher niemals Barrieren sind, während Adjunkte niemals L-markiert und daher stets Barrieren sind.

Wir wollen nun wieder betrachten, wie der Parser über die Eigenschaft der L-Markierung von phrasalen Kategorien lokal entscheiden kann, wann zulässige Extraktionen vorliegen.

Für lange wh-Bewegung wird üblicherweise angenommen, daß die Distanz zwischen Antezedens und Spur prinzipiell unendlich groß sein kann (s. Berwick & Weinberg 1984:153ff). Daraus resultiert für den Parser das Problem, prinzipiell unendlich viele strukturelle Positionen konsultieren zu müssen, wenn er einen Suchlauf zum Antezedens im linken Kontext durchführt. Ich möchte im folgenden eine Strategie erörtern, die bis auf Zyklizität lange wh-Bewegung wie kurze wh-Bewegung erfaßt. Die relevante Eigenschaft dieser Strategie besteht darin, daß der Parser keine Suchschritte durchführt, sondern der Prozeß, der das Antezedens auf die in die SpM-Position perkolierte Spur bezieht, durch zyklische Bewegung von **links nach rechts** verläuft.

Nimmt man an, daß der Parser erst mit dem Auftreten einer Lücke einen Suchprozeß zur Identifikation eines Antezedens startet, so sind in der Tat prinzipiell unendlich viele Positionen zu konsultieren, da das Antezedens unter zyklischer Bewegung beliebig weit von seiner Basisposition entfernt sein kann. Der Parser sollte daher deutliche Effekte einer Überlastung des Arbeitsgedächtnisses aufweisen, wenn derartige Konstruktionen prozessiert werden.

Betrachten wir zur Illustration den Unterschied zwischen langer wh-Extraktion und Zentraleinbettungen. In beiden Fällen kann beliebig viel lexikalisches Material zwischen den jeweils auftretenden Abhängigkeiten liegen. Es treten jedoch unterschiedliche Effekte in der Verarbeitung der beiden Konstruktionen auf, die darauf hindeuten, daß die intervenierenden Lexikoneinheiten in unterschiedlicher Weise behandelt werden.

(35) (i) Wen glaubst du, daß Peter sagt, daß Maria behauptet, ... daß Otto küßt.

(ii) Der Schneider, der den Rock, den der Geselle, der gestern die Frau, die sich beschwerte, küßte, zerschnitten hat, sucht, sticht sich in den Finger.

Offenbar liegt der Unterschied zwischen (35)(i) und (35)(ii) darin, daß die strukturelle Integration bei (35)(i) früher vorgenommen werden kann als in (35)(ii). Dies führt zu einer reduzierten Anzahl zu speichernder Einheiten. Während in (35)(ii) die nominalen Konstituenten aufgrund der V/E-Stellung in den Relativsätzen nicht direkt strukturiert werden können, ist dies in der Konstruktion (35)(i) möglich (s. Kapitel 5.2).

Das heißt, daß die Zwischenkonstituenten stets fertig strukturiert und direkt in die Gesamtkonstruktion integriert werden können. Dies ist bei den eingebetteten Relativsätzen nicht möglich. Die Argumentstruktur des i-ten Satzes kann erst nach Abschluß der Verarbeitung des (i+1)-ten Satzes beendet werden. Und da diese Situation prinzipiell unendlich oft auftreten kann, sollte man erwarten, daß der Speicher für LGL analog zum Effekt bei (35)(ii) irgendwann überläuft. Dieser Effekt tritt bei (35)(ii) relativ schnell ein, nicht jedoch bei (35)(i). Die Verarbeitung von (35)(ii) erfordert daher offenbar die Speicherung einer relativ großen Anzahl von Konstituenten, die Verarbeitung von (35)(i) hingegen nicht, so daß offensichtlich nur die frühe Erkennung der Verben für die frühen Integrationsprozesse verantwortlich sein kann.

Daraus läßt sich nun die folgende Parsing-Strategie für Konstruktionen wie (35)(i) ableiten. Der Parser integriert einen zwischen Antezedens und Spur auftretenden i-ten Komplementsatz direkt in die vom Matrixverb des (i-1)-ten Komplementsatzes projizierte Argumentposition. Um dies durchführen zu können, ist die Projektion einer Θ-Position notwendig, damit ein direktes Linking stattfinden kann. Unter dieser Strategie ergibt sich, daß die zwischen Antezedens und Spur auftretenden Konstituenten in LGL stets zu einer (komplexen) Struktur zusammengezogen werden können. Dieser Teleskop-Effekt kann allerdings nur dann stattfinden, wenn die Matrixverben die Komplementsätze L-markieren. Die Länge von LGL reduziert sich also stets wieder auf die Länge von LGL bei kurzer wh-Bewegung plus eins. Für die Konstruktion in:

(36) Wen$_i$ glaubst du [t$_i$ daß Peter sagt [t$_i$ daß Maria behauptet [t$_i$ ... [t$_i$ daß Otto t$_i$ küßt]]]]

stellt sich die Frage, wie der Parser das Antezedens im linken Kontext identifiziert, nachdem mit dem Auftreten von *küßt* und dessen Projektion die Lücke diagnostiziert und -wie im vorangegangenen Kapitel erörtert- bis in die SpM-Position perkoliert ist. Die Strategie, den linken Kontext nach dem Antezedens zu durchsuchen, geht jedoch nur von der Lücke aus und läßt die linksperipher aufgetretene wh-Phrase, die in dieser A-bar-Position nicht lizenziert ist, unberücksichtigt. Diese stellt aber eine wesentliche Information für die frühzeitige Diagnose einer existierenden Lücke dar.

Frazier & Clifton (1989:95) haben experimentell gezeigt, daß der Parser eine *active filler strategy* verwendet, um bewegte Phrasen auf ihre Basisposition zu beziehen (s. auch Kapitel 3). Diese Strategie besagt, daß aufgrund des Auftretens eines bewegten Elements in linker Peripherie Bewegung diagnostiziert wird, und nicht erst mit dem Auftreten der Lücke. Der 'Lückenfüller' wird daher aktiv in die Basisposition zurückgesetzt.

Wir wollen nun gerade diese Beobachtung ausnutzen und sie unter Berücksichtigung der lexikalischen Eigenschaften der beteiligten Matrixprädikate auf die Prozeßstrategien des Parsers beziehen. Wir hatten bereits in der Einleitung erörtert, daß der Parser aufgrund lexikalischer Spezifikationen ungrammatische Extraktionen wesentlich vor dem Auftreten einer Lücke diagnostizieren kann. In der folgenden Konstruktion ist diese Diagnose bereits nach dem Vollverb *schwimmt* des übergeordneten Satzes möglich:

(37) *Wen$_i$ schwimmt Peter [t$_i$ nachdem er t$_i$ besucht hat]

Im Rahmen der Barrierentheorie wird Extraktion aus Adjunkten durch fehlende L-Markierung der Adjunktphrase erfaßt. Nun ist L-Markierung aber eine Relation, die aus den lexikalischen Eigenschaften des Matrixprädikats ablesbar ist, und zwar speziell aus der Spezifikation der Argumentstruktur. Jedes darin auftretende Element ist in der syntaktischen Konfiguration L-markiert. Umgekehrt formuliert ergibt sich daraus für die Konstruktion in

(37), daß mit dem Auftreten des Verbs *schwimmt* aus dessen Argumentstruktur ablesbar ist, daß aus einer nicht L-markierten Phrase extrahiert wurde. *Wen* kann nicht in der Projektion von *schwimmt* lizenziert werden, und dieses Prädikat lizenziert auch keine L-markierte Domäne, aus der die Extraktion hätte stattfinden können. Damit ist bereits nach *schwimmt* klar, daß eine ungrammatische Extraktion vorliegt.
Der Unterschied zwischen den Teilketten:

(38) (i) Wen schwimmt ▸ ...
(ii) Wen glaubt ▸ ...

besteht nun darin, daß *glaubt* ein sententiales Komplement L-markiert und daß aufgrund dieser Kenntnis zu dem durch '▸' markierten Prozeßzeitpunkt keine Ungrammatikalität diagnostiziert wird. Unter Berücksichtigung der *active filler strategy* liegt nun die folgende Prozeßstrategie nahe. Der Parser versucht zunächst, die bewegte wh-Phrase innerhalb der von *glaubt* aufgebauten Projektion zu integrieren. Da dort jedoch keine Position zur Verfügung steht, in der *wen* kasuslizenziert werden kann, ist dies nicht möglich. Da *glaubt* aber ein sententiales Komplement L-markiert, kann der Parser die Hypothese aufstellen, daß das wh-Element aus diesem Komplement extrahiert ist, so daß es in die Domäne dieses Komplements gebracht werden muß. Andererseits spezifiziert sie jedoch das Modussystem des Matrixsatzes, so daß sie in dessen SpM-Position zu integrieren ist. Nach der Strukturierung der Kette:

(39) Wen glaubt Maria ...

liegt somit eine Struktur in LGL vor wie in:

(40)

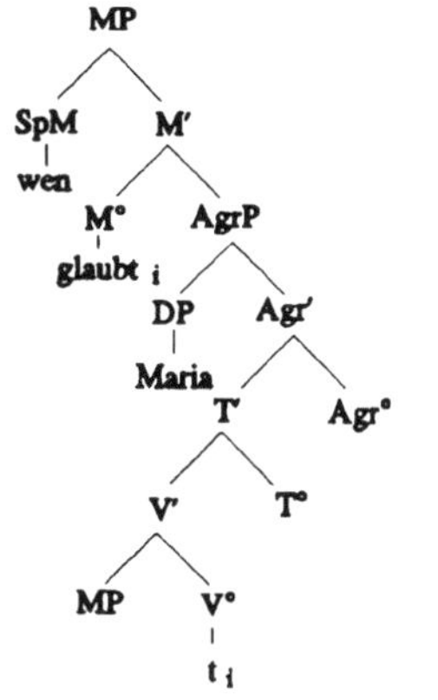

Der entscheidende Schritt basiert nun auf der Insertion der Zwischenspur. Da die bewegte Phrase im Matrixsatz nicht via Kasus und Θ-Rolle zu lizenzieren ist, muß sie in die lokale Domäne des L-markierten Komplementsatzes transferiert werden. Da sie andererseits in der

SpM-Position das Modussystem spezifiziert, muß sie in dieser Position verbleiben.

Die Strategie, die der Parser in dieser Situation verfolgt, besteht darin, daß er in der obersten Zelle von LGL eine Spur einsetzt und damit dem Komplementsatz 'signalisiert', daß eine bewegte Phrase linksperipher aufgetreten ist. Nach vollständiger Projektion des Komplementsatzes liegt dann eine Konfiguration vor wie:

(41)

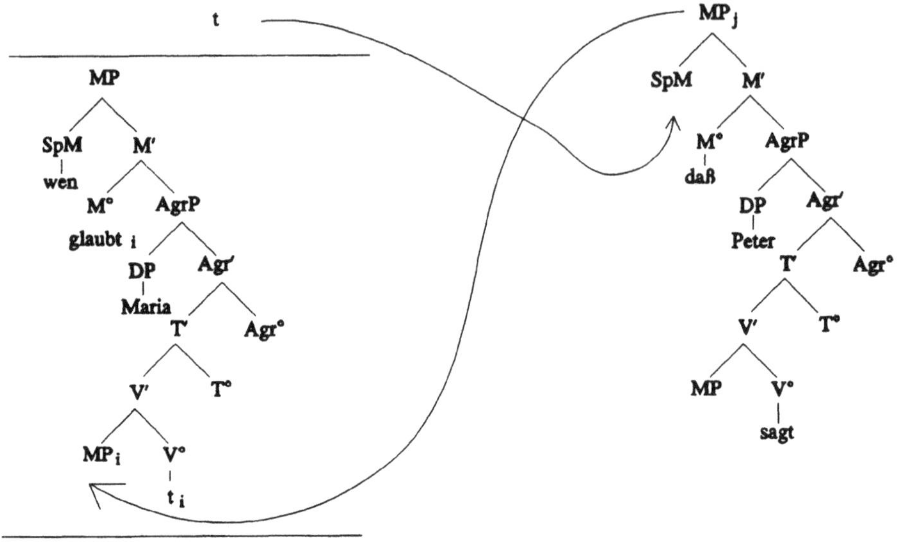

Der Parser bindet nun die Spur in die SpM-Position des Komplementsatzes. Damit wird die Matrix-MP oberstes Element in LGL, und da in dieser Projektion eine MP zu integrieren ist, wird MP_j in die Position MP_i gebunden. Da die Spur aber auch im Komplementsatz MP_j nicht ihre Basisposition hat, wird nun erneut eine Zwischenspur in die oberste Zelle von LGL gesetzt und der gesamte Prozeß iteriert.

Die Sequenz dieser Verarbeitungsschritte stellt die prozedurale Interpretation zyklischer wh-Bewegung unter der Subjazenzbedingung dar. Letztere wird wesentlich aus der Argumentstruktur der jeweils übergeordneten Prädikate abgelesen, was zur Diagnose möglicher L-markierter Domänen führt. Zyklische wh-Bewegung wird damit von links nach rechts unter den bereits bekannten Linking-Bedingungen durchgeführt. Die einzige zusätzliche Operation ist das 'Weiterreichen' der Information einer nicht lizenzierten Phrase in A-bar-Position. Der Algorithmus kann diese Prozeßweise beliebig häufig iterieren, analog zur beliebig iterierbaren zyklischen wh-Bewegung.

Betrachten wir nun die Situation, in der die transferierte Spur in die Domäne ihrer Basisposition gelangt. Wir haben im vorangegangenen Kapitel einen Perkolationsmechanismus erörtert, der die Lücke aus der Basisposition in die nächste SpM-Position bewegt.

Gelangt der Parser nun zu dem Komplementsatz, in dem sich die leere Basisposition der bewegten wh-Phrase befindet, so liegt die folgende Konfiguration vor:

(42)

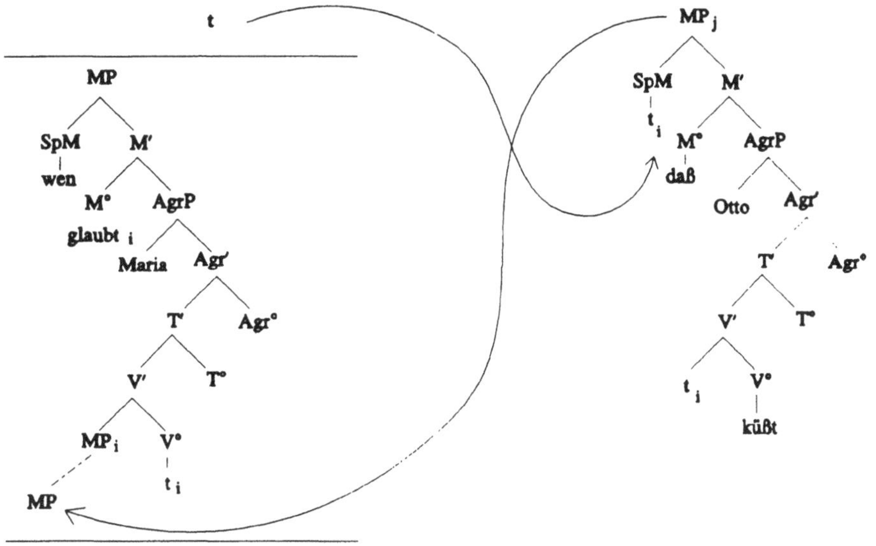

Da die Lückeninformation in der SpM-Position des letzten Komplementsatzes aufgrund der Perkolation bekannt ist, kann nun unter strikt lokalen Bedingungen die Identifikation zwischen der von links zyklisch transferierten und der im Komplementsatz perkolierten Spur der wh-Phrase stattfinden. Wir sehen nun zugleich den relevanten Unterschied zwischen weiter wh-Bewegung und Zentraleinbettungen. Bei letzteren kommt es aufgrund der sehr verspäteten Möglichkeit zur Komplexbildung zu einem Speicherüberlauf. Dies tritt bei weiter wh-Bewegung aufgrund der zyklisch auftretenden L-Markierung der Komplementsätze nicht auf, was zu einem Teleskop-Effekt in der Speicherstruktur führt, d.h. die Anzahl der zu belegenden Zellen ist de facto stets klein.

11. Anmerkungen zur Implementation.

Der Parser ist in muLISP 90 implementiert, einem LISP-Dialekt für IBM-kompatible Rechner der PC-Klasse. Strukturell ist er in die folgenden Komponenten gegliedert:

(1) (i) Lexikon
    (ii) parametrisierbares Prinzipiensystem
    (iii) Projektionsmodul
    (iv) Linking-Modul

Das Lexikon enthält eine geringe Anzahl von Beispieleinträgen, die hinsichtlich der folgenden Kategorien spezifiziert sind:

(2) (i) Graphematische Form
    (ii) syntaktische Kategorie
    (iii) grammatische Merkmale
    (iv) Θ-Raster
    (v) Semantische Form

Einzelne Lexikoneinträge können frei editiert und gezielt modifiziert werden. Informationen, die für Klassen von Einheiten gelten, sind im parametrisierbaren Prinzipiensystem enthalten. Die dort spezifizierte Information umfaßt folgende Komponenten:

(3) (i) Merkmale lexikalischer und funktionaler Kategorien
    (ii) Rektionsrichtungen
    (iii) Bedingungen für Θ-Raster und Θ-Rollen
    (iv) kategoriale Selektion
    (v) Bezug zwischen morphosyntaktischen Merkmalen und funktionalen Kategorien
    (vi) Linking-Merkmale

Auch diese Spezifikationen sind editierbar, so daß die Änderung einzelner Parameter möglich ist. Der Parser zeigt nach der Umsetzung von Parametern ein anderes Berechnungsverhalten. So bewirkt die Einstellung der Rektionsrichtung von Verben und Präpositionen nach rechts, daß etwa *preposition stranding*-Konstruktionen fehlerfrei strukturiert werden. Ändert man die Rektionsrichtung von Verben nach links, so scheitert der Parser an den Direktionalitätsbedingungen.

Die Bedingungen für Θ-Raster und Θ-Rollen dienen der Bestimmung der internen, externen und referentiellen Argumente sowie der Zuweisung von default-Informationen an die Elemente der Argumentstruktur. Die kategoriale Selektion legt die f-selektionalen Eigenschaften funktionaler Kategorien fest. Daraus berechnet der Parser die Reihenfolge, in der der strukturelle funktionale Überbau projiziert wird. Veränderungen der f-selektionalen Bedingungen führt damit zu anderen syntaktischen Strukturen. Die Gesamtheit der funktionalen Projektionen über dem Komplementbereich einer lexikalischen Kategorie wird durch die morphosyntaktische Spezifikation dieser Kategorie festgelegt, so daß ein Bezug zwischen morphologischen Merkmalen und funktionalen Kategorien hergestellt werden muß. Die

Klasse der Linkingmerkmale kann ebenfalls modifiziert bzw. erweitert werden. Der Parser versucht dann, anhand der neu spezifizierten Merkmale Linkingprozesse durchzuführen.

Die Projektions- und Linkingprozeduren sind vollständig implementiert, die Prozeduren der semantischen Interpretation bislang nicht. Was dazu benötigt wird, ist ein weiteres Modul, welches den λ-Kalkül implementiert und die Prinzipien der semantischen Komposition berechnet.

12. Zusammenfassung

Ziel dieser Arbeit war die Konzeption eines Parsers, der verschiedene Repräsentationen der neueren generativen Grammatiktheorie berechnen kann. Zugleich sollte der Parser psycholinguistisch motiviert sein und als idealisiertes Modell der sprachlichen Performanz dienen können.

Ein Schwerpunkt der Untersuchung befaßt sich daher mit der Fähigkeit des (menschlichen) Parsers grammatische Kenntnis bereits während der Sprachverarbeitungsprozesse anzuwenden. Diese Kenntnis ist durch die unterschiedlichen (mentalen) Zustände charakterisiert, in denen sich der (menschliche) Parser im zeitlinear strukturierten Verstehensprozeß befindet. Die Struktur dieser Zustände wird durch Eigenschaften des Sprachsignals determiniert. Der Übergang von einem Zustand S_i zu einem Folgezustand S_{i+1} wird von neu auftretendem lexikalischem Material in der Signalkette induziert. Damit kommt den lexikalischen Einheiten und den mit diesen verbundenen Informationen ein zentraler Stellenwert bei der Berechnung syntaktischer und semantischer Strukturen zu: Ein prinzipienorientierter Parser muß letztlich aus der Information, die diese Einheiten liefern, die Entscheidungen über die Struktur der aufzubauenden strukturellen Konfigurationen ableiten. Die Berechnungen, die der Parser dazu ausführt, unterliegen den Bedingungen der Performanz: 1) Sprachliche Signale sind zeitlinear organisiert. 2) Das Arbeitsgedächtnis ist beschränkt. 3) Die Berechnungen sind effizient.

Im einleitenden Kapitel haben wir daher die Fragestellung motiviert, welche Informationen einem Hörer (bzw. dem Parser) während der Satzverarbeitung lokal zur Verfügung stehen müssen, um syntaktische Strukturen aufbauen zu können. Diese Strukturen werden in der 'Prinzipien und Parameter'-Theorie, der explizitesten Variante mentalistisch orientierter, linguistischer Theorien, formuliert. Wir haben die Struktur dieser Theorie in Kapitel 2 kurz vorgestellt. Es ergab sich in der Diskussion einiger Folgekapitel, daß deren multistratale Struktur den Bedingungen des zeitlinearen Parsings nicht gerecht wird und daß die darin vorgeschlagenen Repräsentationen prozedural zu interpretieren sind.

In Kapitel 3 wurden sodann verschiedene existierende Parsingtheorien erörtert. Dabei zeigte sich, daß heuristische Prinzipien keine exakte Auskunft über die Verwendung grammatischer Kenntnis geben, sondern daß zunächst geklärt werden muß, wie diese Kenntnis zu unterschiedlichen Prozeßzeitpunkten aktiviert werden kann. Es konnte weiterhin festgestellt werden, daß unter den Bedingungen des Parsings von links nach rechts stets Varianten von PS-Regeln Verwendung finden, die aber aufgrund ihrer konstruktionsabhängigen Spezifikation gerade nicht prinzipienorientiert sind. Andererseits sind die tatsächlich prinzipienorientierten Parser der Klasse der Theorembeweiser zuzuordnen und lassen keine psycholinguistische Interpretation zu.

Wir haben in Kapitel 4 das Verhältnis zwischen repräsentationalen und prozeduralen Theorien aus der Sicht der Künstlichen Intelligenz erörtert und auf die Modellierung des Sprachverarbeitungssystems übertragen. Als Resultat dieser Diskussion ergab sich, daß der menschliche Parser aufgrund seines beschränkten Arbeitsgedächtnisses sprachliche Ketten on-line und in einer kombinierten bottom-up-top-down-Analyse prozessiert.

Ein Parsertyp, der diese Bedingungen erfüllt, wurde sodann in Kapitel 5 automatentheoretisch begründet. Dabei konnte gezeigt werden, daß die Klasse der LR(k)-Parser sowohl hinsichtlich der Zeitkomplexität als auch hinsichtlich der Speicherkomplexität adäquate Modellierungen des menschlichen Parsers zulassen. Aufgrund der Bedingung der on-line-Verarbeitung wurde die Vorausschau des Parser auf null Elemente beschränkt, so daß sich die anschließenden Betrachtungen auf einen LR(0)-Parser beziehen. Durch die Beschränkung des Kellerspeichers auf ca. sieben Einheiten konnte weiterhin erreicht werden, daß der LR(0)-Parser analog zum menschlichen Parser einen Speicherüberlastungs-Effekt beim Prozessieren von Zentraleinbettungen zeigt. Zugleich besitzt dieser Parser aber auch die Eigenschaft, daß er nur eingebettete Abhängigkeiten berechnen kann, d.h., daß die Bedingungen der Pfadinklusion aus der Struktur des Parsers abgeleitet werden können.

In Kapitel 6 haben wir die für die Projektion syntaktischer Strukturen relevanten grammatischen Theorien erörtert und auf die Struktur der Lexikoneinheiten bezogen. Wir haben festgestellt, daß syntaktische Strukturen als isomorphes Bild der Lexikoneinheiten unter der X-bar-Theorie aufgefaßt werden können. Wesentliche Voraussetzung für die damit verbundene Interpretation der X-bar-Theorie bilden die Varianten der Θ-Rollen-Vergabe und die Eigenschaften des Θ-Rasters. Auf dieser Grundlage haben wir einen Algorithmus entwickelt, der die Argumentstruktur lexikalischer Einheiten berechnet, die ihrerseits die Eingangsrepräsentation für das Projektionsmodul bildet. Aus der Argumentstruktur, den morphosyntaktischen Merkmalen und den Prinzipien der X-bar-Theorie lassen sich die d-strukturellen Teilkonfigurationen vollständig spezifizieren, so daß die vom Parser aufzubauenden Repräsentationen auf der Basis der im Signal auftretenden lexikalischen Einheiten berechnet werden können. Die aufgrund der Projektion einzelner Lexeme vorliegenden Teilstrukturen müssen jedoch zu einer syntaktischen und semantischen Gesamtstruktur komponiert werden.

Wir haben deshalb in Kapitel 7 eine Linkingtheorie entwickelt, die die Struktur und die Bedingungen für diese Kompositionsprozesse formuliert. Linking ist aufzufassen als eine dreistellige Relation zwischen der Position in einer Projektion, einer vollständigen Teilstruktur und einem Linking-Merkmal. Linking-Prozesse werden in Abhängigkeit von der Rektionsrichtung und der Saturiertheit benachbarter Projektionen ausgelöst, wenn eines der Merkmale { Kasus, wh, Status } sowohl an der syntaktischen Position als auch am obersten Knoten der Projektion mit identischen Werten auftritt. Auf dieser Grundlage haben wir zwei Basisprozesse, Projektion und Linking, angenommen, die den Parser steuern. Projektionen werden dabei von den Eigenschaften der lexikalischen Einheiten festgelegt, während Linkingbedingungen über syntaktischen Merkmalen formuliert sind. Damit konnte erreicht werden, daß der Parser keine PS-Regeln benötigt, um die syntaktische Struktur zu berechnen, sondern daß nur die lexikalischen Einheiten in der Signalkette die Aktionen des Parsers steuern. Alle Linking-Bedingungen werden unter strikter Adjazenz geprüft, d.h. daß die Berechnung der Struktur an jeder Position lokal stattfindet. Die Linkingtheorie erlaubt darüber hinaus, verschiedene unzulässige Extraktionen aufgrund bestimmter Parser-Konfigurationen lokal zu diagnostizieren.

Für die Projektionstheorie stellen leere Köpfe ein Problem dar, welches insbesondere bei der Spezifikation der linksperipheren Positionen der deutschen Satzstruktur auftritt. In Kapitel 8 werden daher verschiedene Hypothesen über die Realisierung und Besetzung dieser Positionen erörtert. Die leeren Kategorien, die bei derartigen Analysen bislang angenommen wurden, werden hier durch den Bezug auf morphosyntaktische Merkmale inhaltlich gefüllt und erhalten eine Interpretation als funktionale Modusprojektion. Die grundlegende Idee besteht darin, die linke Peripherie des deutschen Satzes als Modussystem zu analysieren und eine Interaktion zwischen Verb- und Satzmodus einerseits und den Besetzungsvarianten der beiden Positionen SpM und M^0 andererseits anzunehmen. Zur Ableitung der Satzmodi haben wir ein System von fünf interagierenden Prinzipien formuliert, die die fürs Deutsche spezifische Parametrisierung dieses M-Systems zu deduzieren erlaubt. Die von Verben gelieferte Ereignisvariable wird durch die unterschiedlichen Besetzungsvarianten und abhängig vom Verbmodus instantiiert.

In Kapitel 9 werden verschiedene Infinitkonstruktionen betrachtet, die im Rahmen der 'Prinzipien und Parameter'-Theorie als *NP-Bewegung*, *außerordentliche Kasuszuweisung* und *Kontrolle* analysiert werden. Im Rahmen einer lexikalischen Analyse sind alle drei Konstruktionstypen durch unabhängig motivierte semantische Eigenschaften der Matrixprädikate, Bedingungen über die Struktur des Θ-Rasters und funktionale Komposition zu erfassen, so daß A-Ketten nicht berechnet werden müssen. Die Interpretation der im Infinitivsatz nicht overt zu realisierenden Subjekte ergibt sich als Reflex der Berechnung auf der Ebene der semantischen Form.

Die Betrachtungen beschränkten sich bis hierher auf strikt lokal stattfindende Prozesse. In Kapitel 10 wird die Analyse nun auf die Rekonstruktion weiter Abhängigkeiten (wh-Bewegung) ausgedehnt. Es konnte gezeigt werden, daß wh-Bewegung auf LF nicht notwendigerweise zu solchen Parsingaktionen führen muß, die den linken Kontext konsultieren, um die Skopusdomänen von Operatoren festzulegen. Die Analyse von wh-Operatoren zeigt, daß diese aus zwei Teilen bestehen: einem Operator-Teil und einem Nicht-Operatorteil, der die spezifische Bedeutung angibt. Da wir zeigen konnten, daß die wh-Eigenschaft komplexer wh-Phrasen nicht X-bar-theoretisch erfaßt werden kann, haben wir diese als Operatoren-Anhebung analysiert. Damit braucht keine Rekonstruktion von Teilen bewegter Operator-Phrasen in ihre Basisposition stattzufinden. Die Länge der entstehenden Ketten entspricht der Anzahl der ausgeführten Linkingprozesse. Für multiple Fragen ergibt sich daraus, daß LF-Bewegung stets stattfindet. Die Inklusion der Abhängigkeitsbeziehungen zwischen Operatoren und Variablen folgt dabei automatisch aus der Struktur des Parsers. Diese Analyse kann auf andere Phrasen mit Operator-Eigenschaft ausgedehnt werden.

Die auf S-Struktur stattfindende kurze wh-Bewegung haben wir in Kapitel 8 nicht auf die Festlegung einer Skopusdomäne bezogen, sondern auf die Spezifikation des linksperipheren Modussystems. Für lange wh-Bewegung gilt diese Analyse in gleicher Weise. Wir haben sodann einen Algorithmus formuliert, der lang bewegte wh-Phrasen abhängig von L-markierten Domänen rekonstruiert. Indem die bewegten wh-Elemente sukzessiv zyklisch und von links nach rechts auf ihre Basisposition bezogen werden, ist sichergestellt, daß dieser Typ syntaktischer Bewegung unter die angegebenen lokalen Linkingprozesse subsumiert werden kann.

Das abschließende Kapitel 11 erörtert kurz die Struktur des implementierten Parsers. Auf Probleme der konkreten Implementation in LISP wurde dabei allerdings nicht eingegangen, da sie im Rahmen dieser Arbeit zu weit vom Thema abschweifen.

13. Literatur

Abelson, H. / Sussman, G., 1985. *The Structure and Interpretation of Computer Programs*. Cambridge, Mass.: MIT Press.

Abney, St. P., 1985. A Government-Binding Parser. *NELS Proceedings 16*, 1-17.

- 1986. Licensing and Parsing. *NELS Proceedings 17*, 1-15.
- 1987. *The English Noun Phrase in Its Sentential Aspect*. PhD-diss., MIT, Cambridge, Mass.
- 1991. Parsing by Chunks. In: Berwick, R. / Abney, St. P. / Tenny, C. (eds.), 1991. *Principle-Based Parsing*. Dordrecht: Kluwer Academic Publishers, 257-278.

Aho, A. / Ullman, J., 1972. *The Theory of Parsing: Translation and Compiling*. Vol.1, Englewood Cliffs: Prentice-Hall.

Albert, J. / Ottmann, Th., 1983. *Automaten, Sprachen und Maschinen für Anwender*. (= Reihe Informatik Bd. 38). Mannheim, Wien, Zürich: Bibliographisches Institut.

Altmann, H. (ed.), 1988. *Intonationsforschungen*. (= Linguistische Arbeiten 200). Tübingen: Niemeyer.

Bach, E. / Brown, C. / Marslen Wilson, W., 1987. Gekreuzte und geschachtelte Abhängigkeiten im Deutschen und Niederländischen: Eine psycholinguistische Studie. In: Bayer, J. (ed.), 1987. *Grammatik und Kognition: Psycholinguistische Untersuchungen*. (Linguistische Berichte. Sonderheft 1/1987), 7-23.

Baker, M., 1985. The Mirror-Principle and Morphosyntactic Explanation. *Linguistic Inquiry 16*, 373-415.

Baltin, M., 1982. A Landing Site Theory of Movement Rules. *Linguistic Inquiry 13*, 1-38.

Barton, G. E., 1984. *Toward a Principle-Based Parser*. MIT Artificial Intelligence Laboratory, Memo No. 788.

Barton, G. E. / Berwick, R., / Ristad, E., 1987. *Computational Complexity and Natural Language*. Cambridge, Mass.: MIT Press.

Barwise, J. / Perry, J., 1987. *Situationen und Einstellungen: Grundlagen der Situationssemantik*. Berlin, New York: Walter de Gruyter.

Bayer, J., 1984. Comp in Bavarian Syntax. *The Linguistic Review 3.3*, 209-274.

Bech, G., 1955/57. *Studien über das deutsche verbum infinitum*. Historisk-filologiske Meddelelser udgivet af Det kongelige Danske Videnskabernes Selskab. Band 35,2 (1955) und 36,6 (1957). [1983² Tübingen: Niemeyer].

Bennis, H. / Haegeman, L., 1984. On the Status of Agreement and Relative Clauses in West-Flemish. In: Geest, W. de / Putseys, Y. (eds.), 1984. *Sentential Complementation*. Dordrecht: Foris, 33-53.

Berwick, R., 1990. Ross was right: Constraints on Variables in Syntax and the Complexity of Principle-Based Parsing. Or: the Magic Number 3. Ms. Workshop on GB-Parsing, Genf 1990.

- 1991. Principles of Principle-Based Parsing. In: Berwick, R. / Abney, St. P. / Tenny, C. (eds.), 1991. *Principle-Based Parsing: Computation and Psycholinguistics*. Dordrecht: Kluwer Academic Publishers, 1-37.

Berwick, R. / Abney, St. P. / Tenny, C. (eds.), 1991. *Principle-Based Parsing: Computation and Psycholinguistics*. Dordrecht: Kluwer Academic Publishers.

Berwick, R. C. / Weinberg, A., 1982. Parsing Efficiency, Computational Complexity, and the Evaluation of Grammatical Theories. *Linguistic Inquiry 13*, 165-191.

- 1983. The Role of Grammars in Models of Language Use. *Cognition 13*, 1-61.
- 1984. *The Grammatical Basis of Linguistic Performance: Language Use and Acquisition*. Cambridge, Mass.: MIT Press.
- 1985a. The Psychological Relevance of Transformational Grammar: A Reply to Stabler. *Cognition 19*, 193-204.
- 1985b. Deterministic Parsing: A Modern View. *NELS Proceedings 15*, 15-33.

Bhatt, Ch., 1990. *Die syntaktische Struktur der Nominalphrase im Deutschen.* (= Studien zur deutschen Grammatik 38). Tübingen: Narr.

Bierwisch, M., 1970a. Semantics. In: Lyons, J. (ed.), 1970. *New Horizons in Linguistics.* Harmondsworth: Penguin, 166-184.

- 1970b. On Classifying Semantic Features. In: Bierwisch, M. / Heidolph, K.E. (eds.), 1970. *Progress in linguistics.* Den Haag: Mouton, 27-50.
- 1975. Semantik. In: Lyons, J. (ed.), 1975. *Neue Perspektiven in der Linguistik.* Reinbek: Rowohlt, 156-167.
- 1979. Wörtliche Bedeutung - eine pragmatische Gretchenfrage. In: Grewendorf, G. (ed.), 1979. *Sprechakttheorie und Semantik.* Frankfurt, Main: Suhrkamp, 119-148.
- 1982. Sprache als kognitives System: Thesen zur theoretischen Linguistik. *Deutsch als Fremdsprache 19.3,* 139-144.
- 1983a. Semantische und konzeptuelle Repräsentation lexikalischer Einheiten. In: Motsch, W./ Růžička, R. (eds.), 1983. *Untersuchungen zur Semantik.* (= Studia grammatica 22). Berlin: Akademie-Verlag, 61-99.
- 1983b. Psychologische Aspekte der Semantik natürlicher Sprachen. In: Motsch, W. / Viehweger, D. (eds.), 1983. *Richtungen der modernen Semantikforschung.* Berlin: Akademie-Verlag, 15-63.
- 1983c. How On Line is Language Processing? In: Bierwisch, M., 1983. *Essays in the Psychology of Language.* (= Linguistische Studien, Reihe A, 114). Berlin.
- 1986. Cognitive Linguistics: Framework and Topics. Ms. Max Planck Institut für Psycholinguistik, Nijmegen.
- 1987. Linguistik als kognitive Wissenschaft: Erläuterungen zu einem Forschungsparadigma. *Zeitschrift für Germanistik 6,* 645-667.
- 1988. On the Grammar of Local Prepositions. In: Bierwisch, M. / Motsch, W. / Zimmermann, I. (eds.), 1988. *Syntax, Semantik und Lexikon* (= Studia grammatica 29). Berlin: Akademie-Verlag, 1-66.
- 1989. Event Nominalizations: Proposals and Problems. *Linguistische Studien 194,* 1-73.
- 1990a. Verbkomplexe im Deutschen. Ms. Akademie der Wissenschaften Berlin.
- 1990b. Perspectives on Mind, Brain and Language: Linguistics as a Cognitive Science. Ms. Akademie der Wissenschaften, Berlin.
- 1991. Argument Structure: Semantic Basis and Syntactic Effects. Ms. LLI 1991 Saarbrücken. (The Third European Summer School in Language, Logic and Information. Universität des Saarlandes Saarbrücken, August 12-13, 1991).

Böhling, K. H., 1975. *Informatik II: Theoretische Grundlagen.* Vorlesungsskript (SS 1975) Universität Bonn.

Boland, J. E. / Tanenhaus, M. K. / Carlson, G. / Garnsey, S. M., 1989. Lexical Projection and the Interaction of Syntax and Semantics in Parsing. *Journal of Psycholinguistic Research 18.6,* 563-576.

Brandt, M. / Reis, M. / Rosengren, I. / Zimmermann, I., in prep. Satztyp, Satzmodus und Illokution. (Vorläufige Fassung 1991). Ms. Universitäten Lund und Tübingen.

Brandt, M. / Rosengren, I. / Zimmermann, I., 1989. Satzmodus, Modalität und Performativität. *Sprache und Pragmatik 13,* 1-42.

Bresnan, J. (ed.), 1982. *The Mental Representation of Grammatical Relations.* Cambridge, Mass.: MIT Press.

Bresnan, J. / Kaplan, R. M., 1982. Introduction: Grammars as Mental Representations of Language. In: Bresnan, J. (ed.), 1982. *The Mental Representation of Grammatical Relations.* Cambridge, Mass.: MIT Press, XVII-LII.

Charniak, E. / McDermott, D., 1985. *Introduction to Artificial Intelligence*. Reading, Mass.: Addison Wesley.
Chomsky, N., 1957. *Syntactic Structures*. The Hague: Mouton.
- 1965. *Aspekte der Syntaxtheorie*. Frankfurt: Suhrkamp.
- 1970. Remarks on Nominalizations. In: Jacobs R. / Rosenbaum, P. (eds.), 1970. *Readings in English Transformational Grammar*. Waltham, Mass.: Ginn and Co., 184-221.
- 1973. Conditions on transformations. In: Anderson, S. / Kiparsky, P. (eds.), 1973. *A Festschrift for Morris Halle*. New York: Holt, Rinehart & Winston, 232-286.
- 1977. On WH-Movement. In: Cullicover, P. / Wasow, T. / Akmajian, A. (eds.), 1977. *Formal Syntax*. New York: Academic Press, 71-132.
- 1981. *Lectures on Government and Binding*. Dordrecht: Foris.
- 1982. *Some Concepts and Consequences in the Theory of Government and Binding*. (= Linguistic Inquiry Monograph 6). Cambridge, Mass.: MIT Press.
- 1986a. *Knowledge of Language: Its Nature, Origin and Use*. New York: Praeger.
- 1986b. *Barriers*. (= Linguistic Inquiry Monograph 13). Cambridge, Mass.: MIT Press.
- 1989. Some Notes on Economy of Derivation and Representation. *MIT Working Papers in Linguistics, Vol. 10*, 43-74.
- 1992. A Minimalist Program for Linguistic Theory. *MIT Occasional Papers in Linguistics. Number 1*. Cambridge, Mass.: MIT Press.
Church, K. W., 1982. *On Memory Limitations in Natural Language Processing*. Bloomington: Indiana Lingui-stic Club.
Clifton, Ch. / Ferreira, F., 1986. The Independence of Syntactic Processing. *Journal of Memory and Language 25*, 348-368.
- 1989. Ambiguity in Context. *Language and Cognitive Processes 4.3/4*, 77-103.
Clifton, Ch. / Frazier, L., 1986. The Use of Syntactic Information in Filling Gaps. *Journal of Psycholinguistic Research 15.3*, 209-225.
Clifton, Ch. / Frazier, L. / Connine, C., 1984. Lexical Expectation in Sentence Comprehension. *Journal of Verbal Learning and Verbal Behavior 23*, 696-708.
Correa, N., 1991. Empty Categories, Chain Binding, and Parsing. In: Berwick, R. / Abney, St. P. / Tenny, C. (eds.), 1991. *Principle-Based Parsing*. Dordrecht: Kluwer Academic Publishers, 83-122.
Crain, St. / Fodor, J. D., 1985a. How Can Grammars Help Parsers? In: Dowty, D. / Karttunen, L. / Zwicky, A. (eds.), 1985. *Natural Language Parsing*. Cambridge: Cambridge University Press, 1-23.
- 1985b. Rules and Constraints in Sentence Processing. *NELS Proceedings 15*, 87-104.
Czepluch, H., 1988. Kasusmorphologie und Kasusrelation: Überlegungen zur Kasustheorie am Beispiel des Deutschen. *Linguistische Berichte 116*, 275-310.
Diesing, M., 1990. Verb Movement and the Subject Position in Yiddish. *Natural Language and Linguistic Theory 8*. 41-79.
Dowty, D. / Karttunen, L. / Zwicky, A. (eds.), 1985. *Natural Language Parsing*. Cambridge: Cambridge University Press.
Earley, J., 1970. An Efficient Context-Free Parsing Algorithm. *Communications of the Association for Computing Machinery 14*, 453-460.
Fanselow, G. / Felix, S., 1987. *Sprachtheorie 1: Grundlagen und Zielsetzungen*. Tübingen: Francke.
- 1987. *Sprachtheorie 2: Die Rektions- und Bindungstheorie*. Tübingen: Francke.
Farke, H. / Felix, S. / Olsen, J., 1990. PAULA: A GB-Parser for German. Ms. Workshop on GB-Parsing, Genf 1990.
Felix, S., 1990. The Structure of Functional Categories. *Linguistische Berichte 125*, 46-71.
Fodor, J. A., 1983. *The Modularity of Mind*. Cambridge, Mass.: MIT Press.

Fodor, J. A., / Bever, T. / Garrett, M., 1974. *The Psychology of Language: An introduction to psycholinguistics and generative grammar*. New York: McGraw-Hill.
Fodor, J. D., 1978. Parsing Strategies and Constraints on Transfomations. *Linguistic Inquiry 9.3*, 427-473.
- 1983. Phrase Structure Parsing and the Islands Constraints on Transformations. *Linguistics and Philosophy 6*, 163-223.
- 1985a. Deterministic Parsing and Subjacency. *Language and Cognitive Processes 1.1*, 3-42.
- 1985b. Learnability and Parseability: A Reply to Cullicover. *Natural Language and Linguistic Theory 2*, 105-150.
Fodor, J. D. / Frazier, L., 1980. Is the Human Sentence Parsing Mechanism an ATN? *Cognition 8*, 418-459.
Fong, S., 1991. The Computational Implementation of Principle-Based Parsers. In: Berwick, R. / Abney, St. P./ Tenny, C. (eds.), 1991. *Principle-Based Parsing*. Dordrecht: Kluwer Academic Publishers, 65-83.
Ford, M. / Bresnan, J. / Kaplan, R., 1982. A Competence-Based Theory of Syntactic Closure. In: Bresnan, J. (ed.), 1982. *The Mental Representation of Grammatical Relations*. Cambridge, Mass.: MIT Press.
Forster, K., 1978. Sentence Completion in Left- and Right-Branching Languages. *Journal of Verbal Learning and Verbal Behavior 7*, 196-299.
- 1979. Levels of Processing and the Structure of the Language Processor. In: Cooper, W. E. / Walker, E. C. T. (eds.), 1979. *Sentence Processing: Studies presented to Merrill Garrett*. Hillsdale, New Jersey: Lawrence Erlbaum Associates.
Frazier, L., 1985a. Modularity and the Representational Hypothesis. *NELS Proceedings 15*, 131-144.
- 1985b. Syntactic Complexity. In: Dowty, D. / Karttunen, L. / Zwicky, A. (eds.), 1985. *Natural Language Parsing*. Cambridge: Cambridge University Press, 127-189.
- 1988. Grammar and Language Processing. In: Newmeyer, F. (ed.), 1988. *Linguistics: The Cambridge Survey II*, 15-34.
Frazier, L. / Clifton, Ch., 1989. Successive Cyclicity in the Grammar and the Parser. *Language and Cognitive Processes 4.2*, 93-126.
Frazier, L. / Clifton, Ch. / Randall, R., 1983. Filling Gaps: Decision Principles and Structure in Sentence Comprehension. *Cognition 13*, 187-222.
Frazier, L. / Fodor, J. D., 1978. The Sausage Machine: A New Two-Stage Parsing Model. *Cognition 6*, 291-325.
Frazier, L. / Rayner, K., 1982. Making and Correcting Errors During Sentence Comprehension: Eye Movements and the Analysis of Structurally Ambiguous Sentences. *Cognitive Psychology 14*, 178-210.
- 1988. Parameterizing the Language Processing System: Left vs. Right-Branching within and across Languages. In: Hawkins, J. (ed.), 1988. *Explaining Language Universals*. Oxford: Basil Blackwell, 247-279.
Freedman, S. / Forster, K., 1985. The Psychological Status of Overgenerated Sentences. *Cognition 19*, 101-131.
Fries, N., 1988. Ist Pragmatik schwer! - Über sogenannte "Exklamativsätze" im Deutschen. *Sprache und Pragmatik 3*. 1-18.
Fukui, N., 1986. *A Theory of Category Projections and Its Applications*. PhD-diss., MIT, Cambridge, Mass.
Fukui, N. / Speas, M., 1986. Specifiers and Projections. *MIT Working Papers in Linguistics, Vol. 8*, 128-172.
Gazdar, G. / Klein, E. / Pullum, G. / Sag, I., 1985. *Generalized Phrase Structure Grammar*. Oxford: Basil Blackwell.

Gorrell, P., 1985. Natural Language Parsing and Reanalysis. *NELS Proceedings 16*, 186-196.

- 1991. Subcategorization and Sentence Processing. In: Berwick, R. / Abney, St. P. / Tenny, C. (eds.), 1991. *Principle-Based Parsing*. Dordrecht: Kluwer Academic Publishers, 257-278.

Greibach, S. A., 1965. A New Normal Form Theorem for Context-Free Phrase Structure Grammars. *Journal of the Association for Computing Machinery 12.1*, 42-52.

Grewendorf, G., 1988. *Aspekte der deutschen Syntax: Eine Rektions-Bindungs-Analyse*. (= Studien zur deutschen Grammatik 33). Tübingen: Niemeyer.

Grewendorf, G. / Sternefeld, W., 1989. Scrambling Theories. In: Grewendorf, G. / Sternefeld, W. (eds.), 1989. *Scrambling and Barriers*. (= Linguistik Aktuell 5). Amsterdam, Philadelphia: Benjamins, 3-37.

Habel, Ch. (ed.), 1985. *Künstliche Intelligenz. Repräsention von Wissen und natürlichsprachliche Systeme*. (= Informatik Fachberichte 93). Berlin: Springer.

Haegeman, L. / Riemsdijk, H. van, 1986. Verb Projection Raising, Scope, and the Typology of Verb Movement Rules. *Linguistic Inquiry 17.3*, 417-466.

Haider, H., 1984. Topic, Focus and V-Second. *GAGL 25 (Groninger Arbeiten zur Germanistischen Linguistik)*, 47-100.

- 1985. The Case of German. In: J. Toman, 1985. *Studies in German Grammar*. Dordrecht: Foris, 65-101.

- 1986. V-Second in German. In: Haider, H. / Prinzhorn, M. (eds.), 1986. *Verb Second Phenomena in Germanic Languages*. Dordrecht: Foris, 49-75.

- 1988. Matching Projections. *Annali di ca'Foscari. Rivista della facoltà di lingue et letterature straniere dell'università di Venezia. Estratto XXVII.4*, 101-121.

Halle, M. / Bresnan, J. / Miller, G., 1978. *Linguistic Theory and Psychological Reality*. Cambridge, Mass.: MIT Press.

Hausser, R., 1986. *NEWCAT: Parsing Natural Language Using Left-Associative Grammar*. Berlin: Springer.

Higginbotham, J., 1985. On Semantics. *Linguistic Inquiry 16.4*, 547-593.

Höhle, T., 1978. *Lexikalistische Syntax. Die Aktiv-Passiv-Relation und andere Infinitkonstruktionen im Deutschen*. Tübingen: Niemeyer.

- 1982. Explikation für 'normale Betonung' und 'normale Wortstellung'. In: Abraham, W. (ed.), 1982. *Satzglieder im Deutschen: Vorschläge zur syntaktischen, semantischen und pragmatischen Fundierung*. Tübingen: Narr, 75-165.

Hopcroft, J. / Ullman, J., 1979. *Introduction to Automata Theory, Languages and Computation*. Reading, Mass.: Addison Wesley.

- 1988. *Einführung in die Automatentheorie, Formale Sprachen und Komplexitätstheorie*. Reading, Mass.: Addison Wesley.

Huang, C.-T.J., 1981. Move WH in a Language Without Wh-Movement. *The linguistic review 1*, 369-416.

Jackendoff, R., 1977. Constraints on Phrase Structure Rules. In: Culicover, P. W. / Wasow, T. / Akmajian, A. (eds.), 1977. *Formal Syntax*. New York, San Francisco, London: Academic Press, 249-283.

Jacobs, J., 1991. Implikaturen und 'alte Information' in w-Fragen. In: Reis, M. / Rosengren, I. (eds.), 1991. *Fragesätze und Fragen*. Tübingen: Niemeyer, 201-222.

Johnson, M., 1991. Deductive Parsing: The Use of Knowledge of Language. In: Berwick, R. / Abney, St. P. / Tenny, C. (eds.), 1991. *Principle-Based Parsing*. Dordrecht: Kluwer Academic Publishers, 39-65.

Joshi, A. K., 1985. Tree Adjoining Grammars: How Much Context-Sensitivity is Required to Provide Reasonable Strucutral Descriptions? In: Dowty, D. / Karttunen, L. / Zwicky, A. (eds.), 1985. *Natural Language Parsing*. Cambridge: Cambridge University Press, 206-250.

Kaplan, R. M., 1972. Augmented Transition Networks as Psychological Models of Sentence Comprehension. *Artificial Intelligence 3*, 77-100.

Kayne, R., 1984. *Connectedness and Binary Branching*. Dordrecht: Foris.

Kimball, J. 1973. Seven Principles of Surface Structure Parsing in Natural Language. *Cognition 2*, 15-47.

King, M., 1983. *Parsing Natural Language*. London: Academic Press.

Kiparsky, P., 1989. Agreement and Linking Theory. Ms. Stanford University.

Kiss, T. I., 1991. *Funktionale Projektionen: Eine Untersuchung zur Phrasenstruktur*. (= IWBS Report 142 (Institut für Wissensbasierte Systeme)). Stuttgart.

Knuth, D. E., 1965. On the Translation of Languages From Left to Right. *Information and Control 8*, 607-639.

- 1968. *The Art of Computer Programming*. Reading, Mass.: Addison Wesley.

Kolb, H.-P. / Thiersch, C., 1990. *Levels and Empty Categories in a Principles and Parameters Approach to Parsing*. (= ITK Research Report No. 19. Institute for Language Technology and Artificial Intelligence). Tilburg University.

Koopman, H. / Sportiche, D., 1982. Variables and the Projection Principle. *The Linguistic Review 2*, 139-160.

Koster, J., 1987. *Domains and Dynasties*. Dordrecht: Foris.

Lenerz, J., 1977. *Zur Abfolge nominaler Satzglieder im Deutschen*. (= Studien zur Deutschen Grammatik 5). Tübingen: Narr.

- 1981. Zur Generierung der satzeinleitenden Positionen im Deutschen. In: Kohrt, M. / Lenerz, J. (eds.), 1981. *Sprache: Formen und Strukturen. Akten des 15. Linguistischen Kolloquiums. Münster 1980, Bd.1*. Tübingen: Niemeyer, 171-182.

- 1985a. Zur Theorie syntaktischen Wandels: das expletive *es* in der Geschichte des Deutschen. In: Abraham, W. (ed.), 1985. *Erklärende Syntax des Deutschen*. (= Studien zur Deutschen Grammatik 25). Tübingen: Narr, 99-136.

- 1985b. Über das Erkenntnisinteresse der Linguistik. *Beiträge zur Geschichte der deutschen Sprache und Literatur 107*, 325-343.

- 1991. Neues aus der Wackernagel-Position. *Vortrag, Jahrestreffen Projekt Sprache und Pragmatik, Rendsburg, September 1991*.

Lenerz, J. / Lohnstein, H., 1988. Das Sprachverständnis des Computers: Zur theoretischen und psycholinguistischen Grundlegung der Computerlinguistik. *Studium Linguistik 22*, 88-98.

Marcus, M., 1980. *A Theory of Syntactic Recognition for Natural Language*. Cambridge, Mass.: MIT-Press.

Marr, D., 1982. *Vision*. San Francisco: W. H. Freemann.

Marr, D. / Poggio, T., 1977. From Understanding Computation to Understanding Neural Circuity. *Neuroscience Research Program Bulletin 15*, 470-488.

Marslen-Wilson, W. / Tyler, L. K., 1980. The Temporal Structure of Spoken Language Understanding. *Cognition 8*, 1-71.

May, R., 1985. *Logical Form: Its Structure and Derivation*. Cambridge, Mass.: MIT-Press.

Meibauer, J., (ed.) 1987. *Satzmodus zwischen Grammatik und Pragmatik*. (= Linguistische Arbeiten 180). Tübingen: Niemeyer.

Miller, G. A., 1956. The Magical Number Seven, Plus or Minus Two: Some Limits on Our Capacity for Processing Information. *Psychological Review 63*, 81-97.

Mitchell, D., 1987. Lexical Guidance in Human Parsing: Locus and processing characteristics. In: Coltheart, M. (ed.), 1987. *Attention and Performance XII: The Psychology of Reading*. Hillsdale, New Jersey: LEA Publishers.

Olsen, S., 1985. On Deriving V-1 and V-2 Structures in German. In: Toman, J. (ed.), 1985. *Studies in German Grammar*. (= Studies in Generative Grammar 21). Dordrecht: Foris, 133-162.

- 1986. *Wortbildung im Deutschen: Eine Einführung in die Theorie der Wortstruktur*. Stuttgart: Kröners Studienbibliothek Linguistik.

Oppenrieder, W., 1989. Selbständige Verb-Letzt-Sätze: Ihr Platz im Satzmodussystem und ihre intonatorische Kennzeichung. In: Altmann, H. / Batlinger, A. / Oppenrieder, W. (eds.), 1989. *Zur Intonation von Modus und Fokus im Deutschen*. Tübingen: Niemeyer, 163-245.

Pafel, J., 1991. Zum relativen Skopus von w- und Q-Phrasen (w/Q)-Interaktion). In: Reis, M. / Rosengren, I. (eds.), 1991. *Fragesätze und Fragen*. Tübingen: Niemeyer, 49-76.

Partee, B. / ter Meulen, A. / Wall, P., 1990. *Mathematical Methods in Linguistics*. Dordrecht, Boston, London: Kluwer Academic Publishers.

Pasch, R., 1991. Überlegungen zur Syntax und semantischen Interpretation von w-Interrogativsätzen. Ms. Akademie der Wissenschaften Berlin. [Erscheint in: *Deutsche Sprache 20* (1991)].

Pesetsky, D., 1982. *Paths and Categories*. PhD-diss., MIT, Cambridge, Mass.

- 1987. Wh-in-situ: Movement and Unselective Binding. In: Reuland, E. J. / ter Meulen, A. (eds.) *The Representation of (In)definiteness*. Cambridge, Mass.: MIT Press.

Pollock, J.-Y., 1989. Verb movement, Universal Grammar, and the Structure of IP. *Linguistic Inquiry 20*, 365-424.

Pritchett, B., 1988. Garden Path Phenomena and the Grammatical Basis of Language Processing. *Language 64.3*, 539-576.

- 1991. Subjacency in a Principled-Based Parser. In: Berwick, R. / Abney, St. P. / Tenny, C. (eds.), 1991. *Principle-Based Parsing*. Dordrecht: Kluwer Academic Publishers, 257-278.

Pullum, G. / Gazdar, G., 1982. Natural Languages and Context-Free Languages. *Linguistics and Philosophy 4*, 471-504.

Reis, M., 1985. Satzeinleitende Strukturen im Deutschen. Über COMP, Haupt- und Nebensätze. W-Bewegung und die Doppelkopfanalyse. In: Abraham, W. (ed.), 1985. *Erklärende Syntax des Deutschen*. (= Studien zur Deutschen Grammatik 25). Tübingen: Narr, 271-311.

- 1991a. Echo-w-Sätze und Echo-w-Fragen. In: Reis, M. / Rosengren, I. (eds.), 1991. *Fragesätze und Fragen*. Tübingen: Niemeyer, 49-76.

- 1991b. Was konstituiert w-Interrogativsätze? Gegen Paschs Überlegungen zur Syntax und Semantik interrogativer w-Konstruktionen. Ms. Universität Tübingen. [Erscheint in: *Deutsche Sprache 19* (1991)].

Reis, M. / Rosengren, I., 1988. Wh-Imperatives?! *Sprache und Pragmatik 10*, 1-49.

- (eds.), 1991. *Fragesätze und Fragen. Referate anläßlich der 12. Jahrestagung der Deutschen Gesellschaft für Sprachwissenschaft, Saarbrücken 1990.* (= Linguistische Arbeiten 257). Tübingen: Niemeyer.

Reyner, K. / Carlson, M. / Frazier, L., 1983. The Interaction of Syntax and Semantics During Sentence Processing: Eye Movements in the Analysis of Semantically Biased Sentences. *Journal of Verbal Learning and Verbal Behavior 23.3*, 358-375.

Riemsdijk, H. van / Williams, E., 1986. *Introduction to the Theory of grammar*. Cambridge, Mass.: MIT Press.

Rosengren, I., in prep. W-Interrogativsatz, Skopus und Fokus. (Vorläufige Fassung 21.3.1990). Ms. Universität Lund.

Schefe, P., 1985, *Informatik - Eine konstruktive Einführung. LISP, PROLOG und andere Konzepte der Programmierung*. (= Reihe Informatik 48). Mannheim, Wien, Zürich: Bibliographisches Institut.

Scheider, W. / Shiffrin, R. M., 1977. Controlled and automatic human information processing: I. Detection, search, and attention. *Psychological Review 84*, 1-66.

Scherpenisse, W., 1986. *The Connection Between Base Structure Linearization Restrictions in German and Dutch*. Frankfurt: Verlag Peter Lang.

Stabler, E., 1984. Berwick and Weinberg on Linguistics and Computational Psychology. *Cognition 17*, 155-179.
- 1990. Relaxation Techniques for Principle-Based Parsing. Ms. Workshop on GB-Parsing, Genf 1990.

Stechow, A. v., 1989. Distinguo. *Linguistische Berichte 122*, 330-339.
- 1989. Kompositionsprinzipien und grammatische Struktur. Ms. Universität Konstanz.

Stechow, A. v. / Sternefeld, W., 1988. *Bausteine syntaktischen Wissens. Ein Lehrbuch der generativen Grammatik*. Opladen: Westdeutscher Verlag.

Steedman, M. / Altmann, G., 1989. Ambiguity in Context: A Reply. *Language and Cognitive Processes 4.3/4*, 105-122.

Sternefeld, W., 1991. *Syntaktische Grenzen*. (= GAGL 31 (Groninger Arbeiten zur Germanistischen Linguistik)). Groningen.

Stowe, L., 1984a. *Models of Gap Location in the Human Language Processor*. Bloomington: Indiana Linguistic Club.
- 1984b. A Subject/Object Asymmetry in Parsing. *NELS Proceedings 14*, 433-446.

Tanenhaus, M. K., 1988. Psycholinguistics: An Overview. In: Newmeyer, F. (ed.), 1988. *Linguistics: The Cambridge Survey, Vol. III. Language: Psychological and Biological Aspects*. Cambridge: Cambridge University Press, 1-37.

Tanenhaus, M. K. / Boland, J. / Garnsey, S. M. / Carlson, G. N., 1989. Lexical Structure in Parsing Long-Distance Dependicies. *Journal of Psycholinguistic Research 18.1*, 37-50.

Tappe, T., 1981. Wer glaubst du hat recht: Einige Bemerkungen zur COMP-COMP-Bewegung im Deutschen. In: Kohrt, M. / Lenerz, J. (eds.), 1981. *Sprache: Formen und Strukturen. Akten des 15. Linguistischen Kolloquiums. Münster 1980, Bd.1*. Tübingen: Niemeyer, 201-212.
- 1991. Determiner Phrases and Agreement in German. Ms. Universität Stuttgart.

Thiersch, C., 1978. *Topics in German Syntax*. Diss., MIT, Cambridge, Mass.
- 1985. VP and Scrambling in the German Mittelfeld. Ms. Universität Köln und Connecticut.

Vater, H., 1982. *Strukturalismus und Transformationsgrammatik. Überblick und Anwendung aufs Deutsche*. Trier: Wissenschaftlicher Verlag Trier.
- 1985. *Einführung in die Nominalphrasensyntax des Deutschen*. (= KLAGE 10 (Kölner Linguistische Arbeiten - Germanistik)). Trier: L.A.U.T.
- 1986. *Einführung in die Referenzsemantik*. (= KLAGE 11 (Kölner Linguistische Arbeiten - Germanistik)). Köln.

Wanner, E., 1980. The ATN and the Sausage Machine: Which One is Balony? *Cognition 8*, 209-225.

Wanner, E / Maratsos, M., 1978. An ATN Approach to Comprehension. In: Halle, M. / Bresnan, J. / Miller, G.A. (eds.), 1978. *Linguistic Theory and Psychological Reality*. Cambridge, Mass.: MIT Press.

Wegener, H., 1991. Der Dativ: ein struktureller Kasus? In: Fanselow, G. / Felix, S., 1991. *Merkmale und Strukturen syntaktischer Kategorien*. Tübingen: Narr.

Williams, E., 1980. Predication. *Linguistic Inquiry 11.1*, 203-238.
- 1981. Argument Structure and Morphology. *The Linguistic Review 1.1*, 81-114.
- 1983. Against Small Clauses. *Linguistic Inquiry 14.2*, 287-308.

Winograd, T., 1983. *Language As A Cognitive Process. Volume I: Syntax*. Reading, Mass.: Addison Wesley.

Winston, P. H., 1984^2. *Artificial Intelligence*. Reading, Mass.: Addison Wesley.

Winston, P. H. / Horn, B. K. P., 1984^2. *LISP*. Reading, Mass.: Addison Wesley.

Woods, W. A., 1970. Transition Network Grammars for Natural Language Analyses. *Communications of the Association for Computing Machinery 13*, 591-606.

Wunderlich, D., 1988. Der Ton macht die Melodie: Zur Phonologie der Intonation des Deutschen.

In: Altmann, A. (ed.), 1988. *Intonationsforschungen*. (= Linguistische Arbeiten 200). Tübingen: Niemeyer, 1-40.

- 1989. Arnim von Stechow, das Nichts und die Lexikalisten. *Linguistische Berichte 122*, 321-329.

Zaun, D., 1991. *Probleme des links-assoziativen Parsings deutscher Sätze*. Trier: Wissenschaftlicher Verlag. (= FOKUS 2 (Linguistisch - Philologische Studien)). Trier.

Bei Fragen zur Produktsicherheit wenden Sie sich bitte an:
If you have any questions regarding product safety,
please contact:

Walter de Gruyter GmbH
Genthiner Straße 13
10785 Berlin
productsafety@degruyterbrill.com